Arnold Schwarzenegger
und Douglas Kent Hall

KARRIERE EINES BODY BUILDERS

WILHELM HEYNE VERLAG
MÜNCHEN

HEYNE RATGEBER
Nr. 08/4986

3. Auflage

Titel der amerikanischen Originalausgabe
ARNOLD: THE EDUCATION OF A BODYBUILDER
erschienen bei Simon & Schuster, New York
Deutsche Übersetzung von Edith Aulich

Copyright © 1977 by Arnold Schwarzenegger und Douglas Kent Hall
Copyright © 1984 der deutschen Übersetzung by
Wilhelm Heyne Verlag GmbH & Co. KG, München
Printed in Germany 1986
Bildnachweis: Stefan Asmuss (1), John Balik (10), Albert Busek (33), Georg Butler (7),
Cameracraft (1), Caruso (24), M. Glover (1), George Greenwood (3), Doug Hall (alle
Übungsfotos), Frank Hollfelder (1), Studio Arax (1), Harry Langdon (5), Mike Brown (3),
Mike Neveux (3), Universal-Studios (6), Art Zeller (2), Long Photography Inc. (3)
Umschlagfoto: John Balik
Umschlaggestaltung: Atelier Ingrid Schütz, München
Gesamtherstellung: Presse-Druck Augsburg

ISBN 3-453-41625-2

Gewidmet meiner Mutter

sowie Charles Gaines, George Butler
und Albert Busek, die mit ihrer aufrichtigen Begeisterung,
ihrer Tatkraft und Begabung den Bodybuilding-Sport
verändert haben. Es ist mir eine Ehre,
sie zu meinen engsten Freunden
zählen zu dürfen.

Mein besonderer Dank gilt
dem Landeshauptmann der Steiermark,
Dr. Josef Krainer

Gewonnene Titel

1965 Bestgebauter Juniorenathlet (Deutschland)
1966 Bestgebauter Athlet Europas (Deutschland)
1966 Internationale Meisterschaft im Kraftdreikampf (Deutschland)
1967 NABBA-Weltmeister, Amateure (London)
1968 NABBA-Weltmeister, Profis (London)
1968 Deutsche Meisterschaft im Kraftdreikampf
1968 IFBB-Mr. International (Mexiko)
1969 IFBB-Weltmeister, Amateure (New York)
1969 NABBA-Weltmeister, Profis (London)
1970 NABBA-Weltmeister, Profis (London)
1970 Mr. World (Columbus, Ohio)
1970 IFBB-Mr. Olympia (New York)
1971 IFBB-Mr. Olympia (Paris)
1972 IFBB-Mr. Olympia (Essen, Deutschland)
1973 IFBB-Mr. Olympia (New York)
1974 IFBB-Mr. Olympia (New York)
1975 IFBB-Mr. Olympia (Pretoria, Südafrika)
1980 IFBB-Mr. Olympia (Sydney, Australien)

Inhalt

Teil I

MEIN WEG AN DIE SPITZE

Teil II

MUSKELN

1 Einleitung 188

2 Grundlagentraining 203

3 Progressives Widerstandstraining 221

4 Entwicklung der verschiedenen Muskelgruppen 243

5 Intensiviertes Training 276

6 Das Supersatz-Programm 303

Nachwort 314

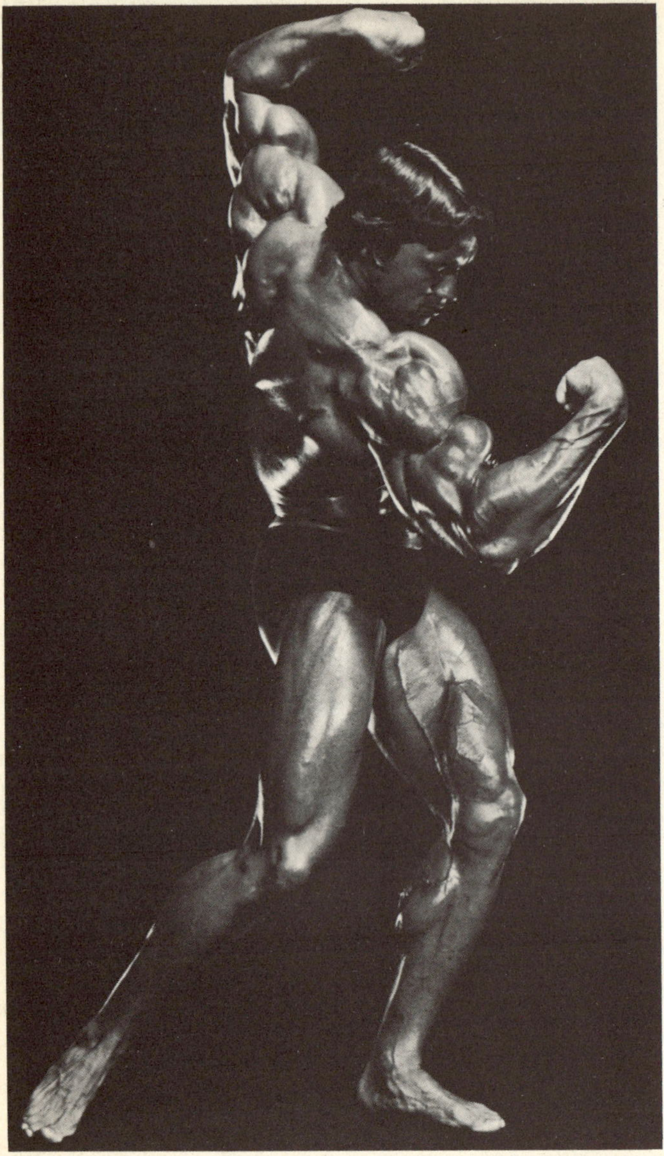

Teil I

Mein Weg an die Spitze

1

»Arnold? Arnold!«

Ich höre sie noch, die Stimmen meiner Freunde, der Leibwächter, Bodybuilder und Gewichtheber, höre sie vom See heraufrufen, wo sie im Gras unter den Bäumen trainierten.

»Komm Arnold, mach mit!« rief Karl, der junge Arzt, mit dem ich mich im Studio angefreundet hatte.

Es war im Sommer, als ich fünfzehn wurde, eine herrliche Zeit für mich, weil ich in diesem Jahr entdeckt hatte, was ich mit meinem Leben anfangen wollte. Es war mehr als die Hirngespinste eines kleinen Jungen von einer fernen, verschwommenen Zukunft – der vage Traum, einmal Feuerwehrmann, Matrose, Testpilot oder Spion zu werden. Ich *wußte,* daß ich einmal Bodybuilder werden würde. Und das war noch nicht alles. Ich würde einmal der beste Bodybuilder der Welt werden, der Größte von allen, der bestgebaute Mann.

Warum ich mich gerade für Bodybuilding entschied, weiß ich nicht mehr ganz genau, außer daß es mir unheimlich gefiel. Ich liebte es vom ersten Augenblick an, von dem Moment an, als meine Finger erstmals eine Hantel umschlossen und ich die Erregung und Herausforderung spürte, die schweren Stahlscheiben über meinem Kopf zu heben.

Ich hatte schon immer Sport getrieben, angeregt durch meinen Vater, einen großen, kräftigen Mann, der selbst Meister im Eisstockschießen war. Wir waren eine sportliche Familie, stets darauf bedacht, zu trainieren, vernüftig zu essen und gesund und fit zu bleiben. Ermuntert durch meinen Vater, kam ich mit zehn Jahren erstmals zum organisierten Wettkampfsport. Ich trat einer Fußballmannschaft bei, die sogar richtige Trikots trug und regelmäßig dreimal in der Woche trainierte. Ich stürzte mich hinein und spielte fast fünf Jahre lang begeistert Fußball.

Doch schon mit dreizehn befriedigte mich der Mannschaftssport nicht mehr. Ich war schon auf der Suche nach dem persönlichen Leistungsvergleich. Ich mochte es nicht, wenn ich nach einem gewonnenen Spiel nicht persönlich für meine Leistung gelobt wurde. So beschloß ich also, es mit Einzelsportarten zu versuchen. Ich fing an zu laufen, zu schwimmen und zu boxen; ich bestritt Wettkämpfe im Speerwerfen und Kugelstoßen. Doch trotz guter Leistungen hatte ich das Gefühl, daß das alles nicht das richtige für mich war. Eines Tages kam unser Trainer dann auf die Idee, uns eine Stunde in der Woche mit Gewichten trainieren zu lassen, um uns besser auf das Fußballspielen vorzubereiten.

Ich erinnere mich noch sehr gut an diesen ersten Besuch im Bodybuilding-Studio. Ich hatte noch nie jemanden Gewichte heben sehen. Diese Männer hier waren riesige, rohe Burschen. Ich ging um sie herum und starrte Muskeln an, von denen ich keine Ahnung hatte, wie sie hießen, Muskeln, die ich vorher noch nie gesehen hatte. Die Gewichtheber glänzten von Schweiß; sie sahen so kraftvoll aus, geradezu herkulisch. Und da lag es vor mir – mein Leben, die Antwort, die ich gesucht hatte. Es hatte geklickt. Mir war, als hätte ich plötzlich genau das gefunden, wonach ich gesucht hatte, als hätte ich nach dem Überqueren einer schwankenden Hängebrücke wieder festen Boden unter den Füßen.

Am Anfang machte ich das Gewichtheben nur für die Beine, weil wir die Kraft hier zum Fußballspielen am meisten brauchten. Die Bodybuilder merkten sofort, wie hart ich trainierte. Ich machte Hantel-Kniebeugen mit ziemlich schweren Gewichten, schwer jedenfalls für meine fünfzehn Jahre. Die Männer redeten mir zu, doch mit Bodybuilding anzufangen. Ich war 1,83 m groß, schlank und nur 68 kg schwer, hatte aber einen athletischen Körper und Muskeln, die erstaunlich schnell auf das Training ansprachen. Das hatten diese Burschen wohl bemerkt. Dank meiner athletischen Figur war mir der Sport immer leichter gefallen als anderen Jungen meines Alters. Aber andrerseits hatte ich es auch schwerer als viele meiner Kameraden oder Freunde, weil ich ehrgeiziger war als sie und mich deshalb mehr anstrengte.

In jenem Sommer nahmen mich die Bodybuilder unter ihre Fittiche. Sie stellten eine Reihe von Übungen für mich zusammen, die wir an einem See in der Nähe meiner Heimatstadt Graz gemeinsam ausführten. Es war ein Programm, das sie selbst nur betrieben, um gelenkig zu bleiben. Wir trainierten ohne Gewichte. Wir machten Klimmzüge an Baumästen und hielten uns gegenseitig die Beine, um erschwerte Liegestütze zu machen. Beinheben, Sit-ups, Rumpfdrehen und Kniebeugen, all das war in einem einfachen Übungsprogramm enthalten, das dazu diente, unsere Körper geschmeidig zu halten und auf das Studio vorzubereiten.

Das eigentliche Gewichtstraining begann für mich erst Ende des Sommers. Doch als ich einmal angefangen hatte, ging alles sehr schnell. Nach zwei oder drei Monaten Training mit den Bodybuildern war ich förmlich süchtig danach. Die Männer, mit denen ich trainierte, waren alle viel älter als ich. Karl Gerstl, der Arzt, war achtundzwanzig, Kurt Manul zweiunddreißig und Helmut Knaur fünfzig. Jeder von ihnen wurde zu einer Vaterfigur für mich. Auf meinen eigenen Vater hörte ich immer weniger. Meine neuen Idole waren diese Gewichtheber. Zu ihnen blickte ich ehrfürchtig auf, bewunderte ihre hünenhafte Gestalt und ihre Körperbeherrschung.

Als Einführung in das Gewichtstraining hatten die Bodybuilder ein hartes Grundprogramm für mich zusammengestellt. Die eine Wochenstunde, die wir für das Fußballspielen trainiert hatten, war mir jetzt nicht mehr genug, konnte meine neue Leidenschaft nicht mehr befriedigen. So schrieb ich mich im Studio ein und trainierte fortan dreimal in der Woche. Ich fand es herrlich, wenn sich der kalte Stahl in meinen Händen erwärmte, und liebte die Geräusche und Gerüche im Studio. Und das ist noch heute so. Nichts hörte ich lieber als den Klang der schweren Stahlscheiben, wenn sie auf die Stange geschraubt wurden, oder wenn die Hantel nach einem kraftvollen Hochdrücken wieder auf die Halterung zurückfiel.

An mein erstes richtiges Gewichtstraining erinnere ich mich noch so gut, als wäre es gestern gewesen. Ich fuhr mit dem Fahrrad ins Studio, das etwa 12 km von dem Dorf, in dem ich wohnte, entfernt war. Ich trainierte mit Langhanteln, Kurzhanteln und Maschinen. Die anderen warnten mich vor einem Muskelkater, aber das konnte mich nicht abschrecken. Darüber glaubte ich längst hinweg zu sein. Als ich nach dem Training aufs Rad stieg, um nach Hause zu fahren, fiel ich gleich wieder herunter. Ich war so geschwächt, daß ich es

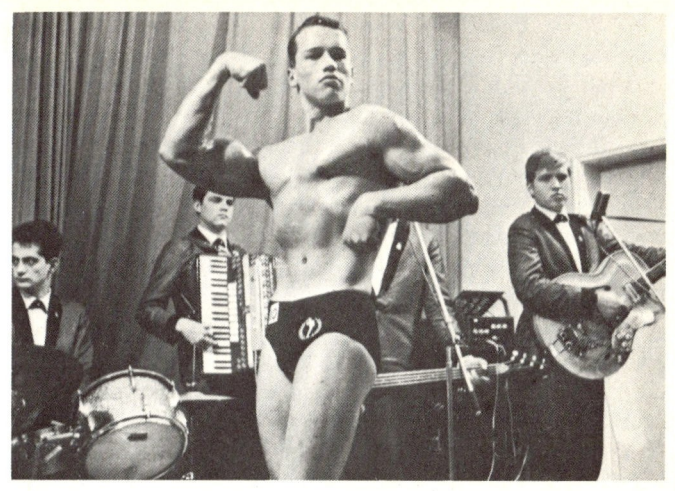

Mit 16 Jahren bei meinem ersten Wettkampf in Graz

einfach nicht festhalten konnte. Meine Beine waren vollkommen gefühllos: wie Nudeln. Ich war wie benommen, mein ganzer Körper dröhnte. Ich stützte mich auf das Rad und schob es eine Weile. Nach einem halben Kilometer versuchte ich erneut aufzusteigen, fiel aber wieder herunter, und so schob ich es dann bis nach Hause. Das war meine erste Erfahrung mit Gewichtstraining, und ich war ganz versessen darauf.

Am nächsten Morgen konnte ich mich nicht einmal kämmen. Bei jedem Versuch, den Arm zu heben, schoß mir ein stechender Schmerz durch die Arm- und Schultermuskeln. Ich konnte den Kamm nicht festhalten. Ich wollte eine Tasse Kaffee trinken und verschüttete ihn über den ganzen Tisch. Ich war völlig hilflos.

»Was ist denn los, Arnold?« fragte meine Mutter. Sie kam vom Herd herüber und sah mich forschend an. »Was fehlt dir denn?« Sie wischte den verschütteten Kaffee auf und beugte sich herunter, um mich etwas genauer in Augenschein zu nehmen.

»Ach, ich habe nur Muskelkater«, sagte ich. »Meine Muskeln sind steif.«

»Sieh dir diesen Jungen an!« rief sie meinem Vater zu. »Schau nur, was er sich antut.«

Mein Vater kam herein und band sich die Krawatte. Er sah immer sehr gepflegt aus, das Haar glatt zurückgekämmt, der Schnurrbart sauber geschnitten. Er lachte und meinte, das würde sich bald wieder geben.

Aber meine Mutter ließ nicht locker. »Warum, Arnold? Warum tust du dir das an?«

Mich mit der Gefühlswelt meiner Mutter zu befassen, dazu war ich nun wirklich nicht in Stimmung. Ich fand es ungeheuer aufregend, diese neuen Veränderungen in meinem Körper zu spüren und zu beobachten. Es war das erstemal, daß ich jeden einzelnen Muskel meines Körpers spürte. Das erstemal, daß mein Gehirn diese Empfindungen registrierte und mir bewußt wurde, daß meine Oberschenkel, Waden und Unterarme mehr waren als nur Gliedmaßen. Ich spürte die Muskeln im Trizeps schmerzen und wußte, warum er Trizeps hieß – weil er aus drei Muskeln besteht. Sie waren nun alle in meinem Gehirn registriert, mit kleinen scharfen Schmerzstichen hineingeschrieben. Ich erkannte, daß dieser Schmerz Fortschritt bedeutete. Immer, wenn ich nach dem Training Muskelkater hatte, wußte ich, daß die Muskeln größer wurden.

Eine Sportart, die weniger populär war, hätte ich mir gar nicht aussuchen können. Meine Schulkameraden hielten mich für verrückt. Aber das machte mir nichts aus. Mein ganzes Denken war nur darauf ausgerichtet, weiterzutrainieren und Muskeln aufzubauen, immer mehr Muskeln zu bekommen. Es blieb mir kaum noch Zeit, mich zu entspannen und über andere Aspekte des Bodybuilding nachzudenken. Ich weiß noch, daß bestimmte Leute mir die Sache mit negativen Argumenten zu vermiesen versuchten, mich dazu bewegen wollten, weniger zu trainieren. Aber ich hatte gefunden, worauf ich meine ganze Kraft konzentrieren wollte, und war nicht zu bremsen. Meine Begeisterung war außergewöhnlich; ich redete anders als meine Freunde, war hungriger nach Erfolg als irgend jemand, den ich kannte.

Bald lebte ich nur noch für das Studio. Ich hatte ein neues Vokabular – Wiederholungen, Sätze, Intensivwiederholungen, Drücken. Anatomie zu büffeln, war mir in der Schule immer verhaßt gewesen – jetzt war ich ganz versessen darauf, alles darüber zu wissen. Meine neuen Freunde im Studio redeten von Bizeps, Trizeps, Latissimus dorsi, Trapezius, Obliquus-Muskeln. Ich blätterte stundenlang in den amerikanischen Zeitschriften *Muscle Builder* und *Mr. America*. Karl, der Arzt, konnte Englisch und mußte für mich übersetzen, sooft er Zeit hatte. Ich sah die ersten Fotos vom Muscle Beach, sah Larry Scott, Ray Routledge und Serge Nubret. Die Zeitschriften waren voll von Erfolgsgeschichten. Es gab nichts Besseres, als einen gutgebauten Körper zu haben. Männer wie Doug Strohl und Steve Reeves waren zum Film gekommen, weil sie sich durch hartes Training einen fantastischen Körper erarbeitet hatten.

In einer dieser Zeitschriften sah ich zum erstenmal ein Bild von Reg Park. Er war zusammen mit Jack Delinger abgebildet. Reg Parks wuchtige, männliche Erscheinung sprach mich sofort an. Der Mann war gewaltig wie ein Koloß. So wollte ich auch werden – gewaltig, wuchtig. Ich wollte eine mächtige Gestalt, keinen feingliedrigen Körper. Ich träumte von großen Deltoidmuskeln, massigen Brustmuskeln, enormen Oberschenkeln und kräftigen Waden. Ich wollte, daß jeder Muskel zu gigantischer Größe explodierte. Ich träumte davon, ein Gigant zu sein. Reg Park war die Verkörperung dieses Traums, der gewaltigste, eindrucksvollste Mann im Bodybuilding.

Von nun an, seit der Zeit meiner Teenagerjahre, schürte ich das Feuer meiner Leidenschaft mit Abenteuerfilmen von Steve Reeves, Mark Forrest, Brad Harris, Gordon Mitchell und Reg Park. Letzteren bewunderte ich mehr als alle anderen. Er war ein harter Bursche, genau wie ein Mann meiner Meinung nach sein sollte. Ich weiß noch, wie ich ihn zum erstenmal auf der Leinwand sah. Es war in *Vampire gegen Herkules,* ein Film, in dem der Held die Erde von einer Invasion Tausender blutrünstiger Vampire befreien sollte. Reg Park sah in der Rolle des Herkules so hervorragend aus, daß ich fasziniert war. Und als ich da im Kino saß, wußte ich, daß ich eines Tages auch so sein würde. Ich würde aussehen wie Reg Park. Ich studierte jede seiner Bewegungen, jede seiner Gesten... Plötzlich merkte ich, daß die Lichter im Saal schon wieder an waren und die anderen Kinobesucher bereits gegangen waren.

Von diesem Zeitpunkt an wurde mein Leben vollkommen von Reg Park beherrscht. Er war mein Idealbild, das sich mir unauslöschlich eingeprägt hatte. Meine Freunde zeigten sich alle mehr von Steve Reeves beeindruckt, aber der gefiel mir nicht so gut. Er wirkte elegant und geschliffen, während Reg

Reg Park

Park etwas Rauhes, Kraftvolles an sich hatte. Für Eleganz war ich nicht geschaffen, das war mir damals klar. Ich wollte massig sein, wuchtig. Es war der Unterschied zwischen Kölnisch Wasser und Schweiß.

Ich sammelte alles über Reg Park, was ich nur finden konnte. Ich kaufte sämtliche Zeitschriften, die seine Trainingsprogramme veröffentlichten. Ich fand heraus, wie er zu trainieren angefangen hatte, was er aß, wie er lebte und wie er sein Training gestaltete. Ich war besessen von Reg Park; er war das Bild, das ich von Anfang an vor Augen hatte. Je stärker ich mich auf dieses Bild konzentrierte und je mehr ich trainierte und mich entwickelte, desto sicherer wurde ich, daß ich tatsächlich so werden konnte wie er. Auch Karl und Kurt sahen es. Sie meinten, in fünf Jahren könnte ich es geschafft haben.

Aber fünf Jahre konnte ich unmöglich warten. Ich hatte den unstillbaren Drang, es schneller zu schaffen. Während die meisten Männer sich damit begnügten, zwei- oder dreimal in der Woche zu trainieren, steigerte ich mein Trainingspensum auf sechs Tage in der Woche.

Meinem Vater war mein Eifer nicht ganz geheuer. »Übertreib es nicht, Arnold«, sagte er. »Du übernimmst dich nur, wenn du so weitermachst.«

»Das ist schon in Ordnung«, entgegnete ich, »ich steigere mich ja nach und nach.«

»Na schön«, sagte er, »aber was willst du denn mit den ganzen Muskeln anfangen, wenn du sie einmal hast?«

»Ich möchte der bestgebaute Mann der Welt werden«, sagte ich ganz offen. Er seufzte und schüttelte den Kopf.

»Dann möchte ich nach Amerika und in Filmen mitspielen. Ich möchte Filmschauspieler werden.«

»Amerika?«

»Ja – Amerika.«

»Ach du liebe Zeit!« rief er, ging in die Küche und sagte zu meiner Mutter, »ich glaube, wir müssen mit unserem Sprößling mal zum Arzt, er ist übergeschnappt.«

Er machte sich ernsthaft Sorgen um mich. In seinen Augen war ich nicht normal. Und er hatte natürlich recht. Meine Wünsche und mein Tatendrang waren durchaus nicht normal.

Normale Menschen können mit einem normalen Leben zufrieden sein. Ich war anders. Ich glaubte, daß das Leben mir mehr zu bieten hatte als eine Durchschnittsexistenz. Geschichten über Macht und Größe hatten mich schon immer sehr beeindruckt. Cäsar, Karl der Große, Napoleon waren Namen, die ich kannte und im Gedächtnis behielt. Ich wollte etwas Besonderes machen, als der Beste anerkannt werden.

Im Bodybuilding sah ich das Mittel, das mich ganz nach oben bringen konnte, und so steckte ich meine ganze Energie hinein, um die Spitze zu erreichen.

Ich trainierte an sechs Tagen in der Woche, stets bestrebt, größere Gewichte zu bewältigen und die Zeit im Studio auszudehnen. Ich hatte die fixe Idee, einen Körper aufzubauen wie den von Reg Park. Das Modell war da oben in meinem Kopf; ich brauchte nur noch genügend zu wachsen, um es auszufüllen. Aber ein fantastischer Körper war nicht alles, wovon ich träumte. Wenn ich den erst hatte, dann würde er mir schon weiterhelfen, und ich wußte auch schon wie. Ich würde Filme machen und in der ganzen Welt Sportstudios einrichten. Ich würde ein Imperium gründen.

Reg Park wurde für mich zur Vaterfigur. Ich beklebte die ganzen Wände in meinem Zimmer mit seinen Bildern. Ich verschlang alles, was in deutscher Sprache über ihn geschrieben wurde; die englischen Artikel ließ ich mir von Karl übersetzen. Ich studierte eingehend jedes Foto, das ich nur kriegen konnte – merkte mir Umfang und Größe seiner Brustmuskeln, Arme, Oberschenkel, Rücken- und Bauchmuskeln. Das spornte mich zu noch härterem Training an. Es war herrlich, wenn meine Lungen brannten, als würden sie jeden Moment bersten, und wenn sich die Venen prall mit Blut füllten und wie Stränge unter der Haut hervortraten. Ich wußte dann, daß ich mich entwickelte und meinem Ziel, so wie Reg Park zu sein, einen Schritt näher war. Ich wollte diesen Körper, und es war mir egal, was ich durchmachen mußte, um ihn zu bekommen.

In jenem Winter eröffnete mir mein Vater, daß ich nur noch dreimal in der Woche ins Studio dürfe – er wollte nicht, daß ich jeden Abend von zu Hause weg war. Um dieses Ausgangsverbot zu überbrücken, richtete ich mir zu Hause ein Studio ein.

Das Haus, in dem wir wohnten, war dreihundert Jahre alt. Es war ursprünglich von Mitgliedern der königlichen Familie gebaut worden. Sie waren schon vor vielen Jahren ausgezogen und hatten damals bestimmt, daß zwei Beamte das Haus bewohnen sollten: der Gendarmerieoberinspektor für den Umkreis von Graz, ein Amt, das mein Vater damals bekleidete, und der Förster, der für die Wälder der Umgebung verantwortlich war. Es war nun schon seit hundert Jahren Brauch, daß diese beiden Männer mit ihren Familien das Haus bewohnten. Wir wohnten im oberen Stockwerk und der Förster im unteren.

Das Haus war gebaut wie ein Schloß, mit stabilen Fußböden und eineinhalb Meter dicken Wänden. Für ein Sportstudio ausgezeichnet geeignet, da die Böden und Wände der enormen Belastung mit schweren Gewichten ohne weiteres standhalten würden. Die Grundausrüstung wie Trainingsbänke und einfache Maschinen ließ ich mir nach Entwürfen zusammenschweißen. Da mein Gewichtsraum keine Heizung hatte, war er bei entsprechender Witterung natürlich recht kalt. Aber das machte mir nichts aus. Ich trainierte ohne Heizung, auch wenn die Temperaturen draußen unter dem Gefrierpunkt lagen.

Drei Abende in der Woche ging ich ins Studio in der Stadt. Es wurde gewöhnlich nach zehn, bis ich fertig war, und dann mußte ich noch die 12 km bis nach Hause zu Fuß gehen oder mit dem Rad fahren. Die 12 km störten mich eigentlich gar nicht. Ich wußte, daß es eine gute Übung war, die meine Beine und Lungen kräftigte.

Beim Training zu Hause hatte ich im wesentlichen nur das eine Problem, einen Trainingspartner zu finden. Wie nützlich es ist, einen Trainingspartner zu haben, hatte ich schon bei meinen ersten Erfahrungen am See erkannt. Ich brauchte jemanden, der mir etwas beibringen konnte und mich auch anspornte. Ich trainierte besser, härter, wenn jemand da war, der ebenso begeistert bei der Sache war wie ich und den ich mit meinem Eifer beeindrucken konnte. In diesem ersten Winter trainierte ich mit Karl Gerstl, dem Arzt, der mir schon bei meinem ersten Programm geholfen hatte. Neben seiner Nützlichkeit als Übersetzer war Karl mir auch in anderer Hinsicht eine besonders große Hilfe. Er wußte alles über den Körper. Er nahm das Training ernst und arbeitete hart. Unser Übungsprogramm war das gleiche, nur unsere Diät und unsere Ziele waren verschieden: Ich wollte zunehmen, Masse aufbauen, und Karl wollte abnehmen. Aber Karl gab mir den Ansporn, den ich brauchte.

Es gab Tage, an denen ich keine rechte Lust hatte, so hart zu trainieren wie sonst. Das war mir unerklärlich. Manchmal war ich nicht zu bremsen, und an anderen Tagen hatte ich einen Tiefpunkt. An solchen Tagen konnte ich nicht annähernd das Gewicht bewältigen, das ich normalerweise benutzte. Es war

Mit 17 Jahren bei einem lokalen Wettkampf in Österreich

mir ein Rätsel. Karl und ich unterhielten uns darüber. Er wußte eine Menge über Psychologie (ich mit meinen fünfzehn Jahren kannte das Wort kaum, aber was er sagte, klang vernünftig und legte den Grundstein für mein späteres Denken). »Es liegt nicht an deinem Körper, Arnold. Dein Körper kann sich von einem Tag auf den anderen nicht so stark verändern. Es liegt an deinem Kopf, an deiner Einstellung. An manchen Tagen hast du deine Ziele einfach klarer vor Augen. An den schlechten Tagen brauchst du jemanden, der dir hilft, in Schwung zu kommen. Es ist, wie wenn du mit dem Rad hinter einem Bus herfährst und in den Sog gerätst. Der Wind zieht dich dann einfach mit. Du brauchst nur etwas Ansporn, eine Herausforderung.«

Karl hatte recht. Jeden Monat hatte ich mindestens eine Woche, in der mir gar nicht nach Trainieren zumute war und ich mir sagte: Warum sollte ich mich denn anstrengen, wenn ich keine Lust dazu habe? An solchen Tagen riß mich Karl dann aus meiner Lethargie heraus. Er sagte zum Beispiel: »Mann, bin ich heute in Form! Ich möchte heute Bankdrücken machen. Laß uns fünfundzwanzig anstatt zwanzig Wiederholungen machen. Wie wär's mit einem Wettbewerb? Wer am meisten Wiederholungen schafft, kriegt zehn Schillinge.«

Es funktionierte großartig. Er zwang mich, meinen Allerwertesten zu erheben und meine Trägheit zu überwinden. Es wurde äußerst wichtig für mich, jemanden zu haben, der hinter mir stand und sagte: »Laß uns noch etwas mehr machen, Arnold. Na komm – noch einen Satz, noch eine Wiederholung.« Und es war genauso wichtig für mich, daß ich auch dem Partner helfen konnte. Wenn ich Karl beim Trainieren zusah und ihn anspornte, war das irgendwie ein Anreiz, auch selbst noch einen härteren Satz zu machen.

Ich habe von Anfang an großen Wert auf bestimmte Grundbewegungen gelegt, weil auch Reg Park sie bevorzugte. Reg betrieb zwar zur Vorbereitung auf große Wettkämpfe ein Intensivtraining, beschränkte sich aber die übrige Zeit auf die Grundübungen – Bankdrücken, Klimmzüge, Kniebeugen, Rudern, Langhantelcurls, Handgelenkcurls, Überzüge, Beinstrecken und Wadenheben. Mit diesen Bewegungen wurden alle Körperpartien gezielt belastet. Ich befolgte Regs Trainingsvorschläge buchstabengetreu. Und wie sich zeigte, hätte ich gar nichts Besseres tun können. Die Grundübungen verschafften mir eine solide Basis, eine Muskelgrundform, die ich später zu einem Siegerkörper ausarbeiten konnte. Reg Park ging nach dem Prinzip vor, erst Masse aufzubauen und sie anschließend auszumeißeln, um die gewünschte Qualität zu erzielen; man arbeitet an seinem Körper wie ein Bildhauer mit Ton, Holz oder Stahl. Man legt zuerst die Grundform fest – je sorgfältiger und genauer, desto besser – und arbeitet dann die Einschnitte und die Definition heraus. Das Muskelrelief wird so lange verfeinert, bis die Form nur noch poliert zu werden braucht. Und dann zeigt sich, wie gut die Grundform wirklich war. Alle Fehler, die am Anfang der Trainingszeit gemacht wurden, treten dann als hoffnungslose Mängel zutage, die kaum noch zu beheben sind.

Ich arbeitete auf Muskelgröße hin, baute Masse auf, mit dem Ziel, ein Körpergewicht von etwa 115 kg zu erreichen. Um meine Taille oder Dinge, die mir zu mehr Symmetrie verholfen hätten, kümmerte ich mich damals überhaupt nicht. Ich wollte ganz einfach mit schweren Gewichten und extremer Muskelbelastung einen gigantischen Körper von 115 kg aufbauen. Mein ganzes Denken war darauf fixiert, gewaltig auszusehen, ehrfurchtgebietend und mächtig. Und es funktionierte auch. An meinem ganzen Körper begannen Muskeln hervorzusprießen. Und da wußte ich, daß ich auf dem richtigen Weg war, um mein Ziel zu erreichen.

2

Es dauerte nicht lange, bis die Leute mich als etwas Besonderes betrachteten. Zum Teil lag das an meiner veränderten Einstellung zu mir selbst. Ich wurde kräftiger, muskulöser und selbstbewußter. Ich fand Beachtung, wie sie mir früher nie zuteil geworden war; man kam mir entgegen, als wäre ich der Sohn eines Millionärs. Wenn ich in der Schule ins Klassenzimmer kam, boten mir meine Klassenkameraden etwas zu essen an oder fragten, ob sie mir bei meinen Hausaufgaben helfen könnten. Sogar die Lehrer behandelten mich anders, besonders seit ich bei Gewichtheber-Wettbewerben meine ersten Trophäen gewonnen hatte.

Dieses seltsame neue Verhalten mir gegenüber hatte eine ungeheure Wirkung auf meine Persönlichkeit. Es war etwas, das ich mir immer sehnlichst gewünscht hatte. Warum ich dieses Bedürfnis hatte, besonders beachtet zu werden, weiß ich nicht genau. Vielleicht lag es daran, daß mein älterer Bruder der Lieblingssohn meines Vaters war und immer bevorzugt behandelt wurde. Was immer der Grund gewesen sein mag: Ich hatte das starke Verlangen, beachtet zu werden, gelobt zu werden. Und ich sonnte mich in dieser neuen Welle der Aufmerksamkeit, die mir zuteil wurde. Selbst negative Reaktionen legte ich geschickt zu meinen Gunsten aus.

Ich bin ganz sicher, daß die meisten meiner Bekannten im Grunde keine Ahnung hatten, was ich eigentlich machte. Ich war für sie einfach etwas Neues, Sonderbares. Akzeptiert wurde ich nur begrenzt. In gewissen Kreisen der Gesellschaft war Bodybuilding verpönt, und die Leute meinten, mich von oben herab behandeln zu können. Sie versuchten, auf die Schwächen dieses Sports hinzuweisen, und sie führten allerlei Gründe auf, warum man es besser lassen sollte. Mit solchen Argumenten bin ich mein ganzes Leben konfrontiert worden. Es gibt auch immer Leute, die sagen: »Mein Arzt meint, Bodybuilding schade der Gesundheit...« Es fiel mir am Anfang nicht leicht, mit diesen Dingen fertig zu werden. Ich war jung und noch leicht zu beeinflussen. Ich mochte diesen Sport unheimlich gern und wußte, daß mich niemand davon abbringen konnte, am allerwenigsten Leute, die ich als Freunde gar nicht haben wollte, aber oft kamen mir doch Zweifel. Ich fragte mich, warum ich wohl so anders war – warum ich etwas machen wollte, was sehr vielen Leuten mißfiel und worüber sie sich sogar lustig machten. Wenn man Fußball spielte, war man überall beliebt; man war ein Held. Man konnte alles von den Leuten haben.

Meine sportlichen Talente wurden durchaus anerkannt, aber die Leute konnten nicht verstehen, warum ich mich gerade für diese Sportart entschieden hatte. Sie schüttelten die Köpfe.

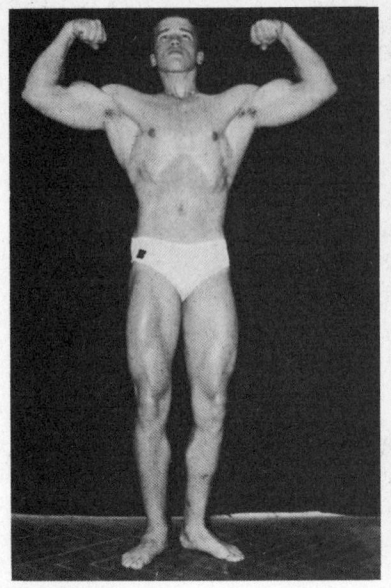

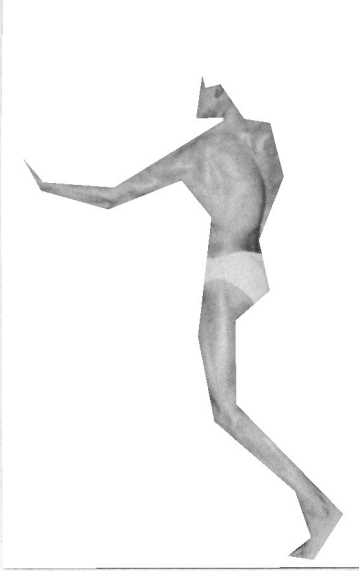

Die ersten Studiofotos mit 18 Jahren in München

»Warum mußtest du dir denn ausgerechnet den unbeliebtesten Sport von ganz Österreich aussuchen?« wurde ich immer wieder gefragt. Das stimmte. Es gab damals im ganzen Land nur zwanzig oder dreißig Bodybuilder.

Ich fand keine Antwort darauf. Es war eine ganz instinktive Sache gewesen. Ich hatte mich einfach in diesen Sport verliebt. Ich war unheimlich gerne im Studio, liebte die körperliche Anstrengung, das Gefühl, überall Muskeln zu haben.

Wenn ich heute zurückblicke, sehe ich das alles etwas klarer. Meine Begeisterung und Hingabe hatte sehr viel mit der Disziplin, dem Individualismus und der vollkommenen Integrität des Bodybuilding zu tun. Aber damals war mir die Sache selbst ein Rätsel. Das Bodybuilding hatte durchaus lohnende Aspekte, wenn auch relativ bescheidene. Da ich noch nicht an Wettkämpfen teilnahm, mußte meine Befriedigung aus anderen Bereichen kommen. Im Sommer konnte ich mit einer neuen Figur am See auftauchen und die anderen damit überraschen. »Mein Gott, Arnold«, sagten sie dann, »du bist ja schon wieder kräftiger geworden. Wann hört das denn auf?«

»Nie«, antwortete ich, und wir lachten alle. Für sie war es ein Scherz. Doch ich meinte es ernst.

Aber nicht nur meine Freunde in der Schule oder am See waren beeindruckt. Auch die Nachbarn zeigten sich jetzt besonders aufmerksam. »Wenn du frische Milch brauchst, sag es einfach«, bot mir zum Beispiel ein Nachbar an. »Ich weiß doch, daß du frische Milch brauchst, wenn du Gewichte hebst.« Oder Eier oder Gemüse. Plötzlich war ich für alle anders. Und ob sie es mochten oder nicht – zu übersehen war es nicht.

Besonders merkwürdig fand ich, wie mein neuer Körper auf Mädchen wirkte. Die einen fanden ihn hinreißend, die anderen abstoßend. Zwischen den beiden Extremen gab es absolut nichts. Eine klare Sache. Ich hörte ihre Bemerkungen in der Mittagspause auf den Schulgängen, auf der Straße oder am See. »Mir gefällt das nicht. Ein seltsamer Typ – da kann man ja das Fürchten kriegen bei den ganzen Muskeln.« Oder aber: »Sieht er nicht fantastisch aus, dieser Arnold – so groß und stark. Wie ein Standbild. Genau wie ein Mann aussehen sollte.«

Diese Reaktionen motivierten mich noch zusätzlich, meinen Körper weiterzuentwickeln. Ich wollte noch muskulöser werden, um die Mädchen, denen das gefiel, wirklich zu beeindrukken und die anderen noch mehr aus der Fassung zu bringen. Nicht, daß Mädchen der Hauptgrund gewesen wären, zu trainieren. Ganz und gar nicht. Aber sie spornten mich noch mehr an, und wenn sie mir schon so viel Beachtung schenkten, so meine Überlegung, konnte ich ja auch meinen Nutzen daraus ziehen. Ich hatte viel Spaß dabei. Ich merkte sofort, wenn sich ein Mädchen von meinen Muskeln abgestoßen fühlte. Und wenn ich sie dabei ertappte, wie sie mich ungläubig anstarrte, hob ich lässig den Arm, ließ den Bizeps spielen und sah genüßlich zu, wie sie zusammenzuckte. Für einen Lacher war es immer gut.

Ich weiß noch, daß ich mit einem dieser abweisenden Mädchen gerne ausgegangen wäre. Sie hieß Herta, und ich wußte, daß sie herumerzählte, mein Körper könne sie nicht reizen. Ich wollte versuchen, sie umzustimmen. Ich stieg ihr also nach, und nach einer Weile freundeten wir uns an. Eines Tages nahm ich meinen ganzen Mut zusammen und bat sie, mit mir auszugehen. »Mit dir würde ich in meinem ganzen Leben nicht ausgehen«, gab sie mir zur Antwort. »Du bist doch nur in dich selbst verliebt. Du bist verliebt in deinen Körper. Betrachtest dich ständig im Spiegel, machst sogar Posen vor dem Spiegel.«

Ihre Reaktion war wie ein Schlag ins Gesicht. Zuerst war ich wütend. Warum wollte sie mich denn nicht verstehen? Warum mußte sie mich auch noch angreifen? Aber es war ja vorauszusehen gewesen. Und ich kam darüber hinweg. (Sie anscheinend nicht, wie ich annehme. Als ich das letztemal in Graz zu Besuch war, rief sie mich mehrmals an, um mich wissen zu lassen, daß sie jetzt geschieden sei, und wie nett es doch wäre, wenn wir uns wieder einmal treffen könnten.)

Niemand schien zu wissen, worum es im Bodybuilding ging. Natürlich betrachtet man sich im Spiegel, aber doch nicht, weil man narzißtisch ist, sondern weil man feststellen will, welche Fortschritte man gemacht hat. Mit Selbstverliebtheit hat das nicht das geringste zu tun. Einem Leichtathletikstar, der jemanden bittet, seine Zeit zu stoppen, damit er weiß, wie schnell er ist, hätte Herta niemals vorgeworfen, er sei narzißtisch. Ein Bodybuilder hat nun einmal keine anderen Hilfsmittel als den Spiegel, die Waage und das Maßband, um seine Fortschritte zu beurteilen.

Herta war keineswegs typisch. Ich hatte keine Schwierigkeiten, Mädchen zu bekommen. Meine ersten sexuellen Erfahrungen verliefen unbekümmert und problemlos. Die älteren Bodybuilder luden mich nach einiger Zeit öfter zu ihren Partys ein und machten mir die Sache leicht. Sie sorgten immer dafür, daß ich ein Mädchen hatte. »Hier Arnold, die ist für dich.«

Mädchen wurden zu Sexobjekten. Ich sah, wie die anderen Bodybuilder sie als solche benutzten, und dachte mir nichts weiter dabei. Wir unterhielten uns über die Gefahren romantischer Gefühle, ernsthafter Beziehungen, und wie leicht sie einen vom Trainieren abhalten konnten. Ich war natürlich ganz ihrer Meinung. Sie waren schließlich meine Idole.

Inzwischen hat sich meine Einstellung zu diesen Dingen grundlegend geändert. Früher dachte ich, Frauen seien nur für eine Sache da. Sex war ganz einfach eine Art Körperübung, eine andere Körperfunktion. Ich war damals fest davon überzeugt, daß ein Mädchen kein ebenbürtiger Partner für einen Gedankenaustausch sein konnte, weil es ohnehin nicht verstehen würde, was ich machte. Ich hatte keine Zeit, ein Mädchen regelmäßig auszuführen und eine normale Oberschulromanze mit all ihren Liebesbriefchen und Differenzen durchzumachen. Das nahm mir alles zuviel Zeit in Anspruch. Ich mußte im Studio sein. Also machte ich mir die Sache ganz einfach – ich las die Mädchen am See auf und sah sie dann nie wieder. Erst vier Jahre nach Beginn meines Trainings hatte ich den ersten sinnvollen Gedankenaustausch mit einem Mädchen.

Ich konnte mich einfach nicht von Freundinnen ablenken lassen. Ich war ganz auf das Training fixiert, und es störte mich, wenn mich jemand davon abhielt. Und so schloß ich, eigentlich ohne es bewußt zu tun, ganz einfach eine Tür zu diesem Aspekt des Heranwachsens, dieser Verletzlichkeit, und schirmte meine Gefühle immer mehr ab. Ich ließ einfach nicht zu, daß ich mich verliebte – basta. Es war kein Entschluß, den ich gefaßt hatte; es ergab sich einfach so, weil es notwendig war.

Ich gewöhnte mir diese Einstellung schon früh in meiner Karriere an und behielt sie bei, solange sie mir half, einen klaren Blick zu bewahren und mich dem Punkt näher zu bringen, den ich mir als Ziel gesetzt hatte. Das hieß nicht, daß ich keinen Spaß hatte. Ich war lediglich selbstsüchtig und schirmte denjenigen Teil meines Ichs ab, den andere immer mit Romanzen in Verbindung bringen wollten. Und je erfolgreicher ich wurde, desto strikter hielt ich meine Gefühle unter Kontrolle. Ich konnte es mir nicht leisten, daß jemand meine Gefühle verletzte, wenn ich intensiv trainierte oder kurz vor einem Wettkampf stand. Ich mußte morgens zwei Stunden und abends zwei Stunden trainieren und durfte mich auf nichts anderes konzentrieren als auf meinen Körper – ihn zu verbessern und optimal in Form zu bringen.

Ich mied alles, was mich hätte ablenken können. Ich strich Mädchen von meiner Liste – außer zur Befriedigung meiner sexuellen Bedürfnisse. Ich schaltete auch meine Eltern aus. Sie wollten mich dauernd sehen, und wenn ich dann da war, hatten sie mir nichts zu sagen. Ich gewöhnte mich daran, immer wieder bestimmte Fragen zu hören: »Was ist denn los, Arnold, stimmt vielleicht etwas nicht mit dir? Empfindest du denn gar nichts? Hast du denn keine Gefühle?«

Was kann man darauf sagen? Also tat ich die Sache immer mit einem Achselzucken ab. Ich brauchte mich nicht zu rechtfertigen, weil ich wußte, daß das, was ich machte, richtig und wichtig für mich war. Und außerdem – wenn ich wegen meiner sportlichen Leidenschaft in emotionaler Hinsicht tatsächlich etwas verpaßt hatte, glaube ich doch, daß ich in vielen anderen Dingen so viel profitiert habe, daß schließlich alles wieder ins Gleichgewicht kam. Eines dieser Dinge war mein gestärktes Selbstbewußtsein, als ich sah, welche Kontrolle ich über meinen Körper hatte. In zwei oder drei Jahren war es mir tatsächlich gelungen, meinen Körper völlig zu verändern. Das sagte mir etwas. Wenn ich imstande gewesen war, meinen Körper so sehr zu verändern, konnte ich mit der gleichen Disziplin und Entschlossenheit auch alles andere ändern, wenn es mir wünschenswert erschien. Ich konnte meine Gewohnheiten ändern, meine ganze Lebensanschauung.

In den ersten Jahren zeigte ich wenig Interesse für andere Dinge außer Bodybuilding. Es nahm jede Minute meiner Freizeit in Anspruch und erforderte meinen ganzen Einsatz. Doch heute, da ich nur noch eineinhalb Stunden am Tag trainiere, um meine Form zu halten, habe ich Zeit, mich mit den Dingen zu befassen, die ich früher vernachlässigt hatte. Ich kann diese Gefühle ausleben, die ich früher unterdrücken mußte, und sie wieder in mein Leben integrieren. Ich kann die Erkenntnisse, die ich beim Bodybuilding gewonnen habe, und die Disziplin, die ich dabei gelernt habe, nutzen, um andere Aspekte meines Lebens vollkommener zu machen. Wenn ich mich heute dabei ertappe, daß ich eine Gefühlsregung unterdrücke, wie ich es früher getan habe, bemühe ich mich, sie hervorkommen zu lassen; ich versuche ansprechbarer und einfühlsamer zu werden. Wenn ich merke, daß ich irgendwelche rückständigen Vorstellungen habe, befasse ich mich damit,

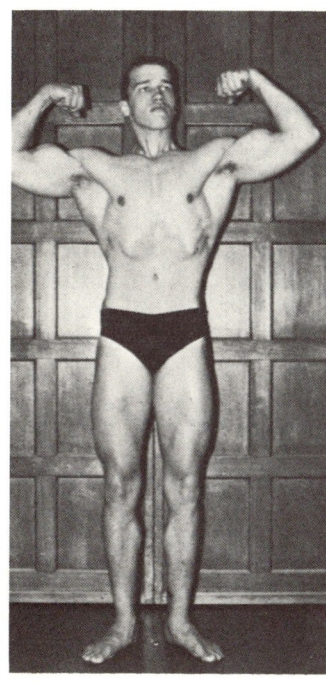

Mit 18 Jahren und bereits etwas mehr Masse

um zu einer realistischeren Auffassung zu kommen. Ich weiß, daß es Leute gibt, die sagen, das sei nicht die richtige Art und Weise, sein Leben einzurichten. Und ich nehme an, daß es die gleichen Leute sind, die immer behauptet haben, Bodybuilding schade der Gesundheit. Daß das nicht stimmt, habe ich bewiesen. Und ich weiß, daß man die gleichen Grundsätze, die man anwendet, um mit Hilfe einer anderen Ernährungsweise und neuer Übungsprogramme den Körper zu verändern, auch auf alle anderen Lebensbereiche anwenden kann.

Das Geheimnis liegt in einem Rezept, das ich im Studio gelernt habe. Es enthält drei Zutaten: Selbstbewußtsein, eine positive Einstellung und ehrliche, harte Arbeit. Viele Leute kennen diese Grundsätze, aber nur sehr wenige sind imstande, sie in die Praxis umzusetzen. Jeden Tag höre ich irgend jemanden sagen: »Ich bin zu dick. Ich müßte zwanzig Pfund abnehmen, aber ich schaffe es nicht. Ich werde einfach nicht dünner.« Mit einer solchen Einstellung wäre ich mir selbst zuwider; ich würde mich verabscheuen, wenn ich so willensschwach wäre. Mir gelingt es ohne weiteres, zehn bis vierzig Pfund abzunehmen, und zwar schnell und mühelos; ich brauche es mir nur vorzunehmen. Mit den Grundsätzen der Disziplin, die mich das Bodybuilding gelehrt hat, kann ich mich auf alles vorbereiten. Ich habe eine so vollkommene Kontrolle über meinen Körper gewonnen, daß ich im voraus festlegen kann, was ich zu einem bestimmten Zeitpunkt wiegen will, und dieses Gewicht durch Zu- oder Abnehmen dann auch erreiche.

Zwei Monate vor den Dreharbeiten von *Stay Hungry* kam Bob Rafelson zu mir und sagte: »Arnold, ich habe ein bißchen Angst, dich für diesen Film zu engagieren. Du bist mir einfach zu wuchtig. Wenn du mit deinen 220 Pfund neben Sally Fields in einer Szene erscheinst, verschwindet sie neben dir. Ich wollte, du wärst wesentlich schlanker und würdest in Straßenkleidern etwas normaler aussehen.« Darauf sagte ich zu ihm: »Kümmere du dich um deinen Film, und ich kümmere mich um meine Figur. Sag mir einfach, wie du mich haben willst und was ich wiegen soll, dann kriege ich das schon hin.« Er meinte, ich wolle ihn auf den Arm nehmen. Er dachte an ein Gewicht von 190 Pfund, das zu erreichen, hielt er aber für völlig unmöglich.

Also wettete ich mit ihm, daß ich es schaffen würde. Am ersten Drehtag begleitete mich Rafelson ins Gym, um zu trainieren und in die Sauna zu gehen. »Steig auf die Waage«, sagte er. Sie zeigte 189 Pfund an, ein Pfund weniger, als er mich haben wollte. Er war sprachlos. Ich hielt dieses Gewicht drei Monate lang, bis die Filmaufnahmen beendet waren. Dann bekam ich ein Angebot für den Film *Pumping Iron*. Voraussetzung war allerdings, daß ich am Mr.-Olympia-Wettkampf teilnahm. Also mußte ich innerhalb von zwei Monaten wieder auf 218 Pfund kommen, ein Gewicht, bei dem ich glaubte, die beste Form und Symmetrie zu erreichen, und dann wieder auf 212 Pfund herunter, um die Definition optimal herauszubringen. Ich schaffte es problemlos und gewann die Mr.-Olympia-Wahl.

Ich wußte von Anfang an, daß Bodybuilding für meine Karriere genau das richtige war. Allerdings schien niemand sonst diese Ansicht zu teilen – zumindest niemand aus dem Kreis meiner Familie oder meiner Lehrer. Sie billigten nur eine Art, sein Leben zu führen – als Bank- oder Büroangestellter, als Arzt oder Verkäufer –, eine normale Existenz, einen Beruf, den die Arbeitsvermittlung anbietet – etwas Solides. Mein Wunsch, meinen Körper zu entwickeln und Weltmeister zu werden, war ihnen völlig unverständlich. Und so kam es, daß ich mich sehr veränderte. Ich kapselte mich emotial noch mehr ab und hörte nur noch auf meine innere Stimme, meine Instinkte.

Meine Mutter verstand meine Begeisterung überhaupt nicht. Sie selbst hatte keine Zeit, Sport zu treiben. Sie konnte auch nicht verstehen, warum mein Vater noch immer trainierte, um in Form zu bleiben. Aber seltsamerweise sagte sie immer: »Laßt Arnold nur machen, was ihm gefällt. Solange er nicht kriminell wird und nichts anstellt, kann er sein Muskeltraining meinetwegen weitermachen.«

Ihre Einstellung änderte sich, als ich meine erste Trophäe im Gewichtheben nach Hause brachte. Sie nahm sie und rannte damit in ganz Thal herum, dem kleinen Dorf vor Graz, in dem wir lebten, lief von Haus zu Haus, um den Nachbarn zu zeigen, was ich gewonnen hatte. Es war ein Wendepunkt für sie. Sie erregte plötzlich selbst ein bißchen Aufmerksamkeit. Sie wurde beachtet: Das ist die Mutter des Jungen, der die Meisterschaft im Gewichtheben gewonnen hat, die Mutter dieses starken Mannes. Man behandelte sie, als habe sie selbst Meisterehren errungen. Sie war stolz auf mich. Und von da an unterstützte sie meine Ambitionen (jedenfalls bis zu einem gewissen Punkt).

Trotzdem hatten wir noch immer unsere Differenzen. Meine Eltern waren katholisch. Bis zu meinem fünfzehnten Lebensjahr war ich jeden Sonntag mit ihnen in die Kirche gegangen. Dann fingen meine Freunde an, mich zu fragen, warum ich das denn mache. Sie fanden das dumm von mir. Ich hatte eigentlich nie groß darüber nachgedacht. Bei uns zu Hause war es einfach üblich, sonntags in die Kirche zu gehen. Helmut Knaur, eine Art Intellektueller unter den Bodybuildern, gab mir ein sehr kritisches Buch über den Klerus zu lesen; es handelte von Priestern und ihrem Leben, beschrieb, wie schrecklich sie teilweise in den verschiedenen Epochen waren und wie sie die Religionsgeschichte verändert hatten.

Nach dieser Lektüre sah ich die Sache mit ganz anderen Augen. Ich diskutierte mit Karl und Helmut im Studio darüber. Helmut gab mir nachdrücklich zu verstehen, daß ich für alles, was ich im Leben erreichte, nicht Gott danken solle, sondern mir selber. Bei Fehlschlägen sei es das gleiche. Ich solle dann nicht Gott um Hilfe bitten, sondern mir selber helfen. Er fragte, ob ich schon einmal für meinen Körper gebetet hätte. Ich gab es zu. Er meinte, wenn ich einen tollen Körper wolle, dann müsse ich mir den schon selber schaffen. Niemand könne mir das abnehmen. Gott am allerwenigsten.

Für einen Jungen meines Alters waren das recht überspannte Ideen. Aber sie klangen einleuchtend, und so verkündete ich zu Hause, daß ich von nun an nicht mehr zur Kirche ginge; ich hielte nichts mehr davon und könne meine Zeit nicht damit verschwenden. Das sorgte für neuen Konfliktstoff in der Familie.

Es kam schließlich dazu, daß meine Eltern sich in bezug auf mich nicht mehr einig waren. Meine Mutter wußte natürlich, was sich zwischen mir und den Mädchen, die meine Freunde für mich anschleppten, abspielte. Sie sprach mich nie direkt darauf an, ließ mich aber merken, daß sie sich Sorgen machte. Anders war das Verhältnis zwischen mir und meinem Vater. Er ging davon aus, daß ich mit achtzehn ohnehin zum Militär müsse, und dort würde man mich schon wieder zurechtbiegen. Er akzeptierte manches, was meine Mutter mißbilligte. Aus seiner Sicht war es vollkommen in Ordnung, daß ich möglichst viele Mädchen hatte. Er war sogar stolz darauf, daß ich immer mit besonders flotten Mädchen ausging. Er gab bei seinen Freunden damit an: »Mein Gott, wenn ihr wüßtet, was mein Sohn manchmal für Frauen anschleppt!« Das war natürlich übertrieben. Aber unser ganzes Verhältnis hatte sich geändert, seit ich mir mit ein paar Siegerpokalen einen Namen gemacht und nun ein paar Mädchen hatte. Die Sache mit den Mädchen gefiel ihm besonders. Und er freute sich, daß ich keine festen Bindungen einging. »So ist's richtig, Arnold«, sagte er, als verfüge er über unendlich viel Erfahrung. »Laß dich nur nicht von ihnen einfangen.« Das blieb ein paar Jahre lang ein Weg der Verständigung zwischen uns. Die wenigen Male, die ich Mädchen mit nach Hause brachte, wenn ich Urlaub vom Militärdienst hatte, war er sogar besonders liebenswürdig und holte dann eine Flasche Wein und ein paar Gläser aus dem Schrank.

Meine Mutter wollte mich noch immer beschützen. Wir mußten so manches vor ihr verbergen. Sie war einfach zu religiös und malte sich den Zustand meiner Seele in den schrecklichsten Farben aus. Außerdem taten ihr die Mädchen leid. Für sie hing das alles irgendwie mit dem Bodybuilding zusammen, und ihr Widerstand gegen diesen Sport wuchs. Es beunruhigte sie, daß meine Begeisterung keine vorübergehende Phase meiner Entwicklungsjahre geblieben war.

»Du bist faul, Arnold!« schimpfte sie oft. »Sieh dich nur einmal an. Du hast nichts anderes im Kopf, als mit deinen Gewichten zu trainieren. Alles andere ist dir egal. Sieh dir nur deine Schuhe an«, fuhr sie dann fort, froh, daß sie etwas gefunden hatte. »Wie schmutzig sie sind. Ich habe deinem Vater die Schuhe geputzt, weil er mein Mann ist. Aber deine putze ich nicht. Das machst du gefälligst selber.«

Dieser Aspekt beunruhigte auch meinen Vater. Die Sache mit den Mädchen war in Ordnung. Das gefiel ihm. Auch die Pokale. Er hatte selber ein paar im Eisstockschießen gewonnen, das wir zusammen betrieben. Aber von Zeit zu Zeit nahm er mich doch beiseite und fragte: »Nun, Arnold, was willst du denn einmal werden?«

Meine Antwort war immer die gleiche: »Papa, ich werde professioneller Bodybuilder. Das wird mein Beruf.«

»Es ist dir also ernst damit«, sagte er dann und blickte nachdenklich drein. »Aber wie stellst du dir das vor? Was willst du denn damit im Leben erreichen?« Stille breitete sich zwischen uns aus. Vater seufzte, wandte sich wieder seiner Zeitung zu, und damit war die Angelegenheit erledigt, bis er sich wieder genötigt fühlte, mich nach meinen Zukunftsplänen zu fragen.

Lange weigerte ich mich, darüber zu reden, und tat die Sache mit einem Achselzucken ab. Eines Tages dann, ich war siebzehn und hatte meinen Plan etwas klarer vor Augen, überraschte ich ihn mit einer ausführlichen Antwort. »Im Moment gibt es für mich zwei Möglichkeiten. Die eine ist die, daß ich zum Militär gehe, Offizier werde und dort eine gewisse Freiheit habe, um weitertrainieren zu können.« Vater nickte ernst. Nun hatte ich wohl endlich was Vernünftiges gefunden. Er wäre stolz auf mich gewesen, wenn ich mein Leben dem österreichischen Heer gewidmet hätte. »Die andere Möglichkeit ist die, daß ich erst nach Deutschland gehe und von dort nach Amerika.«

»Amerika?« Nun redete ich wieder dummes Zeug.

Die Vorteile einer Offizierslaufbahn hatte ich mir schon genau überlegt. Beim österreichischen Heer bekäme ich eine Ausbildung sowie Essen und Kleidung, und als Sportler würde man mir große Freiheiten einräumen. In Wien gab es eine Militärakademie für Elitetruppen, die auf Sport spezialisiert war. Dort würde man mir einen Kraftraum einrichten und dafür sorgen, daß ich von allem nur das Beste bekam.

Mein Vater und ich unterhielten uns mehr als einmal über dieses Berufsziel. Er betrachtete es als Karriere in der Armee. Ich sah es als Mittel zum Zweck – den Mr. Universum zu gewinnen. Mein Vater befürchtete, ich könnte mit Bodybuilding meinen Lebensunterhalt nicht verdienen; er sah keine Zukunft darin und meinte, ich würde meine Talente verschwenden.

Eine Karriere in der Armee hatte ich allerdings nicht im Sinn. Mein wirkliches Bestreben ging dahin, irgendwie nach Amerika zu kommen. »Ich muß hier raus«, dachte ich immer wieder. »Das Land ist zu klein, ich ersticke hier.« Ich sah keinerlei Möglichkeit, mich hier zu entfalten. Irgendwie war nie genügend Platz da. Selbst das Denken der Menschen war kleinlich. Sie waren zu selbstzufrieden, akzeptierten zu vieles, wie es immer gewesen war. Es ist ein schönes Land, ein herrliches Plätzchen für den Lebensabend.

Mein Leben wurde noch immer von Reg Park beherrscht. Ich hatte mein Trainingsprogramm ein paarmal abgeändert. Die alten Standardübungen, die auch Reg Park machte, behielt ich zwar bei, modifizierte sie aber meinen eigenen Bedürfnissen entsprechend und fügte neue hinzu. Anstatt beispielsweise nur Langhantelcurls zu machen, machte ich zusätzlich noch Kurzhantelcurls. Ich war ständig bestrebt, den Bizeps höher, den Rücken muskulöser und breiter und die Oberschenkel kräftiger zu machen. Ich trainierte diejenigen Bereiche, die ich besonders hervorheben wollte.

Meine schwachen Punkte habe ich mir immer ehrlich eingestanden, und das war meiner Entwicklung sehr zuträglich. Meiner Meinung nach ist das in allen Dingen der Schlüssel zum Erfolg: ehrlich zu sein, seine Schwächen zu erkennen und sie sich einzugestehen. Kein Bodybuilder ist so perfekt, daß er bestimmte Partien nicht noch verbessern könnte. Ich habe von meinen Eltern einen ausgezeichneten Knochenbau und einen fast perfekten Stoffwechsel geerbt. Deshalb war es für mich im Grunde einfach, Muskelmasse aufzubauen. Aber es gab auch ein paar widerspenstige Muskeln, die einfach nicht so schnell wuchsen wie die übrigen. Ich schrieb ihre Namen auf kleine Karten und steckte die Kärtchen um den Spiegel herum, wo ich sie unmöglich übersehen konnte. Trizeps war das erste, was ich notierte. Ich hatte bisher die gleiche Anzahl von Bizeps- und Trizepsübungen gemacht: Der Bizeps reagierte sofort, doch der Trizeps blieb zurück. Ich konnte mir das nicht erklären. Ich hatte die Trizepsmuskeln genauso hart trainiert, aber sie zeigten keinen vergleichbaren Zuwachs. Bei den Beinen war es dasselbe. Obwohl ich viele Kniebeugen machte, entwickelten sich die Beinmuskeln nicht so schnell wie die Brustmuskeln. Und die Schultern entwickelten sich nicht so gut wie der Rücken. Nach zwei Jahren mußte ich feststellen, daß bestimmte Körperpartien sich kaum verändert hatten. Ich schrieb sie mir auf und modifizierte mein Training. Bei bestimmten Übungen steigerte ich die Intensität. Ich experimentierte, beobachtete die Muskeln auf Ergebnisse hin. Nach und nach erreichte ich auf diese Weise eine bessere Gesamtentwicklung.

Es war ein langer, nicht enden wollender Prozeß. Mit achtzehn war mein Körper noch immer nicht zufriedenstellend proportioniert. Es gab noch immer schwache Bereiche, die mehr Training verlangten. Mein Wissen beschränkte sich auf das, was ich selbst in Erfahrung gebracht hatte und was es lokal

Mit 18 Jahren

noch zu lernen gab. Die österreichische Bodybuilding-Mentalität, die sich auf massige Arme und einen gewaltigen Brustkasten beschränkte, als würden Fotos immer nur von der Taille aufwärts gemacht, war meiner Entwicklung äußerst hinderlich. Niemand, den ich kannte, schenkte den Sägemuskeln oder den Zwischenrippenmuskeln besondere Beachtung, den Muskeln also, die dem Körper erst sein vollendetes Aussehen geben, seine Qualität. Dieses provinzielle Denken sollte mir noch lange im Wege stehen.

1965 ging ich zum Militär. Ein Jahr Wehrdienst war in Österreich Pflicht. Danach konnte ich entscheiden, ob ich bleiben wollte oder nicht. Für mich war der Militärdienst eine gute Erfahrung. Mir gefiel die Ordnung, die festgefügte Struktur. Die ganze Idee von Uniformen und Orden sagte mir zu. Disziplin war für mich nichts Neues – ohne sie kommt man im Bodybuilding nicht weiter.

Außerdem war ich von zu Hause aus an Disziplin gewöhnt. Mein Vater hatte immer streng wie ein General darauf geachtet, daß ich vernünftig aß und meine Schularbeiten machte.

Seine Beziehungen verhalfen mir dazu, daß ich einer Panzereinheit als Fahrer zugeteilt wurde. Eigentlich war ich als Panzerfahrer gar nicht geeignet; ich war zu groß und erst achtzehn (das Mindestalter war einundzwanzig), aber es war etwas, was mich ungeheuer reizte. So wurden also die notwendigen Fäden gezogen, und ich durfte nicht nur einen Panzer fahren, sondern wurde auch in der Nähe von Graz stationiert, so daß ich mein Training fortsetzen konnte, was mir noch immer das Wichtigste im Leben war.

Kurz nach meiner Einberufung erhielt ich eine Einladung zum bestgebauten Athleten in Stuttgart. Ich steckte mitten in der Grundausbildung und mußte sechs Wochen lang in der Kaserne bleiben. Abgesehen von Todesfällen im engeren Familienkreis hatten Rekruten striktes Ausgehverbot. Die Frage, was zu tun sei, bereitete mir schlaflose Nächte. Schließlich sah ich keine andere Möglichkeit, als mich heimlich davonzuschleichen.

Die Teilnahme an dieser Junioren-Meisterschaft (bis 21 Jahre, d. Übers.) war mir so wichtig, daß mir die Konsequenzen meiner unerlaubten Abwesenheit vollkommen gleichgültig waren. Ich kletterte also über die Mauer, ohne jedes Gepäck, nur mit den Kleidern, die ich am Leib trug. Mein Geld reichte gerade für eine Fahrkarte dritter Klasse. Da der Zug an jeder Station hielt, ging es im Schneckentempo von Österreich nach Deutschland, und ich kam am nächsten Tag in Stuttgart an.

Es war mein erster Wettkampf. Ich war nervös und übermüdet von der langen Fahrt und hatte keine Ahnung, wie sich die ganze Sache abspielen würde. Um mir ein paar Anregungen zu holen, sah ich mir die Klasse der kleinen Männer an, aber sie kamen mir so dilettantisch und konfus vor wie ich selber. Ich borgte mir von jemandem eine Posing-Hose und etwas Körperöl. Ein Posing-Programm hatte ich mir im Zug ausgedacht.

Bei meinem ersten großen Juniorensieg 1965 in Stuttgart.
Links der Sieger bei den Männern, Helmut Riedmeier

Es setzte sich aus lauter Reg-Park-Posen zusammen, die ich aus den Muskelzeitschriften kannte und mir gemerkt hatte. Doch als ich vor die Kampfrichter trat, war mein Kopf plötzlich vollkommen leer. Irgendwie schaffte ich die erste Posing-Runde. Dann wurde ich zum Stechen aufgerufen. Wieder herrschte Leere in meinem Kopf, und ich war mir gar nicht sicher, wie ich abgeschnitten hatte. Schließlich kam die Ansage, daß ich gewonnen hatte – Arnold Schwarzenegger, bestgebauter Junioren-Athlet.

Bei der Armee zeigte man sich zunächst nicht beeindruckt. Ich hatte mir das Geld für die Rückfahrkarte geborgt und wurde prompt erwischt, als ich über die Mauer kletterte. Sieben Tage saß ich im Knast, nur mit einer Decke auf einer kalten Steinbank und fast ohne Essen. Aber ich hatte meinen Pokal, und wenn sie mich ein ganzes Jahr eingesperrt hätten, wäre mir das auch egal gewesen; für mich hatte sich die Sache gelohnt.

Ich zeigte meinen Pokal überall herum. Als ich aus meiner Zelle herauskam, hatte es sich bereits herumgesprochen, daß ich internationaler Juniorenmeister geworden war. Die Stabsoffiziere meinten, der Titel hebe das Ansehen des Heers, und gaben mir zwei Tage Urlaub. Ich wurde zum Helden, weil ich Unannehmlichkeiten in Kauf genommen hatte, um einen Sieg zu erringen. Draußen auf dem Übungsplatz erwähnten es die Ausbilder. »Ihr müßt für euer Vaterland kämpfen«, sagten sie. »Ihr müßt Mut beweisen. Seht euch an, was der Schwarzenegger auf sich genommen hat, nur um diesen Titel zu gewinnen.« Ich wurde zum Helden, obwohl ich ihre Vorschriften mißachtet hatte, um mein Ziel zu erreichen. Dieses eine Mal machten sie eine Ausnahme.

Mein Bodybuilding-Training erwies sich in der Grundausbildung als ungeheuer nützlich, weil ich kräftiger und leistungsfähiger war als alle anderen. Und dies sowie die Tatsache, daß ich diese Meisterschaft gewonnen hatte, verlieh mir in den Augen der Offiziere eine Sonderstellung. Ich kam dann in die Panzerfahrschule und fand es herrlich, diese großen Maschinen zu fahren und den starken Rückstoß beim Abfeuern der Kanonen zu spüren. Es war eine Demonstration von Kraft und Stärke, und solche Dinge hatten mich von jeher beeindruckt. Nachmittags mußten wir die Panzer immer reinigen und ölen, doch nach ein paar Tagen wurde ich von dieser Pflicht entbunden. Auf Befehl von oben sollte ich statt dessen trainieren, meinen Körper entwickeln. Einen schöneren Befehl hätte ich gar nicht bekommen können.

Es wurde ein Trainingsraum eingerichtet, und ich hatte die Anweisung, jeden Tag nach dem Mittagessen dort zu trainieren. Kurzhanteln und ein paar Maschinen hatte ich von zu Hause mitgebracht, weil die Armee nur über Langhanteln und Scheiben verfügte. Mein Training wurde sehr strikt gehandhabt. Wenn ein Offizier am Fenster vorbeiging und mich herumsitzen sah, drohte er mir jedesmal eine Knaststrafe an. Das war seine Pflicht. Wenn man erwischt wurde, daß man beim Ölen und Schmieren der Panzer herumtrödelte, wurde man auch eingesperrt. Mein Training war für die Militärs nichts anderes. Ich müsse trainieren, sagten sie, die ganze Zeit Gewichte bewegen.

Ich stellte mich darauf ein und nutzte die Gelegenheit, die Grundlage zu verbessern, an der ich seit Jahren arbeitete. Ich entwickelte eine Methode, bei der ich sechs Stunden ununterbrochen trainieren konnte, ohne nachher vollkommen erschöpft zu sein. Ich nahm jeden Tag vier oder fünf Mahlzeiten zu mir. Ich durfte essen, soviel ich wollte, aber der Nährwert der Armeekost ließ sehr zu wünschen übrig. Das Fleisch, das man vorgesetzt bekam, war so verkocht, daß man ein paar Pfund davon essen mußte, um die Proteinmenge zu bekommen, die in einem mittleren halbgaren Steak enthalten ist. In Anbetracht dieser Dinge verschlang ich ungeheure Mengen und versuchte, die überschüssigen Kalorien durch hartes Training wieder zu verbrennen.

Bisher hatte ich mein Training während der ganzen Militärdienstzeit in Bodybuilding und olympisches Gewichtheben aufgeteilt. Es reizte mich, schwere Gewichte über den Kopf zu heben. Ich sah mich im Geist, wie ich eine schwere Langhantel mit gestreckten Armen über dem Kopf hielt, und es dauerte lange, bis ich mich von diesem Bild befreit hatte. Vor meinem achtzehnten Lebensjahr hatte ich an den österreichischen

Meisterschaften teilgenommen und die Schwergewichtsklasse gewonnen. Doch nach meinem Sieg in der Junioren-Meisterschaft gab ich das olympische Gewichtheben auf. Es war nicht das, was ich eigentlich anstrebte. Ich hatte es in erster Linie gemacht, um etwas zu beweisen – daß nämlich ein Bodybuilder nicht nur stark *aussieht*, sondern auch stark *ist* und daß gut entwickelte Muskeln nicht nur Verzierung sind.

Viele junge Männer bedauern, daß sie ihren Wehrdienst ableisten müssen, doch für mich war es keine Zeitverschwendung. Bei meiner Entlassung wog ich 102 kg. Ich hatte mich von 91 kg auf 102 kg gesteigert. Das war bis dahin die größte Gewichtszunahme, die ich in einem einzigen Jahr geschafft hatte.

3

Nach meinem Sieg bei der ersten großen Junioren-Meisterschaft im Oktober 1965 in Stuttgart lernte ich Albert Busek näher kennen. Er war mir damals bereits ein Begriff, und ich freute mich sehr über sein Interesse. Wir setzten uns nach dem Wettkampf zusammen und redeten ziemlich lange über meine bisherige Entwicklung, meine berufliche Ausbildung, meine Ziele und über die Zukunft. Ich wußte selbstverständlich, daß Albert Busek in München zu Hause war – dem Zentrum des Bodybuilding im deutschsprachigen Raum. Der Gedanke daran beflügelte mich innerlich zu den kühnsten Spekulationen, die dann durch Buseks Komplimente noch verstärkt wurden. Er sagte mir, daß er mich für den besten Junioren halte, den er je gesehen habe. Mein Talent wäre außergewöhnlich, und ich könnte es nach seiner Meinung noch weit bringen – vorausgesetzt, ich würde zukünftig keine größeren Fehler machen. Dabei leistete ich gerade meinen Wehrdienst ab und konnte mich für diese Meisterschaft nicht optimal vorbereiten. Diese Einschätzung war für mich sehr wichtig, denn ich wußte ja wirklich nicht, wo ich tatsächlich stand. Auch nicht nach meinem Sieg; denn es hätte ja noch einige andere große Talente geben können, die nur nicht am Start waren. Abert Busek überzeugte mich mit ziemlicher Begeisterung davon, daß ich tatsächlich das Zeug dazu habe, woran ich selbst zwar glaubte, es aber bisher nicht sicher wußte. Dieses Gespräch nach dem Wettkampf war damit eigentlich noch wichtiger als mein erster großer Sieg. Busek erzählte mir dann von seiner Tätigkeit in München im Verlag und im Sportstudio, das er leitete. Und er meinte weiter, daß er sich bei seinem Chef für mich als Trainer stark machen könnte, wenn ich entsprechende Zielsetzungen haben würde. Ich dachte im ersten Moment, ich höre nicht richtig. In meinem Kopf schwirrten alle möglichen Gedanken durcheinander, und ich weiß meine Antwort nicht mehr ganz genau, aber ich muß einen sehr erfreuten Eindruck gemacht haben; denn Albert Busek fragte mich gleich, ab wann ich denn anfangen könnte. Frühester Termin war für mich unmittelbar nach meinem Ausscheiden aus dem österreichischen Bundesheer, zwei Tage nach meinem 19. Geburtstag am 1. August 1966. Aber das waren noch Träume, zunächst saßen wir noch in der dem Festsaal angeschlossenen Gaststätte, und es war noch Oktober 1965. Zum Schluß unseres Gespräches bat mich Busek, noch einen Moment zu warten. Schon bald kam er mit einem Mann mittleren Alters zurück, den er mir als seinen Chef vorstellte und den ich rückblickend einmal Huber nennen möchte. Er war ebenfalls von mir begeistert und hatte offensichtlich schon mit Albert gesprochen und bestätigte mir nochmals, was mir Albert Busek bereits andeutete. Der Chef machte mir auch gleich großartige Angebote.

»Ich bezahle dir sogar im kommenden Herbst die Reise nach London, damit du dir die Weltmeisterschaft ansehen kannst.«

»Wie meinen Sie das – *ansehen*?« fragte ich verwundert.

»Nun, du kannst dir die Weltmeisterschaft ansehen«, wiederholte er. »Du kannst dir diese Burschen ansehen und dir Anregungen holen.«

»Ansehen?« Das Wort ging mir einfach nicht mehr aus dem Kopf.

Er warf mir einen etwas erstaunten Blick zu. »Du glaubst doch nicht...«

»Doch«, sagte ich. »Ich fahre hin und nehme teil.«

»Nein, nein, nein«, sagte er lachend. »Das kannst du nicht. Diese Burschen, das sind Riesenkerle, richtige Bullen – so gewaltig, daß man seinen Augen nicht traut. Gegen die kannst du nicht antreten. Noch nicht.«

Er redete, als wären sie mir um Jahre und Jahre voraus. Aber was mich betraf, hatte er mir die Reise nach London versprochen, und ich würde genau das machen, was ich wollte. »Wenn ich hinfahre«, sagte ich, »dann nehme ich teil.«

»Natürlich«, meinte er lachend.

Albert Busek war mit dem Verlauf des Gesprächs offensichtlich nicht ganz einverstanden und bezüglich London anderer Meinung. Trotz meiner Unerfahrenheit durchschaute ich die Situation sofort und wußte, daß Huber zwar Inhaber und Chef, Busek aber der Fachmann und begeisterte Bodybuilder war. Es beruhigte mich auch sehr, als Huber noch anfügte, daß ich in der Hauptsache in München mit Albert Busek zu tun haben werde, da er das Studio leite.

München war für mich ideal. Eine aufregende Stadt, eine der aufstrebendsten Mitteleuropas. Alles schien hier gleichzeitig zu passieren. Es war eine große Stadt mit der Atmosphäre von Reichtum und Macht und kaum gebändigter Energie; sie schien jeden Moment explodieren zu können. Schon bevor ich richtig Fuß gefaßt hatte, sah ich, daß sich hier eine Zukunft für mich bot. Ich würde mich hier entwickeln und entfalten. Ich hatte zum erstenmal das Gefühl, frei atmen zu können.

Doch am Tag meiner Ankunft war ich zunächst einmal überwältigt. In der Bahnhofshalle schlug mir eine Flut fremder Sprachen entgegen – Italienisch, Französisch, Griechisch, Spanisch, Englisch, Holländisch, Portugiesisch. Jeder, den ich ansprach, um nach dem Weg zu fragen, bedeutete mir mit einem Achselzucken, er spreche nicht Deutsch oder sei hier selber fremd. Also brachte ich mein Gepäck erst einmal nach draußen. Wieder kam ich aus dem Staunen kaum heraus. Noch nie hatte ich so viele Leute gesehen. Ein Gewimmel von Menschen, die es anscheinend alle eilig hatten. Endlose Autoschlangen rasten hupend vorbei. Dicht vor mir ragten gewaltige Gebäude in den Himmel.

Ich weiß noch, daß ich mich langsam im Kreis drehte und mir alles ansah. »Arnold«, sagte ich mir, »nun gibt es kein Zurück mehr.«

Ich wollte natürlich gar nicht mehr zurück. Es war mir bestimmt, hier zu sein und meinen Weg weiterzugehen. Der Plan, den ich vor drei Jahren geschmiedet hatte, fing an, Gestalt anzunehmen.

Ich war jung, naiv und noch recht unerfahren, als ich nach München kam. Ich war ein großer Junge aus einem kleinen österreichischen Dorf, den alles in dieser sprudelnden Stadt beeindruckte. Ich konnte gar nicht genug kriegen. Huber, mein neuer Arbeitgeber, fuhr mich in seinem Mercedes herum. Er zeigte mir, was ihm alles gehörte, auch sein herrliches Haus, wo er mir ein Zimmer versprochen hatte.

Ich blieb drei oder vier Tage bei ihm. Ich hatte zwar ein Zimmer für mich, aber ohne Bett. Ich schlief auf einer Couch, was für jemanden von meiner Größe recht unbequem war. Huber versicherte mir, ich würde ein Bett bekommen, es sei schon bestellt. Es kam natürlich nie an, und so schlug er mir schließlich vor, doch in seinem Schlafzimmer zu schlafen.

Nun verstand ich. Es lief mir eiskalt über den Rücken. Ich packte meine Sachen und ging.

Er lief mir nach und hielt mich zurück. »Überleg es dir, Arnold«, sagte er. »Du wärst nicht der erste.« Er erzählte mir von zwei anderen Bodybuildern, die bei ihm gewohnt hatten. »Sieh sie dir an, wie weit sie es gebracht haben. Sie haben ihre eigenen Studios. Sie führen ein sorgenfreies Leben.«

»Nein«, sagte ich. So schroff und bestimmt das auch klingen sollte, war mir doch auch etwas bange zumute. Ich zitterte innerlich. Zum Teil aus Angst, aber hauptsächlich vor Wut.

Huber hatte immer einen so ausgeglichenen und selbstsicheren Eindruck gemacht, aber jetzt sah ich, daß er schwitzte. Er trat ganz nahe an mich heran. »Du weißt doch, daß ich dich zum Film bringen kann. Ich kann dich finanzieren, solange du für die Weltmeisterschaft trainierst. Später schicke ich dich dann nach Amerika, nach Kalifornien, dann kannst du mit den großen Champions trainieren.« Er malte sein cleveres Bild mit all meinen Wünschen, all den Dingen, die ich im Leben erreichen wollte, wie er von mir selber erfahren hatte. Ich wünschte mir sehr wohl ein eigenes Sportstudio und eine Karriere beim Film, ein Leben, wie Reg Park es geführt hatte.

Ich wollte nach Amerika und mit den besten Muskelmännern trainieren. Amerika ging mir ständig im Kopf herum. Es war das Mekka des Bodybuilding. Die Champions gingen immer nach Amerika. Und das beeindruckte mich mehr als all seine anderen Argumente.

Ich dachte darüber nach. Ich zog es sogar ernsthaft in Betracht, und das war auch gar nicht verwunderlich. Huber war ein Profi. Er wußte, wie man junge Burschen mit dem Kopf voller Träume manipuliert.

»Komm doch wenigstens noch mal mit rein, Arnold«, beschwatzte er mich. »Wir brauchen uns doch nicht auf der Straße zu unterhalten.«

Ich ging also wieder mit ihm hinein. Ich saß auf einem Stuhl und hörte mir an, was er zu sagen hatte. Er wiederholte noch einmal alles, was er bereits gesagt hatte, nur klangen seine Versprechungen jetzt noch verlockender. Ich beobachtete ihn, während er redete. Was ich in seinen Augen sah, war mir widerlich. Alles in mir sagte nein. Mir war klar, daß ich schließlich alles bekommen würde, was er mir versprach, wenn ich mich nur überwinden könnte. Aber ich wollte es mit Würde erreichen. Ich wollte es auf anständige Weise schaffen und nichts tun, was ich später vielleicht bereuen würde.

»Nein«, sagte ich, schüttelte den Kopf und stand auf.

Er streckte die Hand aus, um mich zu berühren.

»Nein«, sagte ich.

Er wußte, daß mein Entschluß feststand.

Ich arbeitete weiterhin im Studio, hatte aber kein gutes Verhältnis zu Huber. Viel später, als ich nicht mehr auf ihn angewiesen war, wurden wir schließlich Freunde. Aber am Anfang war unsere Zusammenarbeit eine große Belastung für mich. Ich hatte täglich mit ihm zu tun, und gelegentlich gab er mir zu verstehen, daß sein Angebot noch galt. Nach und nach wurde ich selbständiger, und es fiel mir leichter, nein zu sagen. Nach einer Weile löste sich meine Anspannung sogar so weit, daß ich mit meinen Freunden im Studio über unseren Zusammenstoß lachen konnte. Ich fand heraus, daß es ein paar Homosexuelle im Bodybuilding gab. Es waren nicht die Bodybuilder selbst, jedenfalls nicht solche, die ernsthaft trainierten.

Zwei oder drei reiche Münchner hingen in den Studios herum und versuchten, junge Bodybuilder aufzugabeln, denen sie die Welt versprachen. Ein paar gingen tatsächlich darauf ein. Ich selbst habe allerdings nie bereut, daß ich die Angebote, die ich bekam, stets abgelehnt habe.

In Albert Busek hatte ich in dieser ersten für mich sehr schwierigen Zeit einen verständnisvollen und sehr hilfsbereiten Menschen. Es wurde die Grundlage für eine Freundschaft, die noch heute andauert. Albert kannte die Neigungen und Eigenheiten des Verlags- und Studioinhabers und gab mir vertraulich viele wertvolle Tips. Er war mir auch bei der Zimmersuche behilflich und schirmte mich gegenüber Huber in den ersten Monaten so gut es ging ab. Schon damals bewunderte ich Alberts große Arbeitsleistung und sein großes Einfühlungsvermögen in schwierigen Situationen. Vor allem aber seine Beherrschung in der Zusammenarbeit mit Huber, die alles andere als einfach war.

Große Sprünge konnte ich nicht machen, und so wohnte ich in Untermiete bei Leuten, die auf diese Weise einen Teil der Miete bestritten. Man aß mit der Familie und benutzte das gleiche Badezimmer.

Meine Eltern wußten nichts von meinen Schwierigkeiten; es ihnen zu sagen, verbot mir mein Stolz. Sie wähnten mich glücklich und zufrieden, dachten, ich bekäme ein vernünftiges Gehalt und mache in jeder Hinsicht Fortschritte. Wenn sie geahnt hätten, wie ich mich einschränken und durchkämpfen mußte, hätten sie mich garantiert nach Hause geholt.

Ich selbst hatte damals nur eines im Sinn: Weltmeister zu werden. Im Geist *war* ich es schon; ich sah mich ganz deutlich mit der Trophäe auf dem Siegerpodest stehen. Es war nur noch eine Frage der Zeit, bis die ganze Welt es auch sehen konnte. Und kein Opfer war mir zu groß, um mein Ziel zu erreichen.

Die Arbeit im Sportcenter war etwas vollkommen Neues für mich. Ich war als Trainer angestellt, sollte den Leuten zeigen, wie man richtig trainiert, und Übungsprogramme erstellen, damit sie ihr Fett loswurden und wieder in Form kamen. Am Anfang war ich völlig hilflos, wenn die Leute zu mir kamen und Anleitungen wollten. Irgendwie hatte ich das Gefühl, daß ich selbst noch jemanden brauchte, der mir beim Training behilflich war. Aber ich mußte meine Rolle spielen, um mich über Wasser zu halten.

Auch hier half mir Albert über die schwierigsten Klippen, schulte mich mit großer Geduld und gab an mich all sein bisheriges Wissen im Studiobetrieb und vor allem im Umgang mit den Mitgliedern weiter. Huber sah ich immer nur kurz, manchmal tagelang gar nicht.

Es blieb mir nichts anderes übrig, als meine Zeit aufzuteilen und zwei Leben zu führen: eines als Betreuer für die Studiokunden und eines als Bodybuilder, der den Weltmeister-Titel anstrebte und entsprechend trainieren mußte. Es war frustrierend. Leute, die von meinen Anweisungen niemals etwas profitieren konnten, stahlen mir die Zeit. Sie hatten bezahlt, also kamen sie ins Studio. Aber sie bemühten sich überhaupt nicht, vernünftig zu trainieren, und das ging mir auf die Nerven. Gerade daß sie die verschiedenen Bewegungen ausführten; von Anstrengung keine Spur. Es war reine Zeitverschwendung. Und was hätte ich mit diesen Stunden alles anfangen können.

Ich trainierte nun morgens und abends. Das war der Beginn des Split-Trainings, das später berühmt werden sollte. Aber ursprünglich teilte ich es nur auf, weil es zweckmäßig für mich war. Es steckte zunächst keine Theorie dahinter. Ich trainierte morgens von neun bis elf und dann wieder abends von sieben bis neun. Das Ergebnis war phänomenal. In nur zwei Monaten baute ich fast fünf Pfund Masse auf.

Als ich damals beim Militär sechs Stunden hintereinander trainiert hatte, konnte ich eigentlich nie ganz das Gewicht bewältigen, das ich gerne benutzt hätte. Bei meiner neuen Trainingsmethode war das nun anders: Morgens trainierte ich die Arme und Schultern, dann folgten ein paar Stunden Ruhe und mindestens zwei reichliche Mahlzeiten, und abends ging ich wieder ins Studio, um Beine, Brust und Bauchmuskeln zu trainieren. Ich merkte, daß ich bei diesem aufgeteilten Training immer genügend Kraft hatte, um wirklich große Gewichte zu bewältigen. Es war jedesmal wie ein neues Training an einem anderen Tag. Ich war ausgeruht, hatte wieder Kraft und auch wieder Lust zu trainieren.

Am Anfang wurde das Split-Training nur kritisiert und weiter nicht groß beachtet. Die anderen hielten es für Unsinn, zweimal am Tag zu trainieren. Sie meinten, ich würde zuviel trainieren und meine Muskeln ruinieren.

Ich hörte nicht auf sie, strengte mich an und baute schnell Masse auf. Ich hatte nur ein Ziel: an der Weltmeisterschaft teilzunehmen. Was meine Aussichten betraf, tappte ich völlig im dunkeln. Ich wußte auch gar nicht mehr, wie ich überhaupt hinkommen sollte. Huber hatte sein Angebot zurückgezogen, und ich hatte das Geld nicht. Aber irgendein Weg würde sich schon finden. Ich baute dabei in der Hauptsache auf Alberts Unterstützung. Immer wieder dachte ich über die möglichen Gegner bei der Weltmeisterschaft nach. Ich hörte nur immer, sie seien gigantisch, riesig, wie Monster. Mein einziger Anhaltspunkt waren die Fotos – und die konnten täuschen, das wußte ich. Ich sah mir die Konkurrenten des letzten Wettkampfes an. »Nein«, sagte ich mir, »den Sieger kannst du nicht schlagen.« Ich nahm den Zweitplazierten unter die Lupe. »Nein, gegen den hast du auch keine Chance.« Ich begutachtete den Drittplazierten. »Nein, den bezwingst du auch nicht.« So ging ich die ganze Reihe durch, um herauszufinden, wen ich vielleicht schlagen könnte. Ich kam bis zum achten oder neunten Platz; hier glaubte ich, eine Chance zu haben, wenn ich mich sehr anstrengte.

Ich betrachtete die Sache aus der Sicht des Verlierers. Ich gab mich schon geschlagen, bevor ich überhaupt angetreten war, bevor ich die Vorbereitung beendet hatte. Aber ich war eben noch jung und traute mir noch nicht soviel zu. Ich wußte auch noch nichts über positives Denken und die Macht, die der Geist über die Muskeln hat. Albert hatte das zwar schon mehrfach angesprochen, aber ich konnte mir das alles nur sehr schlecht vorstellen. Über mich wurden inzwischen die wildesten Gerüchte verbreitet, und immer mehr Menschen kamen ins Studio und wollten das ›Monster‹ begutachten. Sie hatten allerhand aus der Bodybuilding-Szene gehört. »Arnold hat fast 50er-Arme...« Das Erstaunliche daran war mein Alter: »Arnold ist erst neunzehn...« Niemand konnte sich darauf einen Reim machen. Die Berichte in der Kraftsport-Revue

Bestgebauter Athlet
1966 in Stuttgart

taten ein übriges. »Wie hast du das nur geschafft?« fragten sie mich immer wieder. Sie waren völlig ausgeflippt. Ich mußte irgend etwas Besonderes gemacht haben, vielleicht ein Spezialtraining mit Pharmaka oder etwas in der Art, anders konnten sie sich das nicht erklären. Es blieben mir nur knapp zwei Monate bis zur Weltmeisterschaft. Eigentlich waren es nur sechs Wochen; denn die ersten beiden konnte man aufgrund der verschiedenen Ereignisse und Aufregungen nicht als Vorbereitungszeit ansehen. Das Problem mit der Finanzierung des Fluges löste sich dadurch, daß mir einige Studiomitglieder und auch Albert Geld pumpten. Ich wußte, ich würde es schaffen. Die letzten zwei Wochen trainierte ich mit einer Intensität, wie ich sie an mir selbst noch nie festgestellt habe. Ich wollte einfach neben den anderen nicht zu sehr abfallen und beweisen, daß künftig mit mir zu rechnen sei.

Es war mein erster Flug. Ich war auf dem Weg zur Weltmeisterschaft und saß zum erstenmal in einem Flugzeug. Auch das zeigt, wie unerfahren ich noch war. Ich war nicht gewillt, mich über zahllose ›Mr. Dies‹ und ›Mr. Das‹ hochzuarbeiten, sondern stürmte geradewegs auf die Spitze zu.

Ich weiß noch, was mir durch den Kopf ging, als ich meinen Sicherheitsgurt festschnallte. »Was, wenn das Flugzeug abstürzt und ich nie dort ankomme?« Und als ich hörte, wie das Fahrwerk mit einem Zittern im Rumpf eingefahren wurde, war mir, als umklammerte eine eiskalte Faust mein Herz. Ich war sicher, daß wir nun alle verloren waren.

Ich kam fast ohne Englischkenntnisse in London an. »I would like to go to the Royal Hotel, please«, wiederholte ich immer wieder, einen Satz, den mir Albert vor der Abreise eingehämmert hatte. Zwei Geschäftsleute aus München sagten, sie wohnten im Royal, und nahmen mich in ihrem Taxi mit.

Als wir dort ankamen, waren nirgends Bodybuilder zu sehen. Irgend etwas stimmte nicht. Wo war der Mr.-Universum-Wettkampf? Die Geschäftsleute fragten an der Rezeption und dolmetschten dann für mich. Der Wettkampf fand in einem anderen Royal Hotel statt.

Ich ließ mir die Adresse geben und rannte wieder zum Taxi. Diesmal war ich richtig. Als wir an den Gehsteig heranfuhren, sah ich mindestens fünfzig riesige Burschen vor den Glastüren herumstehen. Sie schienen auf etwas zu warten. Sie sahen monströs aus in ihren wattierten Jacken, die Schultern mindestens zur doppelten Breite ausgepolstert. Es waren Männer mit seltsamen Frisuren aus Indien und Afrika dabei, Männer mit Gewändern aus allen Teilen der Welt. Als ich aus dem Taxi stieg, setzte sich die Gruppe sofort in Bewegung, und alsbald war ich von aufgeregten Menschen umgeben. Sie packten mich an den Armen, befühlten sie und redeten in mindestens zehn verschiedenen Sprachen durcheinander. Anscheinend hatten sie alle auf mich gewartet. Sie hatten gehört, ich sei der erste europäische Bodybuilder mit 50-cm-Armen. In Amerika war das nichts Ungewöhnliches, aber für Europa war es phänomenal – besonders bei einem Neunzehnjährigen.

Ich wurde den ganzen Tag von Leuten umlagert. Sie staunten nur so über meine Muskelmasse, meinen Armumfang, konnten sich gar nicht wieder beruhigen. Ich kam mir vor wie ein kleines Kind. Bei all der Aufmerksamkeit, die ich erregte, wußte ich nicht, was ich machen sollte, wie ich mich verhalten sollte. Ich wäre viel lieber im Hintergrund geblieben, um die anderen zu beobachten und etwas dazuzulernen. Das war eigentlich der Hauptgrund meines Kommens gewesen. Aber sie ließen es einfach nicht zu.

Mir selbst fielen auch fast die Augen aus dem Kopf. Zum erstenmal sah ich hier Schwarze mit krausen Haaren. Ich starrte die Burschen mit den wattierten Jacken an und fragte mich, wie man nur solche Schultern haben konnte; sie standen so heraus, daß die Jacken wie auf Tragbalken hingen. (Die Antwort fand ich später. Als sie die Jacken auszogen, war nichts darunter. Ein Franzose hatte sich sogar einen Metallrahmen einbauen lassen.)

Während meiner ganzen Vorbereitung auf die Weltmeisterschaft hatte ich nie ernsthaft geglaubt, daß ich gewinnen könnte (eine Einstellung, die ich später nie wieder aufkommen ließ): Irgendwie hatte ich mir eingeredet, daß ich nur hinfahren wollte, um zu sehen, wie es bei einem großen *internationalen* Wettkampf zugeht. Natürlich war irgendwo im Hinterkopf schon der flüchtige Gedanke aufgetaucht, daß ich *vielleicht* gewinnen könnte. Aber es war eine ganz vage Vorstellung, nicht mehr als ein Tagtraum.

Und nun war ich in London und wurde von fast jedem der anwesenden Bodybuilder bewundert. Das wirkte sich sehr positiv auf mich aus. Ich fing an, einen Sieg für möglich zu halten. Ich fühlte wieder dieses Selbstvertrauen in mir aufsteigen wie damals bei meinem ersten großen Wettkampf. Ich fühlte mich stärker, kampfbereit. Ich fing an, mich selbstbewußter zu bewegen, gab mit meinen paar Brocken Englisch gute Ratschläge, plusterte mich auf, daß man die Muskeln durch die Kleider hindurch sehen konnte.

Die Burschen, die meine Arme so bewunderten und soviel Aufhebens um mich machten, konnten mir nicht gefährlich werden, das war klar. Deshalb trennte ich mich von ihnen und ging im Hotel herum, um den Rest der Konkurrenz in Augenschein zu nehmen. Die Bilder, die ich das ganze Jahr über in den Zeitschriften gesehen hatte, hatten mir über einige der Rivalen nicht einmal die halbe Wahrheit gesagt. Doch bei all der Aufmerksamkeit, die ich erregte, hatte ich immer mehr das Gefühl, daß ich sie alle schlagen konnte.

Dieses Gefühl verflog, als ich Chet Yorton zum erstenmal sah. Er kam aus dem Fahrstuhl, in den ich gerade einsteigen wollte. Ich trat einen Schritt zurück, fast in Verwunderung, und mein Optimismus wich plötzlich einer gewissen Ernüchterung: Irgend etwas tief im Innern sagte mir, daß ich diesen Mann unmöglich schlagen konnte. Ich gab es zu und akzeptierte in diesem Augenblick meine Niederlage. Yorton war als Top-Favorit aus Amerika herübergekommen. In den Zeitschriften konnte man bereits lesen, er habe den Titel so gut wie gewonnen, der Kampf sei nur noch eine Formsache. Er sah fantastisch aus, elegant und geschmeidig, ganz anders, als ich ihn mir vorgestellt hatte.

Ich hatte mir eingebildet, meine 105 Kilo und ein 50er-Arm würden mich problemlos an die Spitze setzen. Doch ein Blick auf Chet Yorton sagte mir, daß massige Arme und ein wuchtiger Körper niemals ausreichen würden. Ein Sieger mußte besonders aussehen, eben wie ein Sieger. Und Yorton sah so aus. Er war sonnengebräunt, bronzen, hatte Einschnitte, Definition, jeder Muskel dicht von Venen durchzogen. Mir wurde zum erstenmal bewußt, wie nützlich es ist, wenn man Venen am Körper sieht. Venen sahen zwar nicht sonderlich schön aus, sagen aber sehr viel über die Verfassung des Körpers aus, lassen erkennen, wie viel oder wie wenig Fett man hat. Wenn zwischen der Haut und den Muskeln eine Fettschicht liegt, sind keine Venen mehr zu sehen. Der Anblick Yortons sagte mir eines: Arnold, du bist fett. Ich wußte, daß ich muskulöser werden mußte. Das war etwas völlig Neues für mich.

Im Vergleich zu den meisten von uns Europäern sahen Chet Yorton und andere Amerikaner aus wie Kunstwerke. Ihre Körper wirkten fertig – vollendet, geschliffen. Meiner war noch lange nicht fertig. Ich hatte nur einen großen, muskulösen Körper mit nach London gebracht. Und plötzlich sah ich mich wieder am Anfang eines langen, langen Wegs, den ich noch gehen mußte, wenn ich jemals siegen wollte. Was ich hier sah, hatte sehr wenig mit gewaltiger Körpergröße zu tun, auf die ich mich bisher konzentriert hatte. Das war nur das Material, das die Grundform bildete. An dieser mußte ich jetzt arbeiten, mußte sie ausmeißeln und neu gestalten. Ich mußte die Muskelteilung bekommen, den Schliff und die Sonnenbräune.

Vor Beginn des Wettkampfs wurden hinter der Bühne unzählige Theorien ausgetauscht. Einige der Konkurrenten meinten, es sei vorteilhaft, vor einem Wettkampf in die Sauna zu gehen, um auch das letzte bißchen Wasser aus dem Organismus herauszuquetschen. Andere behaupteten, häufiges Anspannen der Muskeln verbessere die Definition und die Vaskulosität. Von rechts und links schwirrte mir Neues um die Ohren. Die Tatsache, daß ich aufgrund meiner mangelhaften Englischkenntnisse nur einen Teil des Gesagten verstand, machte die Sache noch verwirrender. Schließlich fand ich einen Bodybuilder, der mir einiges übersetzte, und dabei wurde mir bewußt, daß dies kein Sport, sondern eine höchst komplexe Wissenschaft war. Ich hatte angenommen, daß ich nach fast fünf Jahren Training alles über Bodybuilding wußte, doch wie sich herausstellte, wußte ich so gut wie nichts.

In der Regel wird ein Bodybuilding-Wettkampf an zwei aufeinanderfolgenden Tagen ausgetragen, der eine Teil nachmittags und der andere am nächsten Abend. Die Vorentscheidung – die eigentliche Beurteilung der Teilnehmer – findet nachmittags statt. Die Abendvorstellung am nächsten Tag, die für die Öffentlichkeit bestimmt ist, ist mehr eine Show, bei der es in erster Linie um die Verleihung der Titel geht. Jedenfalls war es damals so bei meiner ersten Teilnahme an der Weltmeisterschaft. Die Vorentscheidung ist eine verhältnismäßig trockene Angelegenheit und wird nur von einem ausgewählten Publikum besucht, das sich normalerweise aus der Presse, sehr interessierten Anhängern und Verbandsoffiziellen zusammensetzt. Die Kampfrichter rufen zum Line-up für jede der drei Klassen auf – kleine, mittlere und große Männer, in dieser Reihenfolge. Sie beurteilen die Konkurrenten einzeln und in der Gruppe. Sie tragen ihre Punkte in Wertungsbögen ein, die bis zum nächsten Abend geheimgehalten werden; erst dann werden die Klassensieger und der Gesamtsieger im Finale ermittelt. Obwohl man bei der Vorentscheidung noch nichts Genaues weiß, kann man aus den Reaktionen dieses sachkundigen Publikums doch ziemlich gut herauslesen, wie die Dinge laufen. Und an diesem Tag im Royal Hotel hatte ich ein ausgesprochen gutes Gefühl – besser als je erhofft. Alle kamen hinterher zu mir, um mit mir zu reden. Sie schienen mir sagen zu wollen, daß ich etwas Besonderes an mir habe.

Als ich meinen Platz im Line-up der großen Klasse einnahm, fiel mir etwas auf, das mir merkwürdig erschien. Obgleich ich der Größte war, hatte ich die vorletzte Nummer. Chet Yorton hatte sich spät angemeldet, und deshalb stand sein Name als letzter auf der Liste. Ich weiß noch, daß ich das damals für einen Trick hielt, einen typisch amerikanischen Trick, denn der letzte in der Reihe post auch immer als letzter und hat dann den Vorteil, daß er den letzten Eindruck hinterläßt. Ja, es mußte einer von diesen amerikanischen Tricks sein, da war ich mir ganz sicher.

Nachdem ich Yorton gesehen hatte, erwartete ich eigentlich gar nicht mehr viel von diesem Kampf. Doch als ich auf die Bühne trat, brauste sofort Applaus auf. Die Zuschauer waren aufrichtig beeindruckt. Ich hatte schon einige Titel, brachte diese enormen Arme und war jung, unglaublich jung.

Von den Feinheiten, auf die es bei einem Wettkampf ankommt, wußte ich damals noch herzlich wenig. Ich hatte keine Ahnung, mit welchen Posen man welche Wirkung erzielen konnte. Meine Posing-Kür, wenn man sie überhaupt als solche bezeichnen kann, setzte sich größtenteils aus Posen zusammen, die ich bei anderen Bodybuildern oder in Zeitschriften gesehen hatte. Sie war nicht ausgefeilt, wie es hätte sein sollen; es fehlte ihr die Harmonie, die meinen Körper beim Posen erst optimal zur Geltung gebracht hätte.

Die Vorstellung für die Öffentlichkeit fand am nächsten Abend im Victoria Palace Theatre statt. Wieder herrschte hinter der Bühne ein großes Durcheinander. Ich versuchte, mich aufzupumpen, mich auf meinen Körper zu konzentrieren und gleichzeitig möglichst viel von all dem mitzubekommen, was um mich herum geschah und geredet wurde.

Der Sprecher stellte mich mit begeisternden Worten vor: »Und nun, meine Damen und Herren, darf ich Ihnen die Sensation aus Deutschland vorstellen: Arnold Schwarzenegger. Er ist neunzehn Jahre alt, schon jetzt ein hervorragender Bodybuilder, und dies ist seine erste Weltmeisterschaft. Wir wollen ihn ganz herzlich begrüßen.« Der Applaus war so stürmisch und anhaltend, daß ich das Ende der Ansage nicht mehr verstehen konnte.

Noch nie war ich vor so vielen Menschen aufgetreten. Das Theater faßte fast 3000 Personen und war voll besetzt. Ich hatte Angst, plötzlich wie erstarrt dazustehen und überhaupt nicht posen zu können. Um das zu vermeiden, haftete ich meinen Blick fest an eine Lampe hoch oben an der Decke. Ich zeigte meine erste Pose, und die Leute schrien vor Begeisterung. Und da war es wieder, dieses Aufwallen, diese Wärme, die mich plötzlich durchströmte. Mein Körper begann, sich zu entfalten. Ich ging in die nächste Pose, und das Publikum raste noch mehr. Ich poste weiter, und der stürmische Beifall hielt an. Ich wußte, daß meine Zeit gleich um war, wollte aber nicht vom Podest herunter. Ich starrte einfach auf dieses weiße Licht da oben im Theater und ging mein unbeholfenes Posing-Programm durch. Als ich die Bühne verließ, hörte der Applaus gar nicht mehr auf.

»Mach weiter, Arnold«, sagte jemand, und ich wurde wieder auf die Bühne geschoben. Ich war bis dahin der einzige gewesen, der eine Zugabe bringen mußte. In den ganzen neunzehn Jahren meines Lebens hatte ich noch nichts erlebt, was mir soviel bedeutet hatte wie diese drei Minuten Posing. Es belohnte mich für die ganzen vier Jahre Training.

Dann ging Chet Yorton auf die Bühne hinaus. Es war für mich faszinierend, ihn posen zu sehen. Er wirkte vollkommen beherrscht, selbstsicher und stark. Seine ganze Erscheinung war hart und männlich. Er strahlte Siegesgewißheit aus, und diese Einstellung sah ich hier zum erstenmal in Aktion. Ich konnte sehen, daß er sich als Sieger fühlte. Er war hervorragend. In Europa galt er als der kommende Mann, der Mann, der eines Tages auftauchen und jeden schlagen würde. Er war Mr. California, zweifacher Mr. America und hatte Trophäen für alle Körperteile – beste Beine, beste Waden, bester Rükken, einfach alles. Er hatte gerade mit Dave Draper den Film *Don't Make Waves* gedreht und war somit zum Filmstar avanciert; und nun hatte man ihn nach London geschickt, um diesen Wettkampf zu gewinnen. All das hatte ihn innerlich auf Sieg eingestellt. Man sah es daran, wie selbstverständlich er sich auf der Bühne bewegte: Aus all seinen Poren schien Selbstsicherheit zu strömen.

Ich wurde schließlich Zweiter. Mir war klar, daß ich Yorton niemals hätte schlagen können. Er hatte alles, was man für einen Mr. Universum brauchte – die Muskulosität, die Muskelteilung, die Definition, die richtige Hauttönung und die Selbstsicherheit. Er war so ausgereift wie eine Skulptur für eine Ausstellung, mit Patina und allem, was dazugehört.

Wie immer, wenn ich die erste Enttäuschung einer Niederlage überwunden hatte, versuchte ich herauszufinden, warum ich verloren hatte. Ich bemühte mich, ehrlich zu sein und die neue Situation möglichst genau zu analysieren. Abgesehen davon, daß mir jeglicher Schliff fehlte, hatte ich noch andere ernsthafte Mängel. Ich hatte etwas Gutes zum Wettkampf mitgebracht, aber es war nicht gut genug, um zu gewinnen. Ich hatte sehr viel Masse, eine ausgezeichnete Grundform. Meine Schwächen waren die Waden und die Oberschenkel. Ich mußte noch am Posing arbeiten, an meiner Diät und all den feineren Punkten des Bodybuilding.

Diese Erkenntnisse waren für mich ein wirklicher Wendepunkt. Ich mußte ganz einfach wieder ins Studio und ein Jahr lang an Dingen arbeiten, die ich bisher vollständig vernachlässigt hatte. Wenn ich die erst gemeistert hatte, dann würde ich auf dem Weg zum Sieger sein, das wußte ich.

Es gab Leute, die merkten, daß ich das Potential dazu hatte. Sie kamen nach der Veranstaltung zu mir und redeten von Steve Reeves, erwähnten, daß er den Titel mit dreiundzwanzig gewonnen hatte und damit der Jüngste aller Sieger gewesen war. Diesen Rekord würde ich brechen, meinten sie. »Nächstes Jahr gewinnst du, Arnold. Du wirst der jüngste Weltmeister der Geschichte.« Ich wußte, daß sie recht hatten. Nächstes Jahr würde ich Weltmeister sein.

Als selbstverständlich betrachtete ich die Sache allerdings auch nicht. Ich würde in diesem einen Jahr noch vieles an mir verändern müssen. Das Niveau im Bodybuilding stieg ständig, wie ich sehr gut wußte. Die Bodybuilder wurden immer besser. In den wenigen Jahren, die ich nun trainierte, hatte ich beobachten können, wie ungeheuer schnell sich dieser Sport entwickelte. 1962 war Joe Abenda mit 47er-Armen Weltmeister geworden. Ebenso Tommy Samsone 1963. Aber inzwischen reichte ein 48er-Arm schon nicht mehr, um unter die ersten Fünf zu kommen. Ich war mit meinen 51er-Armen Zweiter geworden. Im nächsten Jahr würde man noch mehr brauchen. Auch hatte ich keine Ahnung, mit welchen Überraschungen Amerika aufwarten würde. Es war ein verrücktes Land mit einem scheinbar unerschöpflichen Reservoir an potentiellen Siegern. Jedes Jahr kam irgendein Neuer aus Amerika daher, irgendein fantastischer Bursche.

Ich vertraute auf eines – meine Motivation. Niemand war so motiviert wie ich, niemand so siegeshungrig. Ich wollte den Titel so sehr, daß es schon schmerzte. Ich wußte, daß es auf der ganzen Welt niemanden gab, der sich diesen Titel sehnlicher wünschte als ich.

Ein paar Reporter von amerikanischen Muskelzeitschriften kamen zu mir in den Umkleideraum und baten um ein Interview. Ich lachte, weil ich es für einen Scherz hielt. »Nein, Arnold«, sagte mein Dolmetscher. »Sie meinen es ernst!«

Sie stellten ihre Tonbandgeräte an und ließen die Fotografen Aufnahmen machen. Sie wollten wissen, wie ich trainierte, was ich für Geheimnisse hätte. Geheimnisse hatte ich keine, nicht daß ich wüßte. Die hätte ich ja selber gerne erfahren. Was war hier eigentlich los? Sie fuhren fort, mir Fragen zu stellen. Ich erzählte ihnen von den Standardübungen, von meinem Split-Training.

Die paar Minuten mit Chet Yorton hinter der Bühne führten mir meine eigenen Unzulänglichkeiten schmerzlich klar vor Augen. Von meinen schwachen Beinen ganz abgesehen, hatte ich auch die Bauchmuskeln nicht trainiert und konnte keine der Qualitätsmuskeln vorweisen, wie beispielsweise die Sägemuskeln, die sich so hübsch zwischen Brustmuskel und Latissimus abzeichnen. Meine gravierendste Schwäche waren allerdings die Beine. Ich hatte wohl starke Oberschenkel entwickelt, konnte sie aber nicht effektvoll anspannen. Ich hatte keine Definition aufzuweisen: Meine Beine waren wie zwei gewaltige Säulen. Die Waden hatte ich wohl trainiert, aber nicht richtig – und sicher nicht mit einem Bruchteil der Intensität und Konsequenz wie die übrigen Körperpartien. Yorton maß den Oberschenkeln und Waden beim Training die gleiche Bedeutung zu wie den Armen und Brustmuskeln. Ich spannte zwar ständig die Brust- und Armmuskeln an, machte mir aber selten die Mühe, den Beinbizeps anzuspannen, und es war mir nie eingefallen, etwa die Wadenmuskeln unter Kontrolle zu bekommen.

Vor meiner Abreise nach London waren sich die meisten Studiomitglieder und Freunde und auch ich einig, daß es großartig wäre, wenn ich mich unter den ersten Sechs plazieren könnte. In diesem Rahmen bewegten sich unsere Erwartungen, und wir kamen zu dem Schluß, daß ein so gutes Abschneiden bei der ersten Weltmeisterschaft ein klarer Hinweis darauf wäre, daß ich den Titel tatsächlich einmal gewinnen könnte. Albert war der optimistischste von allen und sprach davon, daß er »mich sicher unter den ersten Drei« sehe. Als dann bekannt wurde, daß ich Zweiter geworden war, flippten sie fast aus. Sie holten mich vom Flughafen ab, fuhren mich schnurstracks zu einer großen Siegesfeier, die Albert organisiert hatte. Es gab alles mögliche zu trinken – aus Fässern, Flaschen und Dosen. Es wurde auch zu heißen Rhythmen getanzt. Aber ich hatte eigentlich nur eines im Sinn und konnte es kaum erwarten: ins Studio zu kommen und mit dem Training für die Weltmeisterschaft im nächsten Jahr zu beginnen.

4

Ich nahm unverzüglich mein Training wieder auf, gönnte mir keine Pause. Zweimal täglich verbannte ich strikt jeden anderen Gedanken aus meinem Kopf und machte mit höchster Konzentration und Intensität meine Übungen. Auch in anderer Hinsicht entwickelten sich die Dinge erfreulich, boten sich mehr und mehr Möglichkeiten, das Einkommen aufzubessern. Huber bezahlte mir nach mehrfacher Rücksprache mit Albert mehr und gab mir auch eine kleine Provision für Neuabschlüsse im Studio. Meine Ausgaben waren allerdings inzwischen auch gestiegen. Ich kaufte mir mein erstes Auto und gab für hochwertiges Essen monatlich einen für damalige Verhältnisse immensen Betrag aus. Meine Eltern hatten keine Ahnung, wie sehr ich mich in München hatte durchkämpfen müssen.

Es paßte ihnen ohnehin nicht, daß ich nach dem Militärdienst nach München gegangen war, daß ich von zu Hause fortgegangen war, um in einem Sportcenter als Trainer zu arbeiten und daß ich nicht mehr zur Schule wollte, um einen vernünftigen Beruf zu erlernen. Sie riefen mich regelmäßig an und schrieben mir auch, wollten wissen, wann ich denn endlich eine richtige Arbeit annehmen und ein normales Leben führen wolle. »Haben wir denn einen Taugenichts aufgezogen?« fragten sie. »Wie lange willst du denn noch den ganzen Tag lang in einem Studio trainieren und in deiner Traumwelt leben?« Ich ließ das alles über mich ergehen, ertrug ihre ablehnende Haltung. Jedesmal, wenn ich an irgendwelchen Feiertagen zu Besuch nach Hause fuhr, nahm mich meine Mutter beiseite und sagte: »Warum hörst du denn nicht auf deinen Vater, Arnold? Nimm ihn dir als Vorbild. Sieh dir an, was er aus seinem Leben gemacht hat. Er hat etwas erreicht. Er ist bei der Polizei. Er ist ein angesehener Mann.«

Das ging bei mir zum einen Ohr hinein und zum anderen wieder heraus. Mein Streben ging über Jobs, Österreich und Kleinstadtansehen weit hinaus. Ich machte genau das weiter, was ich aus meiner Sicht einfach tun mußte. Für mich gab es nur eines, und zwar nach oben zu kommen, der Beste zu werden. Alles andere war nur ein Mittel zum Zweck.

Meine Eltern hatten keine Ahnung, wie sehr ich mich in der Anfangszeit in München einschränken mußte, sonst hätten sie noch beharrlicher versucht, mich umzustimmen.

Was mich rettete, war unter anderem mein Geschäftssinn. Irgendwo in meinem Hinterkopf war mir wohl schon damals

Eine Woche nach meinem 20. Geburtstag schoß Albert Busek dieses inzwischen schon klassische Foto in den bayerischen Alpen

klar, daß ich etwas von Geschäften verstehen mußte, um meine Träume profitabel zu machen. In München fing ich nun an, das in die Praxis umzusetzen. Ich nutzte die Publicity, die ich durch meinen zweiten Platz bei der Weltmeisterschaft holte, um für Studiomitgliedschaften zu werben, und konnte ihre Zahl in kürzester Zeit wesentlich steigern.

Die Presse berichtete nach meinem ›Vize-Weltmeistertitel‹ sehr ausführlich über mich, und innerhalb kürzester Zeit war ich in München der bekannteste Bodybuilder. Fürs Geschäft war es nur gut, und mir ging es dabei auch immer besser.

Albert korrespondierte für mich bereits mit England und einigen anderen europäischen Ländern wegen eventueller Gastauftritte. Gerade England war ja zur damaligen Zeit das europäische Mekka des Bodybuilding. Das Interesse war dort noch viel größer als in Deutschland und somit auch die Möglichkeit für Gastauftritte eine ganz andere. Die Briefe fruchteten, und die erste Antwort kam von Wag Bennett, einem der Kampfrichter bei der Weltmeisterschaft. Er lud mich zu einer ›Exhibition‹ ein, einem Gastauftritt.

Bennett hatte mich nach der Veranstaltung zu sich nach Hause zum Essen eingeladen und dabei erwähnt, daß ihm mein Körpertyp eigentlich besser gefalle als der Yortons; er hatte mich sogar auf den ersten Platz gesetzt. Er war der Organisator der Londoner Veranstaltung und hatte die anderen Promoter der englischen Bodybuilding-Szene dazu angeregt, mich einzuladen. Er schrieb, er selbst und seine Familie seien gerne bereit, mir zu helfen und mich bei meiner Posing-Kür zu beraten. In Bennetts Gesellschaft hatte ich mich sehr wohl gefühlt, und so ließ ich von Albert schreiben, daß ich das Angebot annähme.

Ich flog schon ein paar Tage vor der Exhibition nach London. Wag brachte mich bei sich zu Hause unter und ging dann gleich dazu über, mich im Posen mit Musikbegleitung zu unterweisen. Ich war zunächst entrüstet. Schließlich war ich bei der Weltmeisterschaft Zweiter geworden. Wie kam er dazu, mir Ratschläge zum Posing zu erteilen?

Es war eine dumme, arrogante Reaktion. In Wirklichkeit hätte ich einen besseren und verständnisvolleren Lehrer gar nicht haben können. Wag Bennett war schon seit vielen Jahren

Kampfrichter und wußte sehr gut, was der Jury und dem Publikum gefiel. Er zeigte mir im Wohnzimmer, worauf es bei effektvollem Posing überhaupt ankommt. Ich wollte mein Hemd nicht ausziehen. Ich wollte warten und ihn damit überraschen, wie sehr ich mich seit dem letzten Wettkampf vor einem Monat verbessert hatte. Als ich mich schließlich doch bis zum Slip auszog, war er beeindruckt. Er meinte, das sei ein Grund mehr, eine dynamische Posing-Kür zusammenzustellen, mit Musik.

Dieses Ansinnen brachte mich nun völlig aus der Fassung. Ich hatte einfach kein Ohr für Musik, und dieses pseudoklassische Zeug, das er für mich ausgesucht hatte, gefiel mir schon gar nicht. Alles, was alt oder klassisch war, fand ich damals noch langweilig, reine Zeitverschwendung. Was mir gefiel, das war moderne Musik, etwas mit Rhythmus und Schwung. Doch Wag machte mir klar, daß ich für den Gastauftritt eine Komposition mit mehr Tiefe und Dramatik brauchte. Die Musik, die mir seiner Meinung nach die notwendige Variationsbreite gab, war die Filmmusik zu *Exodus*.

Wag erklärte mir etwas, das ich wohl verstand, womit ich mich aber noch nie näher beschäftigt hatte. Bodybuilding war Showbineß, besonders in der ersten Zeit der Wettkämpfe und Gastauftritte. Wenn ich in diesem Geschäft jemals groß herauskommen wollte, mußte ich mich gut in Szene setzen, ein Showman werden. Das Argument zog bei mir natürlich.

Er legte die Musik aus *Exodus* auf. Zuerst war ich gehemmt, verlegen. Ich mußte lachen. Zu dieser Musik konnte ich unmöglich posen. Wag redete mir zu, es zu versuchen. Er zeigte mir, wie man beim Anschwellen der Musik die besten, die dramatischsten Posen macht und während der ruhigeren Passagen die weniger dramatischen, die subtileren Posen. Er brachte mir bei, mich rhythmisch und fließend zu bewegen und zu drehen. Er zeigte mir Fotos von anderen Bodybuildern und führte mir Filme von Posing-Programmen vor. Er erklärte mir, warum manche gut waren und andere nicht. Nach zwei Tagen hatten wir dann eine völlig neue Kür zusammengestellt.

Ich bin gar nicht so sicher, daß Wag von Anfang an überzeugt war, daß sie mir gelingen würde. Groß und wuchtig wie ich war, noch ziemlich unsicher dazu, muß ich wohl recht unbeholfen und schwerfällig gewirkt haben. Von Fortschritten war sicher auch nicht viel zu merken. Ich bin nie besonders gut, wenn ich etwas übe. So richtig in Fahrt komme ich immer erst, wenn es auf etwas ankommt. Und genau das passierte bei meinem ersten Gastauftritt in London. Sobald ich auf der Bühne stand, klappte alles wie am Schnürchen. Das Resultat war verblüffend. Es kam alles genauso, wie Wag es vorausgesagt hatte. Die Leute applaudierten, wenn die Musik anschwoll, und waren still, wenn sie ruhiger wurde. Die Sache funktionierte. Als ich fertig war, hörte der Jubel und Beifall gar nicht mehr auf, und mir wurde klar, daß es auch an der Musik lag. Sie hatte ihre Wirkung nicht verfehlt. Bisher war mein Posing wie ein Stummfilm gewesen, und jetzt war es ein Tonfilm. Hier eröffnete sich mir eine ganz neue Dimension. Es wurden Spezialscheinwerfer verwendet, um Schatten auf dem Körper zu erzeugen, die Musik setzte dramatisch ein oder hörte abrupt auf. Mir war, als hätte ich mir hier etwas ganz Neues geschaffen, etwas sehr Befriedigendes. Ich stand auf einem Podest, und 2000 Leute sahen mir zu – es war großartig.

An diesem Abend gab ich zum erstenmal Autogramme. Es war nicht zu fassen. Die Leute drängten sich um mich herum und drückten mir Zettel in die Hand. Ich wußte erst gar nicht, was ich damit anfangen sollte. »Schreib deinen Namen drauf!« rief Wag. »Sie wollen dein Autogramm.« Welch ein Gefühl, *Arnold Schwarzenegger* quer über das Programm zu schreiben. Ganz plötzlich war ich nun ein Star.

Bodybuilding wurde nun tatsächlich zum Showbusineß für mich. Ich kaufte mir die Musik aus *Exodus* und nahm sie überall mit hin. Ich trat auf wie ein richtiger Profi, brachte meine eigene Musik mit und sagte dem Regisseur, welche Scheinwerfer zu benutzen seien und wann sich der Vorhang öffnen und schließen sollte. So bin ich nun einmal. Wenn ich etwas anpacke, dann übernehme ich das Kommando.

Unsere Exhibitions waren in ganz Großbritannien ein großer Erfolg. Die Holländer hörten davon und luden mich ein. Sie wollten nicht irgendeinen Bodybuilder. Ich war zwar noch ein Neuling, aber sie wollten Arnold. Das hatte etwas damit zu tun, daß ich gewaltig wirkte, spektakulär. Mit einem großen, wuchtigen Körper konnten sich die Leute besser identifizieren als mit einem perfekten Körper. Für den perfekten Körper war die Zeit noch nicht reif. Mit Hünenhaftigkeit, dem Spektakel eines riesigen Kerls, konnten die Leute etwas anfangen. Sie nannten mich ›der Riese von Österreich‹ oder ›die österreichische Eiche‹. In Zeitschriften konnte man lesen: »Wenn Herkules heute geboren würde, wäre sein Name Arnold Schwarzenegger.«

Für jeden Auftritt bekam ich zwischen 200 und 500 Mark plus Spesen. Das war wenig, aber ich war glücklich. Was ich an Geld hatte, war noch immer nicht der Rede wert. Aber ich war ja noch jung. Ich würde schon noch zu Geld kommen, das wußte ich. Bei diesen Gastauftritten konnte ich Erfahrung sammeln. Ich lernte die ganzen kleinen Tricks – zu lächeln, kein zu ernstes Gesicht zu machen, auf Kleinigkeiten zu achten und die Zahl der Posen zu begrenzen, damit die Fans nach mehr schrien.

Ich wurde ein Profi. Mein Auftreten war meinem Alter und meiner Erfahrung weit voraus. Meine schnelle Körperentwicklung, mein Erfolg, der plötzliche Ruhm im Bodybuilding, das alles kam so schnell, daß ich kaum wußte, wie mir geschah.

Ich trainierte dieses ganze Jahr hindurch sehr hart. Ich behielt die gleiche Methode bei, das Split-Training – inzwischen allerdings nicht mehr aus Notwendigkeit. Viele andere Bodybuilder trainierten nun auch schon nach dieser Methode. In amerikanischen Zeitschriften wurde über das Split-Programm geschrieben, als ob es mein Geheimnis wäre; es wurde *das* Training. Jeder dachte, es sei auf diese Trainingsart zurückzuführen, daß ich mich in so kurzer Zeit so enorm entwickelt hatte.

Das Leben in München wurde nun langsam amüsanter und machte mehr Spaß. Ich lernte mehr und mehr Bodybuilder kennen, die ebenfalls leistungsmäßig trainierten, und ich wurde immer bekannter. Ich wurde fotografiert, interviewt, war plötzlich im Blickpunkt des Interesses und fühlte mich als Star. Die überschäumende Energie und die Jugend ergaben schließlich eine Kombination, die Ursache für unnötigen Ärger werden sollte. Ich trat einige Male ganz schön ins Fettnäpfchen, wurde immer dreister und kühner. In dieser Zeit fing ich auch an, mich für Kraftdreikampf zu interessieren und trainierte mit Franco Colombo zusammen. Er begeisterte mich für den Kraftdreikampf und ich ihn fürs Bodybuilding. Es machte mir Spaß, Krafthöchstleistungen zu vollbringen und beteiligte mich deshalb immer öfter an Kraftdreikampfmeisterschaften. Parallel zur deutschen Bodybuildingmeisterschaft wurde in diesen Jahren immer auch die deutsche Kraftdreikampfmeisterschaft ausgetragen. Die Arbeit mit schweren Gewichten befriedigte nicht nur mein Ego, sondern brachte mir auch mehr Masse, die ich meiner Ansicht nach noch immer nötig hatte. Ich kam einfach nicht von der Vorstellung los, immer mehr Masse aufbauen zu müssen. Außerdem wollte ich wirklich wissen, wie weit ich mich in einigen Übungen steigern konnte.

Mein Vorbild Reg Park war ebenfalls ein sehr starker Bodybuilder, der mit 270 kg Kniebeugen und mit 230 kg Bankdrükken machen konnte. Ich sah keinen Grund, von dieser Linie abzuweichen. Bei der deutschen Kraftdreikampfmeisterschaft 1967 konnte ich mich im Schwergewicht durchsetzen. Ich wog nun fast 115 kg und begann nun ganz gezielt damit, den Körper auszumeißeln und an der Muskelqualität zu arbeiten.

Im Januar 1967 lernte ich Reg Park kennen. Nachdem ich bei der Weltmeisterschaft Zweiter geworden war, hatte ich angefangen, ihm zu schreiben. Das heißt, Albert schrieb für mich. Davor, als ich nur ein junger Bodybuilder war, ein Niemand, hatte ich davon abgesehen, weil ich mir nicht sicher war, ob er mir geantwortet hätte. Aber nun schrieb er mir, er habe in der Tat schon von mir gehört und würde sich freuen, mich irgendwann kennenzulernen. Er hatte vor, Anfang des Jahres eine Vorstellung in London zu geben, und schlug vor, daß wir uns dort treffen könnten. Ich schrieb sofort an Wag Bennett und fragte an, ob es irgendeine Möglichkeit für mich gäbe, einen Gastauftritt mit Reg Park zu machen.

Ich weiß noch, wie ich in London im Studio hörte, er käme in einer Stunde an. Ich trainierte weiter und wurde immer aufgeregter. Ich war wie ein Kind, konnte es kaum erwarten. Zum erstenmal sollte ich nun mein Idol persönlich kennenlernen. Ich war wie berauscht. Ich erhöhte das Gewicht auf der

Das erste Zusammentreffen mit meinem großen Idol Reg Park

Langhantel. Ich betrachtete mich im Spiegel. Ich arbeitete weiter, als könnte ich meinen Körper noch fertig entwickeln, bevor er ankam. Ich wollte aufgepumpt sein, mich in Bestform präsentieren. Dieser Punkt machte mir Sorgen. Ich war völlig konfus.

Und dann kam er herein. Zum erstenmal sah ich mein Idol mit eigenen Augen, es war überwältigend. Ich weiß noch, daß ich vor lauter Befangenheit dieses idiotische Lächeln auf dem Gesicht hatte. Ich starrte ihn einfach an und lächelte – beinahe wie ein Mädchen, das in einen Jungen verknallt ist und nicht weiß, was es sagen soll. Also lächelt sie. Ich war vollkommen sprachlos. Ich hatte Angst, etwas zu sagen, wußte nicht, wie ich mich ihm gegenüber geben sollte. Auf keinen Fall wollte ich etwas Falsches sagen. Ich wollte seine Aufmerksamkeit, sein Lob über meinen Körper, seine Komplimente, die ich dann auch bekam. Aber mein Verhalten muß ihm doch sehr komisch vorgekommen sein. Ich rannte wie ein aufgeregtes Kind um ihn herum und betrachtete seine Muskeln, wollte mit ihm reden – was nicht einfach war, da ich noch immer nicht gut Englisch sprach. Aber wir verstanden uns auch ohne viele Worte ganz ausgezeichnet. So viele Jahre war Reg Park ein Bestandteil meines Lebens gewesen, und nun konnte ich endlich mit ihm trainieren, ihn beobachten. Er war berühmt für ein paar Muskeln, die ich nicht hatte – Waden-, Delta- und Bauchmuskeln zum Beispiel. Das sind die wichtigsten Muskeln für ein wirklich herkulisches Aussehen. Grund genug für mich, allen Unsinn zu lassen und mich ganz auf sein Trainingsprogramm zu konzentrieren.

Ich begleitete Reg auf der ganzen Gastauftritt-Tour – nach Irland, Manchester und verschiedene andere Städte in England. Wir hatten den gleichen Körpertyp, groß, breit und gewaltig, und das gefiel den Leuten. Bei der ersten Vorstellung übernahm er es, mich dem Publikum vorzustellen, und sagte, in seinen Augen sei ich der nächste Weltmeister. In ein paar Jahren sei ich der größte Bodybuilder, den es je gegeben habe.

Ich reiste eine Woche lang mit Reg Park herum. Ich beobachtete ihn und lernte sehr viel von ihm. Was mich besonders begeisterte, war die Tatsache, daß sein Körper genauso reagierte wie meiner. Wir bevorzugten beide wirklich schwere Workouts mit Langhantelsätzen, weniger mit Kurzhanteln. Es war phantastisch, Reg Park als Trainingspartner zu haben, zu erleben, wie er mit mir arbeitete oder über mir stand, um mir zu helfen, wenn mir ein Gewicht zu schwer wurde oder wenn ich von zu vielen Wiederholungen einen Krampf bekam. Die Reise mit mir muß ziemlich anstrengend für ihn gewesen sein. Es gab so vieles, was mir noch rätselhaft war und worüber ich mit ihm reden wollte. So war mir zum Beispiel unklar, warum verschiedene Bodybuilder für bestimmte Körperteile unterschiedliche Übungen machen mußten. Reg meinte, es läge am Knochenbau. Es sei zum Beispiel offensichtlich, daß ein Mann mit kurzen Beinen weniger Kniebeugen machen mußte, weil seine Beine schneller den gewünschten Umfang erreichten – ich solle deshalb nie mit einem kleinen Mann zusammen Kniebeugen machen; meine langen Beine brauchten mehr Wiederholungen, mehr Gewicht.

Die kurze Zeit, die ich mit Reg Park zusammen trainierte, half mir mehr als alles andere, um verschiedene kleine Unklarheiten über die Trainingsprinzipien anderer Champions aus der Welt zu schaffen. So lernte ich, daß man eigentlich nicht sagen kann: »Du mußt das und das tun, um dieses oder jenes Resultat zu erzielen.« Bestimmte Dinge muß man ausprobieren, um herauszufinden, was für den eigenen Körper am besten ist. Ich hole mir ständig Rat bei Reg Park. Ich schrieb mir alles auf, um es später in München möglichst nutzbringend umzusetzen. Am Ende versprach er mir noch, daß er mich im kommenden Jahr nach Südafrika einladen würde, um einen Gastauftritt mit ihm zu machen. Voraussetzung sei allerdings, daß ich vorher die Weltmeisterschaft gewänne. Aber er war ganz sicher, daß ich das schaffen würde – wenn ich hart arbeitete.

Wieder im Studio, trainierte ich fast haargenau nach Reg Parks Grundsätzen und Methode: bei einfachen Übungen bleiben. Ich eignete mir bestimmte Bewegungen an, die er anders ausführte als ich. Mir war klar, daß ich im kommenden Jahr äußerst kritisch sein mußte. Die Fehler mußte ich exakter analysieren und härter trainieren als je zuvor. Vieles diskutierte ich auch mit Albert, und wir kamen beide zu dem Schluß, daß ich auf meinen Körper bezogen einige Methoden variieren und auf meine Bedürfnisse zuschneiden mußte. Reg zum Beispiel hatte einen sehr langen Oberkörper, wodurch einige Übungen für ihn eine ganz andere Wirkung hatten als für mich.

Eine weitere Entdeckung für mich war, daß es mich äußerst befriedigte und ansportnte, wenn ich meine Körpermaße nahm. Ich maß regelmäßig den Umfang meiner Waden, Arme und Oberschenkel und war jedesmal beflügelt, wenn ich feststellte, daß sie um ein paar Millimeter oder gar einen Zentimeter stärker geworden waren. Selbst minimale Veränderungen in den Abmessungen oder im Gewicht hielt ich auf einem Kalender fest. Mindestens einmal im Monat ließ ich von Albert Bilder von mir machen. Ich studierte jedes Foto mit einem Vergrößerungsglas. Ich suchte die Gesellschaft von Leuten, die über Körperentwicklung Bescheid wußten und mir ständig Komplimente machen konnten. Plötzlich war ich nun dauernd in Hochstimmung. Mein Selbstbewußtsein stieg ernorm.

Das Zusammensein mit Reg Park half mir auf verschiedene Weise. Eine davon war, daß ich mich als Mensch, als Persönlichkeit bessern wollte. Ich habe da eine seltsame Periode durchgemacht, die etwa mit neunzehn begann. Ich war körperlich voll entwickelt und wog zwischen 110 und 125 Kilo. Ich erregte immer mehr Aufmerksamkeit und fing an, mich allen anderen überlegen zu fühlen. Ich glaube, wenn man die Spitze fast, aber noch nicht ganz erreicht hat, wird man leicht dazu verleitet, sich zu wichtig zu nehmen. Ziemlich ichbezogen war ich ohnehin. Ich hatte schon jetzt das Gefühl, besser zu sein als alle anderen. Ich kam mir vor wie eine Art Supermann. Ich hatte eine richtige Macho-Einstellung. Ich war stark und spielte dann auch den starken Mann, wenn ich durch die Straßen ging. Es brauchte nur jemand die leiseste Bemerkung zu machen oder mich zu ärgern, und ich schlug zu. Ich war aggressiv und grob. Wenn wir nach dem Training in eine Bierhalle gingen, um etwas zu essen, gab es häufig eine Schlägerei.

Es war eine schlimme Zeit. Rückblickend ist mir das heute alles sehr peinlich. Ich war nichts als ein Raufbold, ein ungeschlachter Kerl, der sich mit seinen Muskeln aufspielte. Ich war jeden Tag in irgendwelche Schlägereien verwickelt. Das konnte in der Tram sein mit einem Italiener oder Griechen. Oder vor einem Mädchen, nur um zu zeigen, was für ein Kerl ich doch war. Ich machte viel Ärger, kam mit der Polizei in Konflikt, raste wie verrückt mit dem Auto herum, bekam stapelweise Strafzettel wegen zu schnellen Fahrens – das hing alles mit meinem Bedürfnis zusammen, meine Männlichkeit zu unterstreichen, meine überlegene Körpergröße und Kraft. Doch als ich meine Tour mit Reg Park beendet hatte und immer zielstrebiger für die Weltmeisterschaft trainierte, befriedigten mich meine Fortschritte immer mehr und mir wurde bewußt, wie gut ich war, wie gut mein Körper war. Und nun konnte ich mir langsam auch eingestehen, wie schlecht ich in anderer Hinsicht war. Je häufiger ich siegte, desto mehr fühlte ich mich wieder wie ein Mensch, ein ganz normaler Bursche. Ich empfand es als so befriedigend, hart zu trainieren und mich an die Spitze zu bringen, daß die ganzen Schlägereien und das Macho-Gehabe aufhörten. Innerhalb eines Monats war es weg. Ich wußte plötzlich, wer ich war. Aber in gewisser Weise war es wohl auch wichtig, daß ich diese Periode früh durchgemacht habe, weil ich zurückblicken und sehen konnte, wie dumm es doch war, sich dauernd als starker Mann aufzuspielen; ich erkannte rechtzeitig, daß ich damit nur mein Leben verschwenden würde.

Mit Albert hatte ich in dieser Zeit auch des öfteren eine Meinungsverschiedenheit, und manchmal dauerte es mehrere Tage, bis sich unser Verhältnis wieder normalisierte. In diesen kritischen Phasen erwies sich Albert als hervorragender Psychologe, der meine damalige Situation genau einschätzen und klugerweise auch meistens nachgeben konnte. Er war es aber auch, der mir bei extremen Auswüchsen auch die Grenze aufzeigte, und in diesen Fällen machte er mir ziemlich deutlich, daß ich zu weit gegangen war. Diese Erfahrungen waren für mich sehr wichtig; denn er gehörte für mich in dieser Phase meines Lebens zu den ganz wenigen Menschen, deren Autorität ich respektierte.

Im Grunde spielte ich die Rolle des starken Mannes nur, um mich aufzuputschen, mir einzureden, was für ein phantastischer Kerl ich doch war. Es gehörte dazu, um schließlich den

Sieg zu erringen. Ich versuchte mir ständig einzureden: »Ich bin großartig. Ich bin der Größte.« Und das gelang mir so gut, daß ich vergaß, daß es neben dem Leben als Bodybuilder, meinem damaligen Leben, noch ein anderes Leben gab. Ich wollte etwas beweisen, weil ich frustriert war, noch nicht der Beste war. Ich habe dafür in dem Buch *Bodybuilding der Meisterklasse* bzw. *Pumping Iron* ein gutes Beispiel angeführt. Wenn man einen BMW hat – kein Superschlitten, aber er fährt gut –, versucht man ständig, andere zu überholen, um zu beweisen, daß er schnell ist. Wenn man hingegen einen Ferrari oder Lamborghini hat, weiß man, daß man schneller ist als alle anderen auf der Straße. Man versucht nicht mehr krampfhaft, andere zu überholen. Man fängt an, auf der Autobahn 90 zu fahren. Jeder kann einen überholen, und man weiß trotzdem, daß man nur Gas zu geben braucht, um alle hinter sich zu lassen. Man *weiß*, wie gut man ist, man braucht es nicht mehr zu beweisen. Genauso war es in jenem Abschnitt meines Lebens. Ich wollte gerne glauben, ich sei der beste Bodybuilder, war es aber nicht. Noch nicht. Noch nicht einmal in meiner Vorstellung. Und deshalb versuchte ich ständig, es zu beweisen.

Mein Leben änderte sich auch noch in anderen Bereichen. Zum erstenmal hatte ich nun eine feste Freundin. Es war die erste dauerhafte Beziehung seit langer Zeit. Sie erleichterte mir das harte Training und machte mich ruhiger – ich brauchte meine Männlichkeit nicht mehr durch Grobheit zu beweisen.

5

Ich wußte, daß ich auf Erfolgskurs war und daß es mir bestimmt war, Großes zu vollbringen. Eine solche Selbsteinschätzung werden viele für recht unbescheiden halten. Ich stimme ihnen zu. Bescheidenheit ist keine Eigenschaft, die in irgendeiner Weise zu mir paßt – und ich hoffe, daß es nie dazu kommt. Doch was mich inzwischen so siegessicher und erfolgsbewußt machte, waren verschiedene Dinge, die ich über mich selbst herausgefunden hatte – kurz vor meinem zweiten Mr.-Universum-Wettkampf. Ich faßte sie alle in einer einfachen Liste zusammen und ging sie regelmäßig Punkt für Punkt durch.

Erstens: Ich hatte die richtige Physiologie zum Bodybuilding. Mein Knochenbau war perfekt – lange Beine, lange Arme, langer Oberkörper. Auch die Proportionen stimmten. Mein Körper zeigte Ebenmaß und Harmonie.

Zweitens: Ich lernte, sowohl die guten als auch die schlechten Seiten meiner Erziehung zu meinem Vorteil zu nutzen. Dank meiner strengen Eltern war ich sehr diszipliniert. Doch es gab auch gewisse Dinge, die ich als Kind gebraucht hätte und nicht bekommen hatte; und das, so meine ich, hat mich schließlich so erfolgshungrig gemacht, hat das Verlangen in mir geweckt, auf anderen Gebieten etwas zu leisten, der Beste zu sein, Anerkennung zu finden. Wenn ich alles bekommen hätte und innerlich ausgeglichen gewesen wäre, hätte ich niemals

1968 mit Fußballstar Gerd Müller in dessen damaligem Haus in Straßlach bei München

diesen Ehrgeiz, diesen Antrieb entwickelt. So führte dieses negative Element meiner Erziehung also zu einem positiven Streben nach Erfolg und Anerkennung.

Drittens: Ich hatte mein Bodybuilding-Training an einem Ort begonnen, an dem es keine Zerstreuungen gab; es war weiter nichts los, und das ließ mir genügend Zeit, mich zu konzentrieren und herauszufinden, worum es im Bodybuilding eigentlich ging.

Viertens: Ich hatte immer eine positive Einstellung dazu, mich an die Spitze zu setzen. Nie hatte ich auch nur den leisesten Zweifel daran, daß ich es schaffen würde. Und das hat mir geholfen, das Training durchzuhalten und voranzukommen. Ich war entschlossen und beständig. Ich hatte nie den Wunsch, eine Trainingspause einzulegen oder ganz aufzuhören. Ich trainierte zwölf Monate im Jahr, immer sehr hart, ohne nachzulassen oder zu pausieren. Von den anderen Bodybuildern machten das nur wenige. Ich verzichtete auf vieles, was die meisten Bodybuilder sich nicht versagen wollten. Für mich war das alles nebensächlich; ich wollte nur eines: nämlich siegen. Und was immer dazu nötig war, das tat ich.

Fünftens: Ich habe immer versucht, meinen Körper ehrlich zu beurteilen und Mängel offen zuzugeben. Wenn ich einen schwachen Punkt erkannte, habe ich alles darangesetzt, diese Schwäche zu beseitigen. Am Anfang sagten zum Beispiel alle: »Der Arnold hat keine Waden. Im Vergleich zu den Oberschenkeln und Armen sind seine Waden überhaupt nicht entwickelt.« Ein Blick in den Spiegel bestätigte mir, daß sie recht hatten. Ich brauchte bessere Waden. Die Waden mußten jeden Tag trainiert werden, und zwar doppelt so hart wie jeder andere Muskel. Und genau das tat ich dann. Ein Jahr später hatte ich Waden. Dann sagte jemand: »Arnold, du hast zu kleine Deltoidmuskeln.« Also trainierte ich die Deltoidmuskeln besonders hart. Ich entwickelte eine neue Übung, die ich Arnold-Drücken nannte, eine drehende Übung zur gezielten Belastung des Deltoides; wir kommen im Trainingsteil noch darauf zurück. Meine ganze Energie, die physische wie die psychische, war auf ein Ziel ausgerichtet: Weltmeister zu werden. Eine vollkommen sichere Sache war der Sieg nicht –

jedenfalls nicht zu diesem Zeitpunkt. Ich war schließlich nicht blind. Ich hatte Schwächen – auffallende Schwächen – und mußte an ihnen arbeiten. Viele Bodybuilder scheuen davor zurück; sie entwickeln ihre starken Partien weiter, weil das angenehmer und befriedigender ist. Aber ich wollte nicht die besten Arme, die besten Beine oder die beste Brust. Ich wollte der bestgebaute Mann der Welt werden.

Daß ich das Zeug dazu hatte, wußte ich. Ich brauchte jetzt nur noch alles richtig zu verpacken. Dazu gehörte effektvolles Posing, wirkungsvolles Auftreten. Ich mußte lernen, meinen Körper bei der Vorwahl geschickt zu präsentieren. Es widerstrebte mir, andere einfach zu imitieren. Also arbeitete ich eine Posing-Kür aus, die zu meiner Persönlichkeit und meinem Körper, meiner Größe und meinem Stil paßte. Ich schnitt Posen von anderen Bodybuildern aus Zeitschriften aus. Manchmal hob ich nur die Hände auf oder eine Oberkörperdrehung. Was mir besonders gefiel, markierte ich mit einem Kreis. Es waren nicht immer Bilder von Bodybuildern; ich sah mir auch Fotomodelle und Tänzer an, um Posen zu finden, die mir gefielen und für mich geeignet schienen. Ich wollte etwas Besonderes, etwas Starkes und Fließendes, etwas Wirkungsvolles und Schönes. Schließlich hatte ich zwanzig Posen beisammen. Ich übte sie, reihte sie passend aneinander, modifizierte sie, suchte nach verbindenden Übergängen zwischen den Posen, arbeitete so lange, bis ich etwas hatte, das *Arnold* sagte.

Ich war ein wuchtiger Typ, aber mit Symmetrie und Eleganz. Diesen Stil mußte ich treffen. Das Posing ist ein Ausdruck der eigenen Persönlichkeit, es ist ein Teil von einem selbst. Ich war wie eine Katze. Mein Körper war geschmeidig, gewandt. Ich wollte viel Bewegung in meiner Kür, ein Ausdrucksmittel, das ich bei vielen Bodybuildern vermißte. Ich wollte mich wie eine Katze bewegen, mit eleganten Übergängen von einer Pose zur anderen; ein weicher Schwung und dann ein kraftvoller Schlag: Peng! Genau wie eine Katze beim Sprung – diesem herrlichen, lautlosen Sprung, der dann mit Wucht und großem Getöse endet. Und genau das wollte ich auch – den Gegner bezwingen.

Oft schloß ich die Augen und stellte mir vor, wie ich da oben aussehen würde. Ich spielte die Kür in Gedanken durch und versuchte, die Posen zu einem harmonischen Ganzen zu verbinden. Nach und nach reduzierte ich das Programm auf diejenigen Posen, die am besten zu mir paßten, auf die kraftvollen, die katzenhaften Posen; und langsam kristallisierte sich eine fertige, makellose Kür heraus. Ich probierte sie bei einem Gastauftritt aus und bat Albert, sie zu kritisieren. Es war mir wichtig zu hören, was ihm nicht gefiel. Von guten Freunden bekam ich auch Kritik, von Leuten, die wußten, was ich vorhatte, und mir deshalb offen ihre Meinung sagten. Ich brauchte ihre Kritik. Zu Hause arbeitete ich dann daran, die Schwächen zu beseitigen.

Ein Wort war mir ständig gegenwärtig: *Perfektion.* Ich konzentrierte mich darauf, eine bestimmte Zeit in einer Pose zu verharren. Es war wichtig, die Pose eine Minute lang halten zu können, um dieses Zittern loszuwerden und die Muskeln daran zu gewöhnen, wie sie angespannt sein sollten. Albert filmte meine Kür und ich sah sie mir immer wieder an. Ich studierte mich, analysierte und kritisierte. Auf diese Weise habe ich gelernt. Ich war unzählige Stunden damit beschäftigt, das Posen zu üben, und noch mehr, es zu analysieren.

Seit meiner Ankunft in München hatte ich mit Albert immer wieder Fotosessionen. Im Studio beim Training, draußen in der Natur, bei Meisterschaften und in Gesellschaft. Höchste Konzentration und größte Ausgelassenheit fing er ebenso mit seiner schier an der Hand angewachsenen Kamera ein wie die stetige Weiterentwicklung bis hin zum Mr. Olympia, ja bis heute zum Film. Er hat die mit riesigem Abstand meisten Fotos von mir gemacht und sicher das größte ›Arnold-Archiv‹ der Welt angelegt. Ohne seine Hingabe und seinen unermüdlichen Einsatz könnte ich vieles nicht mit entsprechenden Fotos belegen. Dazu gehören zum Beispiel die einmaligen Aufnahmen im Familienkreis und die vielen ›Schüsse‹ hinter den Kulissen, mit denen Albert in seiner unnachahmlichen Weise die Atmosphäre manchmal mit nur einem einzigen Foto einzufangen verstand. In meiner Münchner Zeit war die Arbeit mit ihm vor allem wegen meinem Posing von größter Bedeutung. Während der vielen Stunden vor der Kamera korrigierte er immer und immer wieder jede einzelne Pose, brachte mich auf

Haltungen, die ich sonst vielleicht nie eingenommen hätte. Und ich hatte immer die nicht zu überbietende Möglichkeit, das Resultat wenige Tage später begutachten und mich dann danach richten zu können. Das gleiche trifft auf die im Posing nötigen Bewegungsabläufe und Übergänge zu. Später nutzte ich auch noch mit vielen anderen Fotografen diese Möglichkeit der Darstellungsverbesserung aus. Den Grundstock für diese Entwicklung setzte, wie schon für viele andere Bereiche in meiner Entwicklung, Albert während meiner zwei Jahre in München.

Posing ist reines Theater. Ich weiß das und finde es herrlich. Es gibt Bodybuilder, die das Posen kaum üben. Und sie gewinnen natürlich auch nicht.

Ich nahm mir auch die Zeit, andere Bodybuilder beim Posen zu studieren, sah mir Filme von ihnen an, besonders von meinen Konkurrenten, um herauszufinden, wo ihre Stärken und wo ihre Schwächen lagen. Das würde mich in die Lage versetzen, sie am Wettkampftag geschickt auszumanövrieren. Ich achtete darauf, wo sie langsame Posen machten, und überlegte mir dann, wie ich anstelle ihrer einen Pose gleich drei machen konnte, um so den Kampfrichtern wesentlich mehr Körperteile zu zeigen. All diese Dinge zusammen gaben mir das sichere Gefühl, daß ich gewinnen würde.

Die innere Einstellung hat einen enormen Einfluß auf die Kampfrichter. Bei einem Wettkampf ist die ganze Haltung des Teilnehmers wichtig. Man muß stolz wirken, stolz dastehen, jede Bewegung muß Stolz ausdrücken. Man kann als Verlierer posen, und man kann als Sieger posen. Das ist sehr schwer zu erklären, aber ich erkenne es immer, wenn ich jemanden sehe. Ein typischer Verlierer versteckt sich zum Beispiel in einer Doppelbizepspose. Er versteckt sich hinter seinem Bizeps. Wenn ein Siegertyp eine Doppelbizepspose macht, entfaltet er sich dabei richtig. Mit dieser Körperhaltung sagt er zu den Kampfrichtern: »Seht euch diese Muskeln an!« Das ist der Unterschied. Wenn der Mann mit einer ausladenden Bewegung zur nächsten Pose übergeht, weiß man, daß er selbstsicher ist; und wenn er dabei lächelt, weiß man, daß er es geschafft hat.

Bei fast all meinen Konkurrenten ist mir eines aufgefallen, das mir falsch schien. Sie beschäftigten sich am Wettkampftag mit ihrem eigenen Körper – waren besorgt, daß *sie selbst* gut aussehen. Ich habe das immer für einen Fehler gehalten. Wenn man sich am Tag des Wettkampfs um seinen Körper Sorgen machen muß, dann kommt diese Sorge ein bißchen zu spät. Um den eigenen Körper sollte man sich das ganze Jahr über kümmern, doch am Wettkampftag speziell um die der Konkurrenten. Das heißt, man sollte sich Gedanken über sie machen, sie analysieren und sich ihrem Aussehen und Tun entsprechend verhalten. Darauf bereitete ich mich vor. Wenn jemand mit einer besonderen Pose ankommen sollte, wußte ich, daß ich sie mit einer anderen parieren konnte. Ich wußte genau, wann ich meine ganze Energie in ernsthaftes Posing vor den Kampfrichtern stecken mußte; denn das ist der Zeitpunkt, zu dem man gewinnt oder verliert. Ein Auftritt vor großem Publikum ist weniger kritisch; es ist eine Art Ballett, bei dem man im Grunde als Darsteller fungiert und seine Posen vorführt, ohne um Punkte zu kämpfen. Beide Auftritte sind erst zu nehmen – nur: vor den Kampfrichtern achtet man besser darauf, daß jede Bewegung zählt.

Ein Punkt zu meinen Gunsten war der, daß ich schon immer einen dramatischen und spektakulären Körper hatte, eindrucksvoller als der des durchschnittlichen Bodybuilders. Der Hauptgrund dafür ist eine Eigenart, die ich mit Reg Park teile. Ich sehe sehr symmetrisch aus, wenn ich entspannt dastehe, ohne die zu breiten, eckigen Schultern und die durch zuviel Muskelmasse seitlich ausgestellten Arme, die für Bodybuilder so charakteristisch sind. Es hat mich nie gestört, daß mein Körper im entspannten Zustand nicht massig wirkt. Er sah immer schön muskulös aus, aber nicht grotesk oder ungewöhnlich. Ich habe nie versucht, ihn besonders anzuspannen, krampfhaft Muskeln zu zeigen. Doch wenn ich zu posen anfing, veränderte sich mein Körper radikal. Er weitete sich wie ein Akkordeon, und überall sprangen Muskeln hervor. Selbst in den Körpermaßen war der Unterschied phänomenal. Herabhängend hatte mein Arm vielleicht 48 cm Umfang, angespannt blähte er sich auf 56 cm auf. Ähnlich war es mit der Brust. Ich konnte meinen Brustkasten so enorm weiten, daß die Leute geradezu schockiert waren; es war ihnen unbegreiflich, wo das alles herkam. Auch meine Oberschenkel waren normalerweise schlank, explodierten aber, wenn ich sie anspannte. Das war direkt auf mehr Wiederholungen bei weniger Gewicht zurückzuführen.

Im Geist hatte ich den Weltmeistertitel schon gewonnen. Meine Fantasie lief auf Hochtouren, mein Körper war kampfbereit. Ich war im Begriff, den großartigsten, vollkommensten Körper zu schaffen, den die Welt je gesehen hatte.

Überall hatte ich Listen und Tabellen mit Dingen herumliegen, auf die ich mich konzentrieren mußte. Ich sah sie jeden Tag vor dem Training durch. Das Ganze wurde ein 24-Stunden-Job; ich dachte ständig darüber nach. Ich mußte meinem Geist klarmachen, daß die Waden jetzt genauso wichtig waren wie die Bizeps. Es dauerte eine Weile, bis ich mir das eingeimpft hatte, weil ich jahrelang ganz auf Bizepstraining eingestellt war und dies als den wichtigsten Aspekt im Bodybuilding angesehen hatte.

Mir war auch klar, daß jeder Muskel sich deutlich vom angrenzenden abheben mußte. Da einige Standardübungen mir nicht die gewünschte Muskelteilung brachten, mußte ich andere Übungen erfinden, um diese Muskelpartien auszumeißeln. Es mußte alles voneinander getrennt und trotzdem miteinander verbunden sein. Einfach ausgedrückt heißt das folgendes: der Körper sollte beim Posen wie ein harmonisches Ganzes wirken, doch dort, wo die einzelnen Muskeln zusammentreffen, sollte sich ein Einschnitt befinden. So sollten zum Beispiel die Brustmuskeln und die Deltoidmuskeln zusammen agieren, doch dort, wo sie ineinander übergehen, sollte eine deutliche Furche zu sehen sein. Muskelteilung. Bisher hatte ich mich hauptsächlich auf den Aufbau von Masse konzentriert und mich um die Teilung kaum gekümmert. Also fing ich an, auf Muskelteilung hinzuarbeiten sowie auf Definition, die mit dem Bau des einzelnen Muskels selbst zusammenhängt.

Meine Waden waren noch immer schwach. Deshalb ging ich dazu über, sie jeweils zu Beginn des Trainings zu trainieren, damit ich mehr Gewicht auf die Maschine auflegen und die

Waden bis zum Äußersten belasten konnte. Wenn mir das Gewicht auf der Maschine nicht ausreichte, bat ich den schwersten Burschen im Studio, sich daraufzusetzen. Ich spannte die Waden und Oberschenkel jetzt häufiger an. Ich spannte die Muskeln nach jedem Training viel an, machte eine Art Superisometrik daraus. Ich poste ständig vor dem Spiegel. Ich legte mich stundenlang in die Sonne, um das direkt unter der Haut befindliche Fett loszuwerden.

Der Grund für die gesteigerte Trainingsintensität in den letzten Wochen vor dem Kampf waren Gerüchte über einen neuen Rivalen. Dennis Tinnerino hatte gerade die amerikanische Meisterschaft gewonnen und wurde in manchen Kreisen schon als der neue Weltmeister gehandelt. Ich besorgte mir Fotos von ihm und studierte sie: er sah phantastisch aus. Trotzdem – seine Arme waren nichts Besonderes, und ich fand auch meine Rücken- und Brustmuskeln besser. Allerdings waren seine Beine besser entwickelt als meine, das mußte ich zugeben. Ich hatte zwar hart gearbeitet, aber es ist unmöglich, die Beine in einem einzigen Jahr wesentlich zu verändern. Meiner Meinung nach kam ich ihm in den Beinen fast gleich, und in den anderen Partien übertraf ich ihn – spielend.

Zusammen mit Albert verglich ich Fotos von Tinnerino und mir – obwohl Fotos sehr täuschen können. Ich war jetzt noch kritischer als bisher. Ich stellte alle paar Tage meine Körpermaße und mein Gewicht fest. Ich baute Masse ab, um mich für den Wettkampf in Form zu bringen. Zwei Wochen vor der Entscheidung machte ich einen Gastauftritt in Wales. Die Leute sagten, ich sähe phantastisch aus. Aber sie hatten Zeitschriften mit Tinnerino auf der Titelseite gesehen und beurteilten meine Siegeschancen skeptisch: »Das ist der Bursche, den du schlagen mußt, Arnold. Sieh' dir diese Einschnitte an, diese Definition.« Tinnerino war der Gegner. Ob Chet Yorton wieder antreten würde, wußte ich nicht, aber das spielte auch keine Rolle, weil ich ihn jetzt schlagen konnte. Von Dennis Tinnerino drohte mir die größte Gefahr.

Als ich von Wales wieder nach London kam, trainierte ich einen Nachmittag mit Rick Wayne. Er wohnte in London und gab die britische Ausgabe der Zeitschrift *Muscle Builder* heraus. Er schüttelte den Kopf und sagte, Tinnerino sei so definiert, so unglaublich, daß ich keine Chance hätte. Ricks Worte versetzten mir einen Stich. Er sah es und hob die Schultern. So war es eben, da konnte man nichts machen. Ich weigerte mich, es zu glauben. Rick untermauerte seine Meinung noch mit Angaben über Tinnerinos Körpermaße. Die konnten mich nicht schrecken, weil mit Abmessungen in Muskelzeitschriften schon immer übertrieben wurde. Aber ich sah an den Fotos, daß Tinnerino in Wettkampfform war. Er war phänomenal.

»Na schön«, dachte ich, »dann sieht er eben aus wie der Sieger, aber ich schlage ihn trotzdem.« Wieder in München, blieben mir weniger als zwei Wochen bis zum Wettkampf. Ich trainierte jetzt härter als je zuvor. Ich ging sogar noch am Morgen vor dem entscheidenden Tag ins Studio und absolvierte drei brutal harte Trainingsstunden. Irgendwie hatte ich das Gefühl, daß Albert diesmal unbedingt dabeisein müßte. Gegen den Willen seines und meines damaligen Chefs flog er mit nach London. Ohne ihn wäre ich wahrscheinlich gar nicht Weltmeister geworden, und mein Leben hätte vielleicht einen anderen Verlauf genommen. Aber darüber später noch mehr. Es verlief alles planmäßig, und bei der Ankunft im Hotel gegen Mitternacht hatte ich überhaupt kein Bedürfnis ins Bett zu gehen. Ich war so damit beschäftigt, mich in Kampfstimmung zu bringen, daß ich ohnehin nicht hätte schlafen können. Außerdem würde ich noch ein paar Kalorien um die Taille herum loswerden, wenn ich die ganze Nacht aufbliebe. Aus Loyalität schloß sich Albert an.

Am nächsten Morgen fuhr ich um sechs mit dem Fahrstuhl auf die Straße hinunter. Vor dem Royal Hotel hatten sich schon eine ganze Menge Bodybuilder versammelt. Wahrscheinlich waren sie auch alle zu nervös gewesen, um schlafen zu können.

Tinnerino war mit seinem Manager Leo Stern aus Amerika herübergekommen. Stern hatte ihn von der ganzen Szene ferngehalten, um die Spannung zu steigern, wollte verhindern, daß ihn jemand vor dem Wettkampf zu sehen bekam.

Im Laufe des Morgens kam auch mein Freund Wag Bennett zu mir, der einer der Kampfrichter war. Er half mir, gab mir

Anweisungen, motivierte mich. Er hatte Tinnerino gesehen und war ebenfalls der Meinung, daß die Entscheidung knapp werden könnte. Albert schickte ich als Spion los, um Tinnerino ausfindig zu machen und zu sehen, wie er aussah. Natürlich war ich beunruhigt. Albert überredete Leo Stern, ihn ein paar Aufnahmen von Tinnerino machen zu lassen. Er war offensichtlich beeindruckt, als er zurückkam. »Arnold«, sagte er in einem Tonfall, als würde er es mir lieber nicht sagen, »Tinnerino *ist* unglaublich.«

Bei der Vorentscheidung an diesem Morgen sah ich Tinnerino dann endlich selbst. Er war heruntergekommen, um sich die Konkurrenz in den anderen Klassen anzusehen. Wir wechselten ein paar Worte miteinander, aber es war eine von diesen Situationen, wo einer den anderen zu demoralisieren versucht. Über Albert fragte er mich, wie es mir gehe. »Phantastisch!« sagte ich und wandte mich etwas näher zu ihm hin. »Es gibt Tage, da weiß man einfach, daß man gewinnt.« Ich lächelte und plusterte mich ein bißchen auf. Das war recht keck und überheblich, aber ich meinte genau, was ich gesagt hatte. Ich würde ihn schlagen.

Die Vorentscheidung für die große Klasse war für ein Uhr nachmittags angesetzt. Ich ging um die Mittagszeit nach oben, um mich etwas hinzulegen, und wachte erst Punkt eins wieder auf, als ich Albert gegen die Tür hämmern hörte. Er schrie mich an und sagte, ich würde disqualifiziert, wenn ich nicht in zehn Minuten auf der Bühne wäre. Noch ganz benommen schnappte ich meinen Posingslip und rannte hinunter – die Konkurrenz stand schon fertig aufgereiht da. Ich rannte an ihnen vorbei, und irgendwie war das großartig. Ich meine, da waren sie alle, bestens aufgepumpt, und ich kam völlig unvorbereitet daher, und sie wußten es. Ich warf einen Blick auf Tinnerino und fand ihn so beeindruckend nun auch wieder nicht. Er war in Form, definiert, aber er hätte gewaltiger und besser sein können. Das war jedenfalls mein Eindruck.

Ich zog mich rasch um, cremte mich ein bißchen ein und eilte zum Podest zurück. An Aufpumpen war überhaupt nicht zu denken gewesen. Aber ich fühlte wieder diese Erhabenheit in mir aufsteigen, dieses berauschende Gefühl, das mich bei einem Wettkampf immer überkommt. Ich reihte mich direkt neben Tinnerino ein. Er war der Mann, den es zu schlagen galt, und ich wollte unbedingt verhindern, daß den Kampfrichtern ein Fehler unterlief, nur weil sie uns nicht richtig vergleichen konnten. Ich hörte ein Stimmengewirr, alle redeten über uns. Es wurde soviel geredet, daß die Kampfrichter aufhörten, Posen auszurufen. Es war ein eigenartiger Augenblick. Ich weiß noch, daß ich den Blick über das Line-up streifen ließ und mir die Konkurrenz etwas genauer ansah. Es war eine Anhäufung von Körpern wie aus blankpolierter Bronze, die Haut mit Creme poliert, bis sie im Scheinwerferlicht glänzte. Schließlich hatte die Jury wieder für Ruhe gesorgt und fuhr fort, Posen anzusagen. Nach dem Line-up kam das Einzelposing. Es wurde der Größe nach durchgeführt, beginnend mit den kleinen Männern. Ich war der größte und kam somit als letzter an die Reihe, nach Tinnerino. Perfekt.

Ich beobachtete jede von Tinnerinos Bewegungen. Er bekam viel Applaus für sein Posing. Er wirkte sehr profihaft, hatte an alle Details gedacht – Posinghose, Haarschnitt, alles. Aber ich wußte, daß ich ihm die Schau stehlen konnte. Groß, ruhig, selbstsicher, geschmeidig wie eine Katze ging ich zum Posingpodest. Ich fühlte mich gut. Mein Körper war aufgepumpt und straff, das Blut drängte in jede Kapillare hinaus. Ich hatte ganz einfach das Gefühl, daß Tinnerino mich unmöglich schlagen konnte. Und so gab ich mich auch auf der Bühne.

Als ich die erste Armpose zeigte, brach ein Sturm der Begeisterung los. Ich schwang mich in eine Rückenpose, mit dem gleichen Effekt. Ich beschränkte mich auf zehn Posen (normalerweise mache ich fünfzehn bis zwanzig). Ich zeigte nur die besten Stellungen und ließ alles weg, was auch nur die kleinste Schwäche hätte andeuten können. Ich ging in eine kniende Rückenpose von der Seite, wechselte zu einer seitlichen Brustpose, einer direkten Rückenpose und schloß mit einer seitlichen Bizepspose ab. Die Leute schrien und pfiffen und tobten. Dann drehte ich mich noch einmal nach vorn zu einer weiteren Doppelbizepspose und beendete das Programm dann mit der Most Muscular Pose. Alle applaudierten wie verrückt, und der Beifall hörte gar nicht mehr auf. Damals war bei der Vorentscheidung kein Applaus erlaubt, weil er die Kampfrichter hätte beeinflussen können. Aber die Leute waren einfach nicht mehr zu halten. Das war mein Aufpumpen. Das Blut strömte durch jeden einzelnen Teil meines Körpers. Ich brauchte keine Aufpump-Übungen mehr zu machen.

Dann kam die Zeit für das Vergleichsposing. Nach dem Einzelposing riefen die Kampfrichter die sechs besten Männer auf; sie stellen einen in einer Reihe nebeneinander und sagen die Posen an, die man machen muß. Zuerst wollten sie einen Doppelbizeps sehen. Ich wußte, daß ich da alle geschlagen hatte. Dann eine Latissimspose. Da war ich auch gut. Als nächstes baten sie um eine seitliche Brustpose. Ich wußte, daß ich die besten Brustmuskeln hatte. Dann wollten sie die Bauchmuskeln sehen. In den Bauchmuskeln war mir Tinnerino überlegen; er hatte sehr straffe, gerippte Bauchmuskeln. Er schlug mich auch in den Waden. Dann durften wir unsere fünf Lieblingsposen vorführen. Und da half mir nun mein vieles Üben. Ich stand direkt neben Tinnerino und beobachtete ihn ständig aus dem Augenwinkel. Wenn er seine Bauchmuskeln oder Oberschenkel zeigte, machte ich eine Bizepspose; wenn er sich zu einer Wadenpose umdrehte, warf ich mich in eine dramatische seitliche Rückenpose. Ich fegte sie alle von der Bühne, einschließlich Tinnerino. Ich bekam die beste Publikumsreaktion – und ich hörte hier zum erstenmal, daß die Leute »Arnold! Arnold!« riefen.

Danach kamen die Kampfrichter zu mir und beglückwünschten mich zu meiner Leistung. Ohne viel Aufhebens zu machen, schenkten sie mir doch sehr viel Beachtung. Einige der Kampfrichter hielten mich in jedem einzelnen Muskel für besser. Daraus schloß ich mit großer Sicherheit, daß ich gewonnen hatte. Dennoch – in einigen Bereichen war mir Tinnerino überlegen. Aber ich hatte eine bessere Posing-Kür, eine bessere Gesamtpräsentation. Der Sieger würde erst am nächsten Tag bei der Abendvorstellung verkündet. Das bedeutete langes Warten. Immer wieder kamen Leute zu mir und sagten, ich sei einfach sensationell, so etwas hätten sie noch nicht gesehen. Das hörte ich natürlich gern, aber was zählte, das war das Urteil der Kampfrichter.

Mein englischer Freund und Berater, Wag Bennett, äußerte sich ebenfalls sehr optimistisch, ließ die Katze aber nicht ganz aus dem Sack. Er wollte sicher meine Anspannung nicht vorzeitig unterbrechen, obwohl er als Mitglied des Kampfgerichts sicher mehr Einblick hatte, als er mir gegenüber zugab.

Ich war den ganzen Tag von Bodybuildern und Fans umringt. Alle gingen davon aus, daß ich gewonnen hatte. Sie fingen schon an, mich als Weltmeister zu behandeln. Das war eines der schönsten Erlebnisse meines Lebens. Aber es war auch nervenaufreibend. Ganz sicher war ich noch immer nicht, ob ich gewonnen hatte oder nicht. Ich ging auf mein Zimmer, hielt es dort aber nicht aus. Ich nahm den Lift zur Hotelhalle hinunter. Wieder gratulierte man mir. »Mach dir keine Sorgen, Arnold, du hast es geschafft.« Ich konnte nichts anderes tun als warten und optimistisch bleiben; ich durfte nicht zulassen, daß auch nur eine einzige Zelle meines Körpers einen zweiten Platz akzeptierte. Ich schlenderte herum, ließ mich von den Leuten beglückwünschen und hörte mir die Bemerkungen an, die eigentlich nicht für meine Ohren bestimmt waren. »Schau mal«, zischelten sie, »der Arnold. Wahnsinn, dieser Körper.«

Am nächsten Abend sorgte ich dafür, daß ich nicht wieder verschlafen würde; die große Show, bei der die Klassensieger verkündet und aus diesen der Weltmeister gewählt wurde, durfte ich ja nun auf keinen Fall verpassen. Hinter der Bühne herrschte eine Atmosphäre wie vor einer Theatervorstellung. Ich fand den Umkleideraum für die Klasse der großen Männer. Eine halbe Stunde vor Beginn der Vorstellung fing ich an, mich aufzupumpen, und konzentrierte mich dabei besonders auf die Bereiche, die ich als meine schwachen Punkte ansah. Ich machte Klimmzüge an Wasserrohren – das erste war heiß, und ich verbrannte mir die Hände. Ich machte Zugübungen mit dem Handtuch, Liegestütze im Handstand, normale Liegestütze, Dips zwischen zwei Stühlen, Curls mit Handtüchern, nutzte jede nur mögliche Widerstandsbewegung, um mich aufzupumpen. Ich bat jemanden, meine Arme herunterzudrücken, damit ich Seitheben machen konnte, um Blut in den Deltoidbereich zu bringen, nur um die Blutzirkulation anzuregen. Ich machte Wadenheben auf einem Bein, Sissy-Kniebeugen, bei denen man mit gestrecktem Rücken nur halb heruntergeht, nur um die vorderen Oberschenkel etwas zu durchbluten – die Oberschenkel wollte ich nicht zu stark aufpumpen, weil die Wirkung sonst wieder weg wäre, bis ich auf die Bühne kam.

Wir waren wie Gladiatoren. Alles war voller Cremes, und es wurde in den verschiedensten Sprachen durcheinandergeredet: Französisch, Englisch, Portugiesisch, Deutsch, Arabisch. Am anderen Ende des Raumes machte jemand eine Streckübung und riß dabei fast das Wasserrohr heraus. Ich ging wie selbstverständlich quer durch den Raum und bog es wieder zurecht, als wenn ich der einzige hier wäre, der genügend Kraft dazu hat. Ich wußte, daß mich diese Burschen beobachteten. Ich machte ein paar Posen, gab mich überlegen, schon als Sieger. Dann steckte einer der Offiziellen den Kopf zur Tür herein und rief: »Okay, große Männer auf die Bühne! In der Reihe aufstellen.«

»Okay, Arnold«, sagte ich mir. »Jetzt ist der große Augenblick da.«

Als ich neben dem faltigen Samtvorhang des alten Theaters wartete, mußte ich aus irgendeinem Grund an meinen ersten Wettkampf denken – die Junioren-Meisterschaft. Ich war damals ohne jede Erfahrung im Posing nach Stuttgart gefahren, ohne Erlaubnis von der Armee, mit einem scheußlichen Haarschnitt, mit einer geborgten Posing-Hose, und hatte gewonnen. Plötzlich wurde mir bewußt, wie weit ich in dieser kurzen Zeit gekommen war...

Als ich mit dem Posen anfing, brauste mir von dem britischen Publikum sofort donnernder Applaus entgegen. Was ich jetzt zeigte, war in erster Linie eine Show, und meine Kür wurde zum Ballett. Ich mußte als einziger noch eine Zugabe geben. Dann wurden die Klassensieger verkündet. Ich gewann die große Klasse, was mich automatisch zum Gesamtsieger machte, weil ich nur Tinnerino zu schlagen brauchte. Und das hatte ich geschafft.

Im Getümmel der Fotografen sah ich an der Bühnenrampe Alberts Luftsprung, und sein langgezogener Ja-Schrei sitzt mir noch heute drin. Während der zwei Wettkampftage hatte er mich unermüdlich angefeuert und wenn nötig auch laut korrigiert. Da die meisten hier nur Englisch verstanden, war es für uns recht einfach und für mich ein Vorteil, denn meine Gegner wußten nicht, worum es ging, ja, wußten nicht einmal, ob ich überhaupt gemeint war. Albert sagte nie meinen Namen, sondern gab nur kurze Hinweise in bayerischem Dialekt. Wir waren ein Superteam, und jetzt stand ich ganz oben, und Albert vor mir freute sich genausosehr wie ich, und er zeigte es mit einem wahren Freudentanz.

Alle Klassensieger standen da, die kleinen, die mittleren und die großen. Das Publikum raste. »Arnold, Arnold!« schallte es wieder herauf. Ich fühlte, wie ihre Energie, ihre Begeisterung meinen Körper durchströmte wie dieses fantastische Aufpumpen. Mein Körper schien größer und größer zu werden. Schließlich gelang es dem Sprecher, das Publikum so weit zu beruhigen, daß er den Drittplazierten, den Zweitplazierten und den Sieger verkünden konnte, Weltmeister 1967.

»Arnold Schwarzenegger –«

Ich hörte meinen Namen und stieg auf das Podest. Donnernder Applaus erfüllte den Saal. Die Leute schrien und tobten. Ich blickte am Line-up der Bodybuilder entlang und sagte mir: »Mein Gott, ich habe es geschafft. Ich habe sie alle geschlagen.« Es war das erstemal seit einem Jahr, daß ich mir eingestand, wie gut sie aussahen. Neunzig Bodybuilder aus der ganzen Welt waren da, und ich hatte sie alle besiegt. Tausend Dinge gingen mir in diesem Augenblick durch den Kopf. Es war wie bei einem Unfall oder einem Sturz, wenn im Bruchteil einer Sekunde das ganze Leben an einem vorüberzieht. Man sieht sich selbst als Toter oder stellt sich vor, was aus der Familie werden könnte.

Nachdem die Sieger verkündet waren, dauerte es ein paar Minuten, bis die Trophäen überreicht waren. Ich blickte ins Publikum. Die Leute schrien, Blitzlichter flammten auf, und die ganze Erregung nahm mich gefangen und schien mir unwirklich und fremd. Dafür hast du trainiert, dachte ich, für diesen Augenblick. Ich konnte gar nicht alles richtig aufnehmen. Es war, als sei ich mit einer Last konfrontiert, die ich unmöglich heben konnte. Ich versuchte, auf den Boden der Wirklichkeit zurückzukehren, mir klarzumachen, was es bedeutete. »Was jetzt geschieht«, sagte ich mir, »in diesem Moment, das ist der wichtigste Augenblick deines Lebens.« Es war das, was ich gemeint hatte, als mit zehn Jahren der Wunsch in mir erwachte, auf irgendeinem Gebiet der Beste zu werden. Jetzt war ich zwanzig und hatte mein Ziel schon erreicht, war der Größte und der Beste.

Ich wiederholte es in Gedanken immer wieder: Arnold Schwarzenegger, Weltmeister 1967.

6

Am Sonntagmorgen ging ich mit Albert nach unten, um zu frühstücken. Es war eine Szene wie aus einem Marx-Brothers-Film. Im Speisesaal saßen mindestens fünfzig Bodybuilder mit ihren ausgepolsterten Spezialjacken herum. Manche vertilgten gerade zehn Eier, andere zwei Steaks, und wieder andere begnügten sich mit zwei Eiern, weil sie Diät hielten. Einer der Burschen verschlang 15 Scheiben Toast. Alle winkten mir gleich zu, als ich hereinkam. Sie drängten sich um meinen Tisch und waren alle sehr herzlich, besonders die Araber, die mich abküßten und umarmten. Sie freuten sich über meinen Erfolg. Jemand lehnte sich über den Tisch und sagte: »Okay, Arnold, der nächste ist Sergio Oliva.«

»Wie bitte?«

»Nein«, meinte ein anderer, »der nächste ist Bill Pearl.«

Sie zählten die ganzen großen Namen aus der Welt des Bodybuilding auf, die ich noch vor mir hatte, lauter Männer, die ich noch besiegen mußte. Ich fiel aus allen Wolken. Ich war Weltmeister, war es aber auch nicht. Das mußten sie mir erklären. Ich *war* Weltmeister, aber vor ein paar Monaten hatte eine andere Weltmeisterschaft stattgefunden, die von einem anderen Bodybuilding-Verband veranstaltet wurde, nämlich der IFBB. Der Sieger dieses Kampfes war Sergio Oliva gewesen, ein schwarzer Bodybuilder aus Kuba. Es gab sogar drei Männer, die Weltmeister waren. Einer war Bill Pearl, der den NABBA-Profititel gewonnen hatte, während ich Titelträger bei den Amateuren war. Und Sergio Oliva war der IFBB-Weltmeister. Die Erklärung dazu ist ganz einfach. Es gibt mehrere Verbände, von denen jeder eine Weltmeisterschaft austrägt. Die größere Tradition lag damals bei der englischen NABBA, die seit den Olympischen Spielen in London alljährlich die Weltmeisterschaft durchführte. NABBA steht für »National Amateur Bodybuilding Association«. Der Name allein sagt schon, daß es sich um einen nationalen Verband handelt, um den englischen. Der andere Verband ist die IFBB (International Federation of Bodybuilders) mit Sitz in Montreal/Kanada. Auch die IFBB veranstaltete damals bereits Weltmeisterschaften und war in der Entwicklung progressiver. Die IFBB veranstaltete gemäß einer Idee von Joe Weider seit 1965 neben der Weltmeisterschaft noch die Mr.-Olympia-Meisterschaft, bei der Weltmeister untereinander nochmals eine Vergleichsmöglichkeit haben. Die Meisterschaft der Mei-

Der erste Weltmeistertitel 1967 in London.
Daneben Bill Pearl, der Sieger bei den Profis

sterschaften also. Heute ist sie die mit Abstand bedeutendste Meisterschaft der Welt und wird es wohl auch noch lange bleiben. Im Laufe der Zeit hat sich die NABBA zurück- und die IFBB immer weiterentwickelt, so daß man die beiden Verbände heute eigentlich nicht mehr vergleichen kann. Die NABBA kann heute ausschließlich noch von der Tradition zehren, die IFBB hat über 120 Mitgliedsstaaten, ist tatsächlich weltweit orientiert und von vielen großen Sportorganisationen anerkannt. Damals, 1967 in London, war die Situation jedoch für mich ziemlich verwirrend, aber eines wußte ich schon unmittelbar nach meinem ersten Weltmeistertitel – der Mr. Olympia ist noch viel wichtiger.

Ich war nun einer der vier Top-Bodybuilder der Welt. Das war ein Erfolg. Aber um jedermann wissen zu lassen, daß ich unbestreitbar der Beste war, mußte ich eben noch diese drei anderen Burschen schlagen. Ein Ziel hatte ich erreicht – ich hatte einen Weltmeistertitel gewonnen. Aber ich mußte weitermachen, sonst könnte ich nicht zufrieden sein. Nehmen wir die Olympischen Spiele. Der Gewinner einer Goldmedaille hat etwas Großes geleistet, aber er ist nicht unbedingt der Beste der Welt. Der Beste ist man nur, wenn man die gesamte Konkurrenz schlagen kann. Es ist ja möglich, daß jemand gerade verletzt ist oder aus anderen Gründen nicht antreten kann – sagen wir, er verschläft (wie leicht das passieren kann, weiß ich sehr gut) und schafft es nicht, rechtzeitig am Start zu sein, wie der Sprinter 1972, der in München den 100-m-Lauf verpaßte. Es gibt Siege, bei denen man nicht mit Sicherheit sagen kann, ob man der Beste ist. Wenn man also, wie ich, Wert darauf legt, der Beste zu sein, dann macht man weiter. Das war meine nächste Herausforderung – der Beste zu werden, der absolute Sieger. Ich schwor mir, so lange weiterzumachen, bis die ganze Welt sagte: »Kein Zweifel, Arnold ist der Beste.«

Doch an jenem Sonntagmorgen wurde ich zunächst einmal mit tausend Fragen überschüttet. »Wie trainierst du?« »Wie kommt es, daß du so enorme Brustmuskeln hast?« »Warum wachsen meine nicht?« »Wie hast du diese gewaltigen Bizeps bekommen?« »Wie hast du es geschafft, deine Oberschenkel in einem Jahr so zu verbessern?«

Dennis Tinnerino sah ich erst einige Tage später wieder. Er war als Playboy bekannt, wurde ständig von einer Schar Mädchen umschwärmt. Und das schien ihm auch mit am wichtigsten zu sein – dabeizusein, sich zu amüsieren, eine schöne Zeit zu haben. Eine Woche nach der Weltmeisterschaft gaben wir beide einen Gastauftritt für Wag Bennett. Ich versuchte, mit ihm zu reden. Mein Englisch war inzwischen wesentlich besser als noch vor einem Jahr, aber es fiel mir noch immer schwer, eine Unterhaltung mit ihm zu führen. Er war sehr nett zu mir, obwohl seine Niederlage sicher eine große Enttäuschung für ihn war. Die Presse hatte ihn bereits als den sicheren Sieger hochgejubelt. Aber er deutete mit keiner Silbe an, daß er die Wertung für unfair hielt. Er kam vor dem Auftritt zu mir, sagte, ich sähe fantastisch aus und hätte verdient gewonnen. Ich fragte Tinnerino, was ich tun solle, um mich zu verbessern. »Arbeite an deinen Waden, Arnold«, sagte er. Er drehte mir sein rechtes Bein zu und spannte es an. Er hatte wirklich großartige Waden, die wie kleine Melonen hervorsprangen.

Eine Enttäuschung erlebte ich, als ich meine Eltern anrief und ihnen sagte, daß ich Weltmeister geworden war. Sie schienen hocherfreut, von mir zu hören, aber ich hatte den Eindruck, daß es ihnen mehr bedeutet hätte, wenn sie in der Grazer Lokalzeitung gelesen hätten, daß ich gerade mein Studium mit Erfolg abgeschlossen hätte. Als ich den Hörer aufgelegt hatte, fühlte ich mich niedergedrückt. Ich sagte mir, es liege nur daran, daß sie mit einer Bodybuilding-Meisterschaft nichts anzufangen wußten. Sie hatten so etwas ja noch nie gesehen.

Irgendwie machte es mir zu schaffen, daß sie kein Verständnis dafür hatten. Sie hätten zumindest begreifen müssen, was mir dieser Sieg bedeutete. Sie wußten, wie hart ich dafür gearbeitet hatte. Ich versuchte, nicht mehr daran zu denken, aber es fiel mir nicht leicht. Ich glaube, man macht immer Dinge, um die Anerkennung seiner Eltern zu gewinnen. Wahrscheinlich habe ich meine Eltern – ihre Unzulänglichkeiten – damals besser verstanden als sie mich. Ich kam zu dem Schluß, daß es das beste sei, die Sache zu vergessen. Ich wohnte ohnehin nicht zu Hause, und so suchte ich fortan die Anerkennung anderer Menschen, wie Albert zum Beispiel.

Ein paar Wochen nach der Weltmeisterschaft machte ich einen Gastauftritt in München, zu dem mein Vater angereist war, um sich meinen Auftritt anzusehen. Er war ganz begeistert, daß ich so viel Beifall bekam. Das imponierte ihm. Aber es ist ihm wohl nie der Gedanke gekommen, daß die Leute mir zujubelten, weil ich Weltmeister war, weil ihnen mein Körper gefiel, der einer der bestgebauten der Welt war – schon damals. Für ihn zählten die 2000 Leute, die alle gekommen waren, um mich posen zu sehen. Aber das war auch schon alles, was er von der Sache verstand. Und meine Mutter zeigte noch viel weniger Verständnis – bis sehr viel später, als sie miterlebte, wie ich 1972 die Mr.-Olympia-Wahl gewann.

Kurz nach dem Wettkampf erhielt ich eine Einladung von Reg Park, nach Südafrika zu kommen. Er bot mir an, in seinem Haus zu wohnen und die versprochenen Gastauftritte mit ihm zu machen. Ich war selig. Meine Freunde staunten nur so. Ich stürzte mich für diesen Gastauftritt mit dem gleichen Eifer ins Training wie für jeden Wettkampf, den ich bisher bestritten hatte. Ich weiß nicht mehr, wie viele Jahre ich davon geträumt hatte, so wie Reg Park zu sein, und nun, ganz plötzlich, hatte ich es fast geschafft. Auch anderen fiel es auf. Sie meinten, wir hätten beide dieses markige, heroische Aussehen.

Ich wohnte in Johannesburg bei Reg. Er hatte ein herrliches Haus mit einem großen Swimming-pool davor, das Ganze umgeben von einem riesigen parkähnlichen Garten. Das Haus selbst war mit Antiquitäten aus der ganzen Welt eingerichtet. Es hatte eine besondere Atmosphäre: Es war das Haus eines Stars. Dieses Fluidum war unverkennbar. Im Eßzimmer brauchte man zum Beispiel nur auf einen Knopf zu drücken, und schon waren Dienstboten zur Stelle.

Am Anfang fühlte ich mich ziemlich fehl am Platz, aber es dauerte nicht lange, bis mein Unbehagen schwand. Reg und seine Frau Mareon nahmen mich auf wie ihren Sohn. Sie ließen mich an all ihren Unternehmungen teilhaben, nahmen mich mit auf Partys, ins Kino und zu Abendgesellschaften. Die Zeit mit ihnen öffnete mir eine Perspektive dafür, was ich neben

Beim ersten Besuch in Südafrika im Swimmingpool von Reg Park in seinem Haus in Johannesburg

endlosen Trainingstagen sonst noch für Möglichkeiten hatte. Ein schönes Haus zum Beispiel, Geschäfte, eine Familie, ein schönes Leben. Ich fühlte mich rundherum wohl bei ihnen. Es war eine einzigartige Erfahrung für mich, Reg privat zu erleben, solange mit ihm zusammenzusein und soviel Aufmerksamkeit von ihm zu bekommen.

Nicht alles davon war Lob. Ich bat ihn um Kritik und bekam sie auch. Auch er bemängelte meine Waden. Er sagte, er hätte früher das gleiche Problem gehabt, sei aber damit fertig geworden. Wie, das fand ich bald heraus, als ich ihm beim Wadentraining zusah. Da konnte ich mich nur schämen. Ich hatte kleine Gewichte auf die Maschine gelegt. Er kam herüber, erhöhte das Gewicht auf 360 kg und machte zwölf Wiederholungen. Da wurde mir klar, daß ich noch wesentlich härter trainieren mußte als bisher, wenn ich sein Niveau erreichen wollte.

Wieder in München, konnte ich weitere Anmeldungen im Studio verzeichnen, und die Dinge entwickelten sich sehr erfreulich.

Daß der Weltmeistertitel einen noch nicht zum besten Bodybuilder der Welt macht, hatte ich inzwischen zur Kenntnis nehmen müssen. Noch immer gab es in Amerika Männer, die ich vermutlich nicht schlagen konnte. Das war eine ziemliche Ernüchterung. Ein paar von ihnen hatten den Weltmeistertitel sogar zwei- und dreimal gewonnen. Also würde ich wohl noch zwei- oder dreimal antreten müssen, bis ich sie schließlich alle besiegt hatte.

Ich stellte einen Trainingsplan auf, der vorsah, daß ich wieder das ganze Jahr hindurch ohne Pause trainierte. Ich fing nun an, meinen Körper ungeheuren Belastungen auszusetzen und trainierte schon frühmorgens, schuftete bis spät in die Nacht hinein, und abends trainierte ich nochmals. Trainingspartner zu finden, war kein Problem. Jeder Bodybuilder in München wollte mit Arnold trainieren. Sie dachten alle, ich hätte irgendein Geheimnis. Wir fingen an, Intensivwiederholungen zu machen, ein richtiges Foltertraining, bei dem wir die Muskeln bis über die Schmerzschwelle hinaus belasteten. Wir aßen wie die Scheunendrescher. Nach dem Training ging es immer in die Bierhalle, wo jeder ein ganzes Brathendl vertilgte und etliche Biere dazu trank. Das war unser Abendessen. Beim Training selbst bemühte ich mich nun um noch mehr Kreativität als bisher und ließ meiner Fantasie freien Lauf, um Wege zu finden, die mir einen Vorsprung vor allen anderen verschafften. Wenn jemand mit einem 53er-Arm daherkommen sollte, dann würde ich meinen eben auf 55 cm entwickeln.

Ich fragte mich immer wieder, was kannst du tun, um außergewöhnlich zu werden?

Schließlich kam mir die Idee, die Muskeln zu schockieren. Wenn man das ganze Jahr regelmäßig zehn Sätze Bankdrücken macht oder irgendeine andere Übung, dann gewöhnen sich die Muskeln nach und nach an diese zehn Sätze und wachsen nicht mehr so schnell. Also packte ich einmal in der Woche die Gewichte ein und fuhr mit einem Trainingspartner aufs Land. Wir beschränkten uns immer auf eine Übung für einen bestimmten Körperteil. Ich weiß noch, daß wir beim erstenmal 115 Kilo Gewichte in den Wald schleppten und geschlagene drei Stunden lang Kniebeugen machten. Ich fing an und machte mit 115 Kilo zwanzig Wiederholungen; anschließend machte es mein Partner, was er eben schaffte. Dann war ich wieder an der Reihe. Am Ende hatte jeder so an die 55 Sätze Kniebeugen gemacht. Die letzte Stunde zog sich hin, als wollte sie nie vergehen. Aber die Sache funktionierte. Unsere Oberschenkel pumpten sich wie Ballone auf. Wir versetzten diesen Muskeln einen solchen Schock, daß wir eine Woche lang nicht mehr laufen konnten. Wir konnten gerade noch kriechen. Eine solche Strapaze wie diese 55 Sätze Kniebeugen hatten unsere Beine noch nie durchgemacht. Und jeder von uns konnte einen Zuwachs von einem viertel oder halben Zentimeter verzeichnen; die Oberschenkel waren einfach bis zum Bersten aufgepumpt, hatten keine andere Chance, als zu wachsen.

Das Training im Freien wurde nun zu einer regelmäßigen Sache. Wir nahmen Mädchen mit, die für uns kochten, machten ein Feuer und verwandelten die ganze Angelegenheit zu einem kleinen Wettbewerb. Wir arbeiteten hart, hatten aber auch viel Spaß dabei. Nach dem Schocktraining tranken wir Wein und Bier, wurden immer betrunkener und benahmen uns wie die alten Gewichtheber im vorigen Jahrhundert und noch Anfang dieses Jahrhunderts. Manchmal war es reiner Wahnsinn. Wir schnappten uns die Gewichte wieder, waren aber vom vielen Bier schon so schwach, daß sie uns hinter dem Kopf wieder herunterfielen. Oder wir ließen sie auf die Brust herunter und brachten sie nicht mehr hoch, so daß uns jemand helfen mußte, sie abzuheben. Es war eine tolle Zeit. Wir brieten Fleisch am Spieß, saßen ums Feuer herum und schliefen mit den Mädchen. Wir machten allen möglichen Unsinn, führten uns wie Gladiatoren oder wie wilde Tiere auf. Wir schwammen nackt in Seen, genossen das Essen, den Wein und die Frauen; wir aßen wie die Wilden und gaben uns auch so. Es machte uns solchen Spaß, daß es zu einem wöchentlichen Programm wurde.

Es ist wichtig, daß man seine Arbeit gern macht, und wir waren von der unseren begeistert. Wir hatten unseren Spaß und trainierten trotzdem erstaunlich hart. Wir waren an der frischen Luft und absolvierten ein brutales Training. Wir forderten uns gegenseitig heraus und hatten oft große Schmerzen. Es kam vor, daß wir mitten in einer Kniebeuge einen Krampf bekamen. Wir wälzten uns vor Schmerzen auf dem Boden und versuchten, ihn durch Massieren zu lösen. Damals erkannte ich zum erstenmal, daß Schmerz zur Lust werden kann. Wir profitierten vom Schmerz. Wir durchbrachen die Schmerzschwelle und schockierten die Muskeln. Wir betrachteten diesen Schmerz als etwas Positives, weil er uns Muskelwachstum brachte.

Wir machten das Schocktraining nun jedes Wochenende, mit Bankdrücken, Rudern oder fliegenden Bewegungen, belasteten den Körper bis zum äußersten und gaben ihm damit etwas, was er beim normalen Training nicht bekam. Die Überlegung war folgende: Überrasche den Körper. Tu nicht immer das, was er erwartet. Das war eine neue Methode, das Muskelwachstum zu fördern. Welch erstaunliche Ergebnisse damit zu erzielen waren, konnte ich an mir selbst sehen, und deshalb fing ich an, die Methode als Bodybuilding-Training zu propagieren.

Das Split-Training, die Schockmethode, das Überschreiten der Schmerzschwelle, all diese Dinge habe ich aus praktischen Gründen gelernt: Ich wollte größere, bessere Muskeln. Nichts davon kam von anderen Bodybuildern. Es waren alles meine eigenen Ideen, vollkommen neue Methoden, von mir erfunden und auf meinen Körper zugeschnitten. Ich bin davon überzeugt, daß andere große Bodybuilder ähnlich vorgegangen sind, und nicht nur sie, sondern jeder, der auf irgendeinem Gebiet über die bestehenden Grenzen hinausstrebte. Man muß bei sich selbst beginnen. Man muß die Mittel, die einen an die Spitze bringen, selbst erfinden. In meinen ersten drei Trainingsjahren habe ich zum Beispiel festgestellt, daß ich beim Kurzhantelcurl mit geradem Handgelenk den Bizeps spürte. Doch wenn ich das Handgelenk während der Curlbewegung drehte, spürte ich ihn stärker, und zwar bis zu einem bestimmten Bereich des Ellbogens hinein, wo ich vorher nichts gespürt hatte. Ich fragte den Arzt, mit dem ich befreundet war, warum ich dort etwas spüren sollte, und er erkärte mir, daß der Bizeps nicht nur den Unterarm beugt, sondern auch das Handgelenk dreht. Nun, dachte ich mir, wenn der Bizeps auch das Handgelenk dreht, dann kann ich ihm die Drehung mit der Hantel ja auch erschweren. Ich modifizierte die Kurzhanteln also so, daß sie auf einer Seite schwerer waren, und spürte sofort, welche Wirkung das auf meinen Bizeps hatte. Er schmerzte die ganze Zeit. Das waren Ideen, die ich in Büchern nie fand. Da ich bestrebt war, mich besonders schnell und außergewöhnlich zu entwickeln, habe ich einfach akzeptiert, daß ich selbst neue Wege finden mußte, um die Muskeln zu trainieren.

Das Leben in München war so verrückt wie eh und je. Wir arbeiteten hart, aber auch das Vergnügen kam nicht zu kurz. Es wurde viel Bier getrunken und viel gefeiert. Es war eine glückliche, herrliche Zeit. Ich war jung und auf dem Weg, berühmt zu werden. In München selbst wurde ich als Kuriosität berühmt, Arnold, der Muskelmann. Aber ich war stolz auf

Steinheben
in München im
Frühjahr 1967

meine Leistungen und ließ jedermann wissen, daß das erst der Anfang war. Es gab nicht viele Leute, die gewillt waren, sich in einen Streit mit mir einzulassen. Das Bodybuilding hatte damals den traurigen Ruf als Sport für fragwürdige Gestalten, und ich glaubte jetzt mithelfen zu können, ihn von diesen Klischeevorstellungen zu befreien.

In München wird jedes Jahr im Frühling während der Starkbierzeit ein Wettbewerb im Steinheben veranstaltet. Das ist schon seit Jahrzehnten Brauch, und der Wettbewerb genießt in Sportlerkreisen großes Prestige. Man steht dabei erhöht wie auf zwei Stühlen und zieht den Stein an einem Metallgriff zwischen den Beinen hoch. Der Stein wiegt etwa 508 Pfund. Eine elektrische Skala an der Wand des Saals zeigt an, wieviel Zentimeter man den Stein in die Höhe ›lupft‹. Die Teilnehmer wärmen sich nicht auf. Man geht einfach hin und hebt den Stein, so hoch man kann. In jenem Jahr nahm ich auch an dem Wettbewerb teil, brach den bestehenden Rekord und gewann. Die Presse berichtete darüber, was für das Bodybuilding eine gute Reklame war. Neben vielen anderen falschen Vorstellungen über diesen Sport glaubten die Leute damals noch immer, Bodybuilder hätten zwar Muskeln, aber keine Kraft, nur große, nutzlose Muskeln.

Im gleichen Herbst lernte ich bei einer Meisterschaft im Kraftdreikampf Franco Colombo näher kennen. Er war für seine Größe einer der stärksten Männer, die ich je gesehen hatte. Wir freundeten uns an und fingen an, zusammen zu trainieren. Ich trainierte gerne mit Franco, weil er so stark war. Ein perfektes Exemplar war er kaum, als ich ihn kennenlernte. Von einem Weltmeister-Kandidaten war er so weit entfernt, wie man es nur sein kann. In der Brust hatte er einen seltsamen Einschnitt, und außerdem hatte er O-Beine; absolut nichts an seinem Äußeren wies auf einen potentiellen Champion hin. Aber ich regte ihn trotzdem dazu an, ein Muskelmann zu werden, ein Champion mit einem schönen Körper, nicht nur einer im Boxen oder Kraftdreikampf. Ich ermutigte ihn dazu, weil ich etwas Besonderes an Franco entdeckt hatte, nämlich seine ungeheure Willenskraft. Er wog damals vielleicht 65 Kilo und machte Kniebeugensätze mit 180 kg. Eines Tages gelang ihm dann keine einzige. Ich mußte ihm helfen, weil er nicht mehr hochkam. Es war mir unbegreiflich. Franco war im Kraftdreikampf immer besser gewesen als ich. Jetzt sah ich meine Chance, ihn zu schlagen. Ich sagte: »Ich wette 20 Mark mit dir, daß ich mehr Wiederholungen schaffe als du.«

»Na schön, Arnold.« Er sah mich einen Moment an, hob dann die Stange vom Kniebeugenständer ab und machte zehn sichere Wiederholungen.

Diese plötzliche Veränderung ging mir tagelang im Kopf herum. Wie kam es, daß sich Franco so schnell wieder gefangen hatte? An seinem Körper konnte es offensichtlich nicht liegen, der konnte sich in fünf Minuten nicht so verändern. Das einzige, was sich verändert hatte, war sein Geist, sein Wille. Franco hatte sich schnell ein Ziel gesetzt. »Ich möchte Arnold schlagen. Es sind noch andere Burschen da. Mein Ansehen ist in Gefahr. Ich muß ihn jetzt schlagen. 20 Mark, das gibt ein schönes Essen.« Er setzte sich diese kleinen Ziele und redete sich ein, daß er zehn Wiederholungen schaffen mußte. Und er schaffte sie auch. Er bewegte sich wie ein Motorkolben auf und ab. Er hätte leicht noch zwei Wiederholungen mehr geschafft.

Als ich das sah, wußte ich, daß Franco die Voraussetzungen mitbrachte, um ganz nach oben zu kommen. Ich wußte auch, daß er der Trainingspartner war, der das extreme Training, das im kommenden Jahr notwendig war, durchhalten konnte. Es entwickelte sich eine perfekte Partnerschaft zwischen uns. Franco sah, wie ich trainierte, und baute selbst Muskelmasse auf. Ich überredete ihn, an Wettkämpfen teilzunehmen. Er gewann einen 4. Platz, dann 3. und 2. Plätze. 1968 gewann er bei der Europameisterschaft seine Größenklasse. Im gleichen Jahr gewann er auch seine Größenklasse bei der Weltmeisterschaft. Das gab ihm genügend Selbstvertrauen, um sich ganz auf Bodybuilding zu konzentrieren, es zu seinem Lebensinhalt zu machen. Seine positive Einstellung befähigte ihn zu außergewöhnlichen Leistungen. Auch er war jetzt von der Idee besessen, der Beste zu werden.

Ich erzähle das alles, weil ich im Laufe der Zeit immer mehr über den Geist lernte, die Macht des Geistes über die Muskeln. Voraussetzung dafür war eine intensive Kommunikation mit den Muskeln; ich fühlte auch am Tag nach dem Training immer, was mit meinen Muskeln geschah. Am wichtigsten war jedoch eine ständige Verbindung zwischen Geist und Körper; ich fühlte meine Muskeln die ganze Zeit, machte vor jedem Training Bestandsaufnahme. Ich brauchte die Muskeln nur anzuspannen, und schon war die Verbindung hergestellt. Das half mir nicht nur beim Trainieren, sondern glich auch einer Art Meditation. Ich konzentrierte mich beim Training ganz auf den belasteten Muskel, versetzte mich in ihn hinein, als wäre mein Geist in das Muskelgewebe eingepflanzt. Ich konnte allein durch die Kraft meiner Gedanken Blut in einen Muskel pumpen.

Ich formalisierte das alles dadurch, daß ich regelmäßig Bestandsaufnahme machte. Wie fühlt sich mein Körper jetzt an? fragte ich mich. Was spüre ich in den Brustmuskeln? Was hat mir das Nackendrücken gebracht, die zehn Wiederholungen anstelle von fünf? Es hat einfach keinen Sinn, das Training wie ein Blinder zu absolvieren, einfach die Bewegungen auszuführen. Bewegungen allein bedeuten nichts. Man muß sich klarmachen, was in einem vorgeht. Man muß Ergebnisse anstreben.

Die Bodybuilder hingen wie die Fliegen an mir, weil sie meinten, wenn sie die gleichen Übungen machten, würden sie auch die gleichen Muskeln bekommen. Aber ich sah, wie sie sich nur erschöpften und sonst nicht das geringste erreichten. Sie waren innerlich nicht auf intensives Wettkampftraining eingestellt; sie dachten nicht darüber nach. Ich kannte das Geheimnis: Konzentriere dich während des Trainings. Verbanne jeden anderen Gedanken aus deinem Kopf.

In diesem Jahr machte ich es mir zur Gewohnheit, den Tag mit vollkommener Konzentration zu beginnen. Ich spielte im Geist genau durch, welche Geräte ich benützen würde, wie ich die Muskeln belasten würde. Ich programmierte mich. Ich führte mir vor Augen, wie ich trainierte, und stellte mir vor, was ich dabei spüren würde. Ich war innerlich vollkommen bei der Sache und ließ mich durch nichts ablenken.

Auf dem Weg zum Studio vertrieb ich jeden störenden Gedanken aus meinem Kopf. Ich stimmte mich auf den Körper ein, als wäre er ein Musikinstrument, auf dem ich gleich spielen würde. Im Umkleideraum fing ich an, über das Training nachzudenken, über jeden Körperteil, die bevorstehenden Übungen und das Aufpumpen. Ich konzentrierte mich so lange auf den Trainingsablauf und die zu erwartenden Ergebnisse, bis meine Alltagssorgen einfach davonschwebten. Ich wußte genau, daß ich mir nicht erlauben durfte, beim Bankdrücken über Rechnungen oder Mädchen nachzudenken, weil ich sonst nur minimale Fortschritte erzielen würde. Ich hatte Männer gesehen, die Tag für Tag zwischen den Sätzen die Zeitung lasen, und sie sahen immer schlecht aus. Einige von ihnen gingen die Trainingsbewegungen schon seit Jahren durch und sahen aus, als hätten sie noch nie ein Gewicht aufgenommen. Es war nicht mehr gewesen als eine lustlose Pantomime.

In den ersten drei Jahren in Österreich hatte ich mich instinktiv auf meine Muskeln konzentriert. Das war mir selbstverständlich, etwas anderes kannte ich nicht. Ich wuchs in einer Stadt auf, in der nichts los war, und ich hatte auch keine persönlichen Probleme. Aber in München war das anders. Hier war das Leben aufregend. Ständig boten sich irgendwelche Gelegenheiten. Ich ging mit Mädchen aus und reiste viel. Und ich merkte sehr bald, daß mich andere Dinge vom Bodybuilding ablenkten und meine Konzentration störten, wenn ich nichts dagegen unternahm. Wenn ich mich dabei ertappte, daß ich mit meinen Gedanken einmal bei den Mädchen war anstatt im Studio, merkte ich, wie sehr das meinem Training schadete. Ich machte dann das Bankdrücken nicht mit dem nötigen Einsatz, und das Gewicht schien mir schwerer als sonst.

Das war der Zeitpunkt, zu dem ich ernsthaft zu analysieren begann, was mit dem Körper geschieht, wenn man sich innerlich auf ihn einstellt, und wie wichtig eine positive Einstellung ist. Ich fragte mich: Warum du, Arnold? Wie kommt es, daß du nach nur fünf Jahren Training die Weltmeisterschaft gewonnen hast? Andere stellten mir die gleiche Frage. Ich suchte nach Unterschieden zwischen mir und anderen Bodybuildern. Der größte war der, daß andere nicht dachten: *Ich werde Erfolg haben*. Sie erlaubten es sich nicht, in diesem Rahmen zu denken. Ich hörte sie oft beim Training stöhnen: »O nein, nicht noch einen Satz!« Die negativen Impulse in einem Studio können sich ungeheuer nachteilig auswirken.

Die meisten Männer, die ich beobachtete, konnten nur deshalb keine erstaunlichen Fortschritte erzielen, weil ihnen der Glaube an sich selbst fehlte. Sie hatten wohl irgendein verschwommenes Bild davon, wie sie eines Tages aussehen wollten, zweifelten aber daran, daß sie es realisieren konnten. Und das ruinierte sie. Ich war schon immer der Meinung, daß man seine Energie verschwendet, wenn man nicht auf ein Ziel hin trainiert. Im Endeffekt strengten sich diese Männer nicht so sehr an wie ich, weil sie sich keine Chance ausrechneten, ihr Ziel zu erreichen. Und unter solchen Voraussetzungen schafften sie es natürlich auch nicht.

Meine Analyse hörte beim Bodybuilding nicht auf. Ich habe mich auch mit siegreichen Gewichthebern unterhalten, und sie bestätigten meine Ansicht: Es ist alles im Kopf. Ich wußte aus eigener Erfahrung, daß man als Gewichtheber mit der Hantel reden muß, wenn man vor ihr steht; man muß ihr die Meinung sagen: »Du Biest, dich werde ich gleich hochstemmen und über den Kopf stoßen. Ganz egal, was du wiegst. Mit dir werde ich schon fertig. Ich werde dir gleich zeigen, wer hier der Herr ist.« Man redet es sich ein, sagt sich, man sei der Held. Und man stellt sich vor, wie man das Gewicht hebt, bevor man die Stange überhaupt berührt hat. Der Motivierungsprozeß kann bei Gewichthebern ungeheuer lange dauern. Deshalb wurde bei Wettkämpfen die Regel eingeführt, daß die Pause zwischen zwei Versuchen nur drei Minuten betragen darf. Wenn man es zuließe, würden manche Männer eine ganze Stunde dastehen und sich geistig auf irgendeinen enormen Kraftakt vorbereiten. Aber so gehen diese Heber eben vor, um das Gewicht zu bewältigen. Wenn sie es im Geist gehoben haben, dann schaffen sie es zweifellos auch mit dem Körper. Eine andere Möglichkeit gibt es nicht, denn sie haben dieses ganze Training gemacht, ihre Körper sind bereit; jetzt liegt es nur noch am Geist. Der Geist muß mitmachen. Wenn ein Mann dasteht und nur eine Zehntelsekunde denkt: »Vielleicht schaffe ich es nicht«, dann ist es vorbei. Er wird das Gewicht dann nicht heben können. Der Beweis für mein Argument ist der, daß die

Gewichtheber jahrelang nicht mehr als 500 Pfund heben konnten. Keiner schaffte es. Sie hoben 499,5 Pfund, aber nie 500. Der Grund dafür war diese vermeintlich unüberwindbare geistige Barriere, die jahrelang bestanden hat. Sie standen vor dem Gewicht und dachten: »Noch nie hat jemand 500 Pfund gehoben. Warum sollte gerade ich es schaffen?« 1970 hob der Russe Alexejew 501 Pfund und brach damit die Barriere. Einen Monat später schafften dann drei oder vier Männer 500 Pfund. Warum? Weil sie jetzt glaubten, daß es möglich war. Der Belgier Reding hob über 500 Pfund. Ebenso der Amerikaner Ken Pentera.

Der zweite Weltmeister-Titel mit 21 Jahren 1968 in London

Und einen Monat später schaffte noch ein weiterer Russe über 500. Inzwischen wird viel mehr gehoben. Der Körper hat sich nicht verändert. Wie könnte sich der Körper in zehn Jahren auch so verändert haben? Es war der gleiche Körper. Aber der Geist war anders. Mit dem Geist kann man Rekorde brechen. Wenn man das einmal verstanden hat, dann schafft man es auch.

Das Jahr 1968 war ein arbeitsames Jahr. Ich trainierte zweimal täglich zwei und drei Stunden an einem Stück. Ich belegte kaufmännische Kurse in der Volkshochschule, um mich auf diesem Gebiet weiterzubilden. Wenn ich nicht trainierte oder mich um das Studio kümmerte, war ich in der Schule oder lernte zu Hause. Ich war voller Energie und Tatendrang, unersättlich, nicht zu stoppen. Meine Freunde schüttelten nur die Köpfe. »Arnold«, sagten sie, »du bist verrückt. Du wirst bald ausgebrannt sein. Mach ein bißchen langsamer.« Aber ich lachte sie nur aus und trieb mich noch mehr an.

In dieser Zeit orientierte ich mich schon sehr in Richtung USA, und Albert führte für mich bereits entsprechende Korrespondenz, vor allem mit Joe Weider, der dafür bekannt war, erfolgreichen Bodybuildern bei einem Start in den USA zu helfen. Als nächster Schritt kam für mich nur die Auswanderung in die USA in Frage. Ich wußte, daß ich nur dort alles das erreichen könnte, was ich mir vorgenommen hatte. Die sportliche Voraussetzung war der zweite Weltmeister-Titel, der bei den Profis in London. Es waren eigentlich keine Profis, und Preisgeld gab's auch keines, aber für mich gab es keine andere Wahl, denn als Amateur-Sieger durfte ich meinen Titel nicht mehr verteidigen und mußte, wollte ich in London an den Start gehen, bei den Profis teilnehmen. Ich glaube, diese seltsame Regel gibt es noch heute. Alberts Korrespondenz war erfolgreich, und Joe Weider meldete großes Interesse an, obgleich seine Antwort auch eine gewisse Ernüchterung enthielt. Die nämlich, daß alle Leistungen, die von Europäern in Europa erzielt wurden, von ihm äußerst skeptisch eingestuft wurden und für ihn die Amerikaner offensichtlich die überragenden und kaum zu schlagenden Athleten waren. Mit einer Ausnahme – Sergio Oliva, und der kam ja nicht aus Europa und lebte inzwischen auch schon jahrelang in den USA. Eine weitere Herausforderung für mich, der ich mich so schnell wie nur irgend möglich stellen wollte.

In dieser Stimmung kam ich zum Wettkampf nach London. Ich war jeder Zoll der Sieger. Ich wußte es. Ich stolzierte einher, als hätte ich den Titel schon in der Tasche, als sei es gar keine Frage, daß ich gewinnen und den Zweitplazierten punktemäßig weit hinter mir lassen würde. Ich war so gewaltig und selbstbewußt. Und natürlich gewann ich. Es hätte gar nicht anders kommen können.

Dieser zweite Weltmeister-Titel, diesmal der Profis (NABBA), öffnete mir eine ganz neue Welt. Joe Weider, der Herausgeber der Zeitschriften *Muscle Builder* und *Mr. America* und Besitzer der verschiedenen Weider-Unternehmen, die die Bodybuilding-Welt versorgen, reagierte jetzt. Er fragte, ob ich nach Amerika käme, um bei der IFBB-Weltmeisterschaft in Miami, Florida, anzutreten. Er meinte telefonisch, daß wir uns dann auch über die Möglichkeit unterhalten könnten, daß ich ein paar Monate in Amerika bliebe und in Kalifornien trainierte.

Alles schien zu klappen. Es war schon immer mein größter Wunsch gewesen, nach Amerika zu gehen und mit den amerikanischen Bodybuildern zu trainieren. Ich wollte von ihnen lernen, Informationen sammeln – und sie schließlich besiegen. Worüber ich damals noch sehr wenig wußte, das betraf die Ernährung und die Pharmaka, die im Bodybuilding benutzt wurden. Die Amerikaner waren schon seit langem Experten im wissenschaftlichen Bodybuilding. Amerika hatte bis dahin die meisten Top-Bodybuilder der Welt hervorgebracht. Dieser hohe Anteil mußte meiner Meinung nach einen Grund haben. Vielleicht war es mehr Wissen oder besseres Essen oder auch bessere Pharmaka. Und wenn es keines von diesen Dingen war, dann lag es vielleicht einfach daran, daß man immer von den besten Bodybuildern umgeben war – wie im Studio von Joe Gold. Positives Denken kann ansteckend sein. Wenn man immer von Siegern umgeben ist, hilft einem das, sich selber zum Sieger zu entwickeln. Was es auch sein mochte: Ich war überzeugt, daß die Antworten in Amerika zu finden waren.

Bei meiner Ankunft in Florida war ich noch voller Zuversicht. Ich fühlte mich in Bestform, kampfbereit. Ich hatte gerade in London gewonnen, und der Rausch des Sieges war noch nicht verflogen. Vor dem Wettkampf drängten sich die Leute sofort um mich herum, um meinen Körper zu begutachten. Die Amerikaner hatten mich noch nie gesehen und staunten über meine gewaltige Größe.

Als ich zum Posen auf die Bühne ging, herrschte eine eigenartige Stille, die mich etwas verwirrte; ich merkte, daß die Leute mich musterten. Ich bot ihnen den Bizeps an. Jemand schnappte nach Luft. Ich konnte förmlich spüren, wie die Leute gespannt auf den Stuhlkanten saßen. Das ist Amerika, fiel mir plötzlich ein. Ich richtete mich auf und weitete jede Muskelfaser meines Körpers. Die Menge spürte es und raste. Ich hörte, wie ein paar Amerikaner »Arnold! Arnold!« riefen. Ich fühlte mich fantastisch.

Erst beim Stechen wurde mir bewußt, wie knapp die Entscheidung sein würde. Da waren Burschen, die ich noch nie gesehen hatte. Frank Zane, der in der mittleren Klasse war, hatte unglaubliche Einschnitte und zeigte eine sehr elegante Kür. Er poste anmutig wie ein Matador oder Tänzer. Sein Körper wirkte so gemeißelt wie eine Mahagonistatue. Der Sprecher rief meinen Namen für den 2. Platz auf. Ich war wie vom Schlag gerührt. Frank Zane hatte die IFBB-Weltmeisterschaft gewonnen.

Ich wurde Zweiter, weil ich nicht genügend definiert war, nicht perfekt entwickelt. Ich war nur der Gewaltigste, nicht der Beste.

Welch eine Ernüchterung. Ich verließ den Saal, geknickt, am Boden zerstört. Ich weiß noch, was mir damals durch den Kopf ging: »Ich bin fort von zu Hause, in dieser fremden Stadt, in Amerika, und ich bin ein Verlierer...« Ich heulte die ganze Nacht. Es war entsetzlich. Mir war, als sei das Ende der Welt gekommen.

Aber so leicht war ich nicht unterzukriegen. Am nächsten Tag hatte ich mich wieder gefangen. Ich werde es ihnen heimzahlen, dachte ich. Ich werde ihnen schon zeigen, wer wirklich der Beste ist.

Ich würde in Amerika trainieren, würde ihr Essen und ihr Wissen benutzen und gegen sie arbeiten. Ich würde es auch in Amerika schaffen.

7

Ich arbeitete mit Joe Weider einen Vertrag aus, der vorsah, daß ich ein Jahr in Amerika bleiben würde. Die Möglichkeit, nach München zurückzukehren, verlor immer mehr an Bedeutung. Dieses Land hatte alles, was ich brauchte, um meine Ziele zu realisieren. Der Vertrag mit Joe Weider gab mir in dieser wichtigen Phase zumindest für ein Jahr die Sicherheit für ein optimales Training. Das war alles, was ich wollte; denn in einem Jahr mußte ich sie alle schlagen. Daß ich das schaffen konnte, wußte ich. Mein Teil der Vereinbarung bestand darin, Joe Weider Informationen darüber zu liefern, wie ich trainierte. Er verpflichtete sich, mir ein Appartement und einen Wagen zur Verfügung zu stellen und mir wöchentlich ein Gehalt zu bezahlen; als Gegenleistung erhielt er meine Informationen und durfte Fotos von mir in seinen Zeitschriften veröffentlichen. Aber am wichtigsten war mir, daß ich genügend Zeit hatte; daß ich die Möglichkeit hatte, zu bleiben, vier oder fünf Stunden am Tag zu trainieren und im nächsten Jahr in New York bei der IFBB-Weltmeisterschaft anzutreten.

Weider war ernsthaft an mir interessiert. Ich war ungeheuer schnell nach oben gekommen. Mit Einundzwanzig wog ich 115 kg und hatte größere Körpermaße als irgendein anderer Bodybuilder im Geschäft. Er wußte, daß ich der Beste werden wollte, und er sah, daß ich das Potential dazu hatte. Es war gut für uns beide.

Ich fand alles sehr aufregend. Joe Weider war mir ein Begriff gewesen, solange ich mich mit Bodybuilding beschäftigt hatte. Ich hatte die Zeitschriften *Muscle Builder* und *Mr. America* gelesen, hatte von seinen Langhanteln gehört, von seinen Nahrungskonzentraten und den diversen anderen Produkten, die er für diesen Sport verkaufte. Er hatte mit mir Kontakt aufgenommen, weil ich ihm nützlich sein konnte. Das akzeptierte ich. Aber ich wußte auch, daß er mir ebenfalls nützlich sein konnte. Es lagen noch immer ein paar wichtige Ziele vor mir, und dieser Mann konnte mir helfen, sie zu realisieren.

Daß Joe Weider zwei Persönlichkeiten in sich vereinigte, das merkte ich gleich am Anfang. Im Privatleben war er der herzliche, liebenswürdige, menschliche Joe Weider und im Büro der knallharte Geschäftsmann.

Ich bewunderte beide Seiten des Mannes. Zum einen, weil mich Geschäfte faszinieren. Mich reizt die ganze Idee, das Geldverdienen als Spiel zu betrachten und dabei ein immer größeres Vermögen zu schaffen. Joe Weider beherrscht dieses Spiel meisterhaft, und ich war froh, daß ich nun Gelegenheit hatte, ihn beobachten zu können. Aber ganz besonders gefiel mir die menschliche Seite von Joe Weider. Wenn er zu meinen Parties kommt oder wir zusammen zum Essen ausgehen, taut er auf und amüsiert sich. Es macht Spaß, mit ihm zu reisen oder dabeizusein, wenn er jemandem sein Haus zeigt oder seine Antiquitäten- und Gemäldesammlung vorführt. Wir haben sehr viel Schönes miteinander erlebt. Allerdings gab es auch Zeiten, die weniger angenehm waren, und zwar wenn wir geschäftlich miteinander zu tun hatten. Doch das war mir von Anfang an klar, und so blieb ich immer fest und bestimmt. Ich wußte, daß ich nicht damit rechnen durfte, daß er mein Wohlergehen über das seine stellte, und konnte ihm das auch nicht übelnehmen. Es ist in Geschäftsangelegenheiten immer unklug zu sagen: »Oh, er ist mein Freund, er sorgt schon für mich.« Ich hatte mir bei Geschäften schon mehrmals die Finger verbrannt, und das sollte mir nicht noch einmal passieren. Folglich mußte ich, wenn wir geschäftlich miteinander zu tun hatten, genauso hartnäckig sein wie Joe. Manche Bodybuilder waren nicht so vorsichtig und fanden sich dann eines Tages in die Ecke gedrängt, weil sie gedacht hatten: »Joe war gestern wirklich nett. Er hat mich zu einem Steak eingeladen. Also wird er sich auch fair zeigen, wenn wir den Vertrag unterschreiben.« Aber so ist das nicht. Geschäft und Freundschaft sind für Joe zwei verschiedene Dinge, und so sollte es ja auch sein.

Ich glaube, Joe denkt manchmal, sogar seine besten Freunde seien darauf aus, ihn auszunutzen. Folglich ist es fast unmöglich, ihn dazu zu bringen, einem in geschäftlichen Dingen zu trauen. Das war für mich immer sehr frustrierend, weil er vieles zu vergessen schien, was er versprochen hatte, und ich dann gezwungen war, ihn daran zu erinnern. Es waren sieben Jahre mit Höhen und Tiefen. Aber ich bin stolz darauf, daß ich bei ihm geblieben bin und daß es dank meiner Hartnäckigkeit eine gute Erfahrung war. Niemand hatte eine längere Beziehung mit Joe Weider als ich, und ich glaube nicht, daß jemand besser damit gefahren ist.

Der Grund, warum unsere Zusammenarbeit funktionierte, war Ehrlichkeit. Das war von Anfang an mein Grundsatz bei Joe – und in allen anderen Dingen auch, im Bodybuilding, im Geschäftsleben und was es sonst noch gibt. Anstatt mich hinter seinem Rücken zu beklagen, habe ich ihm meine Meinung unverblümt ins Gesicht gesagt. Das hat ihm nicht immer gefallen, aber auf lange Sicht hat es unsere Beziehung gefestigt. Wenn mir etwas nicht paßte, habe ich es ihm klipp und klar gesagt. Und er verfuhr mit mir genauso offen.

Joe hat in meinem Leben eine große Rolle gespielt. Er ist mitverantwortlich für meinen Geschäftssinn und meinen geschäftlichen Erfolg. Ich habe viel von ihm gelernt, und ich weiß das zu schätzen. Er hat sich dafür eingesetzt, daß ich in Amerika bleiben und mich an die Spitze hocharbeiten konnte.

1969 war das Jahr, als die Leute zum erstenmal sagten, ich sei wirklich in Form. Die Zeitschrift *Muscle Builder* brachte mein Bild auf der Titelseite: »Arnold Schwarzenegger – das neue Muskelphänomen.« Ich trimmte mich von rund 115 kg auf 105 kg herunter, was mir ziemlich gegen den Strich ging, weil ich bisher immer auf mehr Masse hingearbeitet hatte. Diese Masse konnte ich jetzt nicht mehr halten, denn ich mußte mich neben den besten Bodybuildern der Welt behaupten – und die Konkurrenz war stark, sehr stark. Diesmal mußte ich mich also der Perfektion zuwenden. Ich mußte mein Denken neu programmieren: Der beste Körper ist nicht der gewaltigste, sondern der am besten entwickelte, der vollkommenste. Das war mir bei meiner Niederlage gegen Frank Zane schmerzlich bewußt geworden, und so hatte ich mit dem Ausmeißeln begonnen. Ich wußte allerdings auch, daß ich den meisten Bodybuildern gegenüber einen Vorteil hatte: Wenn man die

Masse hat, die richtige Grundform, kann man sie zu einem Meisterwerk ausmeißeln – und das war dieses ganze Jahr lang der Schwerpunkt meiner Arbeit. Ich trimmte und trimmte, meißelte und polierte, reduzierte die animalische Masse, die ich aus Europa mitgebracht hatte, auf das Kunstwerk, das mir vorschwebte. Zum erstenmal hatte ich jetzt ein tiefes Relief in den Bauchmuskeln; zum erstenmal erfuhr ich hier auch von einer sehr speziellen Diät. In Deutschland hatte ich von Spezialdiäten nie etwas gehört. Dort aß man und trainierte und bekam Muskeln.

Ein Jahr Kalifornien bekehrte mich zu dem Kult, der dieses Land zum Bodybuilder-Paradies verherrlichte. Die Sonne, die Seeluft und das milde Klima waren ideale Bedingungen, um einen Körper wie den meinen in Form zu halten. Ich liebte das Studio von Joe Gold und die langen, weiten Sandstrände, wo ich laufen und anschließend etwas schwimmen konnte.

Joe Gold's Gym war der Anziehungspunkt für die absolut besten Bodybuilder. Es war fast eine Inspiration, dort zu arbeiten. Ein paar Wochen vor einem bedeutenden Wettkampf stieg der Geräuschpegel merklich an. Es gab weniger Unterhaltung und mehr eiserne Konzentration. Kabel zischten durch die Rollen, bis sie heißgelaufen waren; Stahlscheiben klirrten und schepperten; die Gewichte hoben und senkten sich endlos in den Maschinen. Es war wie die Hintergrundmusik zu einem Kultgesang.

Und da war noch eine Institution, eine aus Fleisch und Blut – Joe Gold. Dieser Mann verkörperte für mich alles im Bodybuilding. Schon in der ersten Blütezeit des Bodybuilding am sogenannten ›Muscle Beach‹ in Santa Monica war Joe eine der bekanntesten Persönlichkeiten und der Konstrukteur der besten Trainingsmaschinen. Das war bereits in den vierziger Jahren, unmittelbar nach dem Zweiten Weltkrieg. Als ich geboren wurde, trainierte Joe Gold bereits hier in Santa Monica mit den bekanntesten Athleten wie Steve Reeves, George Eiferman, Clancy Ross und vielen anderen. Es muß eine herrliche Zeit gewesen sein, obwohl damals auch in den USA die Vorurteile gegen Bodybuilding noch ziemlich groß waren. Die Männer der ersten Stunde ließen sich aber genausowenig beirren wie ich mich zu Hause in Graz oder dann später in München, wo Bodybuilding in der Öffentlichkeit noch als eine Art Subkultur beschrieben wurde, der sich nur ›sehr sonderbare‹ Menschen anschließen. Ich wußte, oder besser gesagt, ›fühlte‹ es besser. Für mich war die Weiterentwicklung in den USA eine Bestätigung, daß ich mich auf dem richtigen Weg befand und daß Europa mit einiger Verspätung nachziehen würde. Joe Gold wurde mein Freund, Berater, ja mein Mentor. Als Mensch ist er für mich einer der »Größten«. Ich habe ihm viel zu verdanken.

Dritter Weltmeisterschafts-Sieg in London 1969 (mein vierter insgesamt)

Als ich dann im Herbst zur IFBB-Weltmeisterschaft in New York ankam, war ich definiert, braungebrannt und kampfbereit – ich glühte förmlich. Ich inspizierte das Line-up. Einer fehlte, und zwar Sergio Oliva, der kubanische Bodybuilder, der als ›Mythos‹ bekannt war und der den Mr. Olympia zweimal hintereinander gewonnen hatte. Er galt als der Spitzenmann, der Beste im Geschäft. Aber er war nicht hier, weil er an der Mr.-Olympia-Wahl teilnahm, die am gleichen Abend stattfand. Dieses ganze Katz-und-Maus-Spiel machte mich rasend. Ich ging zu den Veranstaltern und fragte, ob ich mich noch zur Mr.-Olympia-Wahl anmelden könne. Sie willigten ein, mich zuzulassen. Heute abend, sagte ich mir, fege ich auch ihn vom Podest, weil es einfach ein Affentheater ist, ständig im Kreis herumzurennen.

Die IFBB-Weltmeisterschaft gewann ich problemlos. Sieben der acht Kampfrichter hatten mich auf den ersten Platz gesetzt. Ich hatte während der ganzen Bewertung das Gefühl, als sei das alles nur eine Vorbereitung auf die Mr.-Olympia-Wahl. Aus meiner Sicht hatte ich jetzt fast jeden in der Welt geschlagen – nur diesen schwarzen Burschen noch nicht, Sergio Oliva.

Ich betrat den Umkleideraum beim Mr. Olympia so selbstsicher wie immer in letzter Zeit, gab mich überlegen. Und dann sah ich Sergio Oliva zum erstenmal in voller Größe vor mir. Kein Wunder, daß man ihn den Mythos nannte. Mir war, als wäre ich gegen eine Mauer gerannt, ein scheußliches Gefühl. Sein Anblick vernichtete mich. Er war so gewaltig, so fantastisch, daß gar nicht daran zu denken war, daß ich ihn schlagen konnte. Ich gestand mir die Niederlage ein und fühlte, wie die Spannung der aufgepumpten Muskeln nachließ. Ich versuchte es. Aber der erste Anblick von Sergio Oliva hatte mich so geschockt, daß ich mich wohl schon mit dem zweiten Platz begnügte, bevor wir überhaupt auf der Bühne waren.

Interessanterweise schlug mich Sergio nur vier zu drei, und das war doch eine Überraschung. Meiner Meinung nach hätte er mich sieben zu null schlagen müssen.

Ich habe mich noch nie gerne geschlagen gegeben, aber Sergio war einfach besser. Daran bestand gar kein Zweifel. Aber vielleicht war er gar nicht so sehr viel besser. Und dieser

Gedanke gab mir die Kraft weiterzutrainieren, noch ein weiteres Jahr hart zu arbeiten. Ich nahm mir vor, wieder ohne Pause intensiv zu trainieren, und kehrte sofort ins Studio zurück. Ich prägte mir Sergios Bild fest ein. Und jedesmal, wenn ich in diesem Jahr lethargisch wurde oder fühlte, wie meine Kraft unter dem Gewicht nachließ, warf ich einen kurzen Blick auf dieses innere Bild. Ich würde den Mythos zerstören.

Eine Woche später fand in London die Weltmeisterschaft der NABBA statt. Die beiden Veranstaltungen lagen damals meist eine Woche auseinander. Ich flog nach London, weil bestimmte amerikanische Bodybuilder hingefahren waren, um an diesem Mr.-Universum-Wettkampf teilzunehmen. Sie wollten mir ausweichen und begannen an Wettkämpfen teilzuneh-

Spaß am Strand
von Venice nahe
Los Angeles 1970

men, wo sie mich nicht als Gegner hatten – damit sie gewinnen konnten. Ich wußte, daß ich im Kommen war.

Ich tauchte also unerwartet dort auf, schlug die gesamte Konkurrenz und gewann damit meinen zweiten Mr.-Universum-Titel in einem Jahr. Insgesamt hatte ich den Titel jetzt viermal gewonnen. Aber da war eben noch immer Sergio Oliva und der Mr.-Olympia-Titel. Ich mußte Sergio schlagen. Ich ging zu Weider und sagte: »Ich bin sauer, Joe. Ich möchte noch ein Jahr bleiben, so hart wie möglich trainieren und Sergio schlagen.«

Joe freute sich, mich noch länger in Amerika zu haben. Ich überredete ihn, Franco Colombo herüberzubringen. Es war wichtig für mich, in einer Zeit, für die ich mir einen strapaziösen Trainingsplan aufgestellt hatte, mit Franco zusammen zu sein. Franco und ich waren in München sehr enge Freunde geworden, und das ganze letzte Jahr in Kalifornien ohne ihn hatte ich immer das Gefühl gehabt, daß mir irgend etwas fehlte. Franco machte vorwiegend Krafttraining, während ich in erster Linie für Definition und Symmetrie arbeitete. Unsere Zusammenarbeit ergab die bestmögliche Trainingskombination. Franco war inzwischen selbst siegeshungrig. Zusammen trainierten wir nun härter als je zuvor und verbrachten viele lange, mühevolle Stunden im Gym.

Aus irgendeinem Grund war die Reihenfolge der Ereignisse 1970 vertauscht. Die NABBA-Weltmeisterschaft in London fand eine Woche *vor* der IFBB-Weltmeisterschaft und der Mr.-Olympia-Wahl statt. Ich flog also erst nach London und erlebte dort den Schock meines Lebens. Einer meiner Konkurrenten war Reg Park, mein Idol. Über zwanzig Jahre nach seinem Bodybuilding-Debüt hatte er ein Jahr lang trainiert und nun ein Comeback inszeniert.

Ich war entsetzt. Da war ich also und sollte gegen mein Idol antreten, dessen Bilder ich überall in meinem Schlafzimmer aufgehängt hatte, nach dessen Worten ich gelebt und trainiert hatte. Schon der Gedanke erweckte ein eigenartiges, unwirkliches Gefühl in mir. Ich sagte mir: »Es gibt zwei Möglichkeiten: die eine ist die, daß du Reg schlägst, was sehr wahrscheinlich ist, und dein Idol zerstörst; die andere ist, daß du London verläßt und gar nicht erst antrittst.« Abzureisen schien mir dumm. Es würde gut für mein Ego und gut für die Publicity sein, gegen Reg anzutreten, mein Idol zu zerstören und den Kampf zu gewinnen. Ich betrachtete es nicht als Sieg über Reg, sondern als Möglichkeit, ihm endlich ebenbürtig zu sein.

Ich meldete mich also an und schlug Reg tatsächlich. Er wurde Zweiter und Dave Draper Dritter. Es war das schwierigste Jahr, basta. Jeder war nach London gekommen, Reg Park, Dave Draper, Boyer Coe und Dennis Tinnerino.

Gleich am nächsten Tag fand in Columbus, Ohio, der Mr.-World-Wettkampf statt. Alle Athleten, die für die Teilnahme in Frage kamen, flogen sofort nach New York. Dort holten uns die Veranstalter mit einem Privatjet ab, damit wir rechtzeitig in

Im Wettkampf mit Reg Park bei der NABBA-Weltmeisterschaft 1970 in London

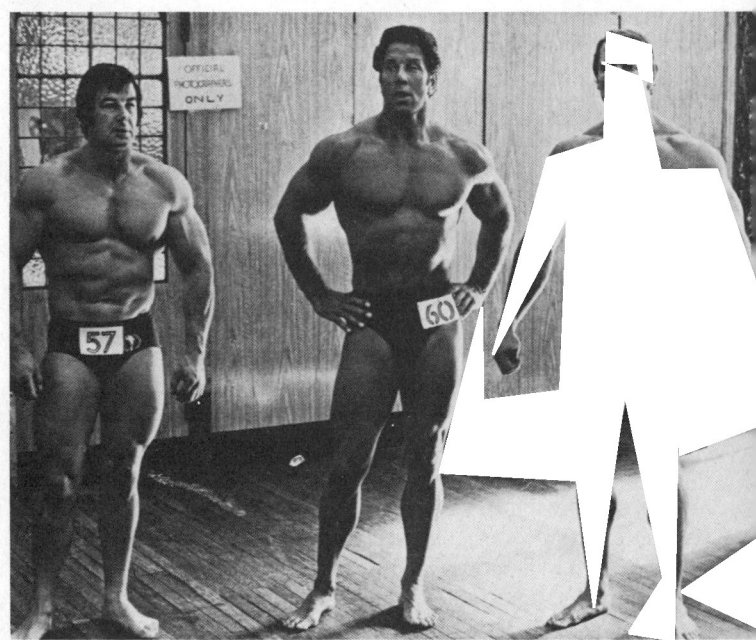

Columbus ankamen. Ein weiterer Schock: Sergio Oliva war da. Ihn hatte ich noch nicht erwartet. Ich hatte gedacht, der Mr. World würde ein leichter Sieg und ich hätte dann noch zwei Wochen Zeit, bis ich zur Mr.-Olympia-Wahl nach New York fliegen und mich mit Sergio auseinandersetzen würde. Ich war mir zu diesem Zeitpunkt nicht ganz sicher, ob ich innerlich schon bereit war, gegen ihn anzutreten. Aber nachdem ich Reg Park und all die anderen früheren Weltmeister besiegt hatte, fühlte ich mich wirklich stark und rechnete mir gute Chancen aus. Ich war gerade gut in Schwung. Ich mußte es einfach schaffen. »Jetzt ist die richtige Zeit, Arnold«, sagte ich mir. »Zum Teufel mit dir, Sergio. Du kannst mich nicht mehr erschrecken. Diesmal packe ich dich.«

Die vierte NABBA-Weltmeisterschaft 1970 in London. Links der Amateur-Sieger Frank Zane

Mit Franco Colombo beim Mr.-World-Wettkampf 1970, Columbus/Ohio

Wir fingen an, uns aufzupumpen und fertig zu machen. Ich behielt Sergio ständig im Auge, verglich unsere Körper in den Spiegeln. Er überwältigte mich nicht wie noch im letzten Jahr. Sergio sah gut aus. Er hatte diesen Körper, der von der Taille aufwärts immer breiter und wuchtiger zu werden scheint. Aber ich war bestens definiert, genau richtig. Alles stimmte – die Muskelteilung, die Definition, alles – und ich fühlte mich sehr selbstsicher. Als ich mit dem Gastgeber auf die Bühne ging, wurde ich mit tosendem Applaus begrüßt. Ich wußte gar nicht, wo der herkam. Es war eine wirkliche Überraschung. Ohio? Niemand denkt an Fans, wenn er Ohio hört. Aber der Beifall hielt an, und alle Bedenken, die ich vielleicht noch hatte, verflogen.

Ich spürte den Druck so stark, daß Vorentscheidung und Abendveranstaltung sich in meinem Kopf vermengten. Es wurde alles zu einer einzigen großen Anstrengung, einem fantastischen Schub nach vorn. Ich fühlte mich größer, massiger, muskulöser und eleganter. Ich wurde high vom Aufpumpen. Nie habe ich das Feuer des Wettkampfs intensiver gespürt. Ich war dankbar für das erbarmungslose Training, das Franco und ich das ganze Jahr über gemacht hatten, sonst hätte ich die Anstrengung des Finalstechens, die enorme Kraft, die ich hineinlegte, nicht durchgehalten. Das Publikum selbst schien meilenweit entfernt. Ich beschränkte mein Gesichtsfeld auf den Mikrokosmos der Bühne – Arnold und Sergio.

Der Ansager räusperte sich und raschelte mit einem Stoß Papier. »Dritter Platz«, sagte er, »Dave Draper«.

Das Publikum wurde still. »Zweiter Platz«, sagte der Sprecher und machte eine kleine Pause... »Sergio Oliva«. Neben mir hörte ich Sergio »Oh, Scheiße!« sagen.

Und dann kam er wieder, dieser Ruf: »Arnold! Arnold!« Ich hatte gewonnen. In einer einzigen Sekunde hatte ich den letzten Schritt getan. Ich hatte jeden großen Bodybuilder der Welt geschlagen.

Sergios Haltung mißfiel mir. Es ist sicher hart, zu verlieren, aber das ist noch lange kein Grund, ein schlechter Verlierer zu sein. Ich beobachtete ihn und dachte: »Letztes Jahr hast du mich geschlagen, Sergio. Heute habe ich dich gepackt und in zwei Wochen packe ich dich noch einmal.« Das gab mir noch mehr Ansporn für New York.

Dieser Wettkampf, der Mr. Olympia, wurde als die Bodybuilding-Schlacht des Jahrhunderts angekündigt. Ich hatte zwar den Mr. World in Ohio gewonnen, aber das war eine so knappe Entscheidung gewesen, daß zwei Wochen im Studio das Resultat schon wieder verändern konnten. In New York waren die Lager geteilt. Es war ein Kampf allein zwischen Sergio und mir.

Nie ist mir mehr bewußt geworden als damals, was für Fanatiker es in einem Bodybuilding-Publikum gibt. Sie schienen richtig an mir zu kleben. Ich konnte nirgends hingehen, ohne daß Leute sich um mich scharten, um mich zu berühren. Und je näher der Wettkampf rückte, desto wilder wurden sie. Es war reiner Wahnsinn. Zuerst wollten sie Autogramme, dann Kleidungsstücke. Die Wünsche wurden immer grotesker. Ich hörte, daß jemand hundert Dollar für eine Haarlocke von mir geboten hatte, fünfhundert für meine Posing-Hose.

Im Umkleideraum pumpte Sergio sich bereits auf. Ich ließ ihn nicht aus den Augen, machte aber selbst keine Anstalten, mich umzuziehen. Ich sah ihm einfach zu. Ich verfolgte jede seiner Bewegungen. Hin und wieder hielt er inne und sah sich zu mir um, um zu sehen, ob ich vielleicht inzwischen angefangen hatte, mich auszuziehen. Ich wußte, daß ihn das nervte. Zwei Minuten vor Beginn schlüpfte ich dann schließlich in meine Hose und cremte mich ein.

Die Polizei mußte die Fans von der Bühne zurückhalten. Sie waren völlig außer Rand und Band. Ein paar schrien »Sergio!«, aber das »Arnold!« setzte sich durch und übertönte sie. Der ganze Wahnsinn einer wildgewordenen Masse kam in diesen Fans zum Ausbruch. Sie hielten Fotos hoch, schwenkten Fahnen, versuchten auf die Bühne zu kommen, nur um von den Ordnern und Polizisten zurückgedrängt zu werden.

Als mir der Sprecher den Titel verlieh und das Mädchen mir die Trophäe überreichte und ich den kalten Silberpokal gegen den Bauch drückte, in diesem Augenblick wurde mir klar, daß ich nun alles erreicht hatte, was man als Wettkämpfer im Bodybuilding erreichen kann. Von nun an würde ich meinen

Titel nur noch verteidigen, und das rückte die Dinge in ein ganz anderes Licht. Ich hatte reinen Tisch gemacht. Das war es nun. Ich nenne es das goldene Dreieck. Päng, päng, päng, hatte ich in zwei Wochen in drei Städten aufgeräumt. Ich hatte sie alle geschlagen, jeden hervorragenden Wettkämpfer, den man im Bodybuilding je zu fürchten hatte. Ich war King Kong. Die Mr.-Olympia-Wahl ist die mit Abstand bedeutendste Meisterschaft im Bodybuilding. Ich war genau da, wo ich immer sein wollte. Ich brauchte nicht mehr dauernd zu gewinnen, um mich selbst zu bestätigen. Aber es war auch aufregend. Diesen Augenblick hatte ich herbeigesehnt, mehr als irgend etwas

Mein Sieg bei der IFBB-Weltmeisterschaft 1969 in New York –
v. links: Rick Wayne, Dave Draper, Joe Weider, ich selbst, Mike Katz und Franco Colombo vorne

anderes. Ich hatte angefangen, das Bodybuilding als eine Art Vehikel zu betrachten. Natürlich ist es ein schönes Gefühl, der bestgebaute Mann der Welt zu sein, aber es taucht dann auch immer die Frage auf: Okay, wie kann ich das in bare Münze umsetzen? Seit den letzten Monaten in München war ich immer mehr zum Geschäftsmann geworden. Daß ich der größte Bodybuilder aller Zeiten war, brauchte ich jetzt nicht mehr zu beweisen. Jetzt mußte ich mich der Öffentlichkeit zuwenden, den Leuten, die noch nichts über Bodybuilding wußten, und ihnen beibringen, welche Vorteile das Gewichtstraining hat.

Das erregende Gefühl eines Sieges, eines Erfolgs, hatte mich schon immer fasziniert, ganz besonders aber bei einem Wettkampf. Im Bodybuilding hatte ich einen Meilenstein gesetzt, wie mir schien, hatte alles erreicht. Aber es gab noch andere Wettbewerbe zu gewinnen, andere Welten zu erobern. Geschäftsmann war ich bereits, und nun lernte ich noch Schauspielern, um auf eine Filmkarriere hinzuarbeiten. Der Schauspielunterricht eröffnete mir eine ganz neue Sphäre: mich selbst. Eines, was ich dabei gelernt habe, ist dies: zurückzublicken und meine bisherige Arbeit zu analysieren.

Auf die gleiche Weise, wie ich meinen Körper aufgebaut hatte, wollte ich jetzt ein Imperium schaffen. Aufgrund meiner geschäftlichen Ausbildung und der praktischen Aspekte des Geschäftslebens, die ich von Joe Weider gelernt hatte, fühlte ich mich nun gerüstet für meine eigenen Unternehmungen. Ich gründete ein Versandgeschäft für Trainingskurse, die es mir ermöglichten, Tausenden von Bodybuildern in der ganzen Welt bei ihrer Entwicklung zu helfen. Ich verkaufte Fotoalben, T-Shirts, Posing-Slips, persönliche Trainingsprogramme. Ich arbeitete Seminare aus, die ich in der ganzen Welt abhielt – in Japan, Australien, Südafrika, Holland, Belgien, Deutschland, Österreich, Italien, Frankreich, Finnland, Spanien, Kanada, Mexiko und den Vereinigten Staaten. Ich fing an, Bodybuilding-Wettkämpfe in Amerika zu veranstalten. Um bekannt zu bleiben und meinem Namen noch mehr Gewicht zu verleihen, fuhr ich fort, meine Titel zu verteidigen. Ich wollte, daß schließlich jeder, der ein Gewicht aufnahm, das Gefühl der Hantel mit meinem Namen gleichsetzte.

Die wichtigsten Dinge, die ich durch das Bodybuilding entwickelt habe, waren wohl meine Persönlichkeit, mein Selbstbewußtsein und mein Charakter. Wenn man einen gutgebauten Körper hat und selbstbewußt auftritt, kommen die Leute einem entgegen, wollen auf deiner Seite sein, wollen sich nützlich zeigen. Als Junge habe ich unter der gleichen Unsicherheit gelitten wie alle Jugendlichen. Doch als ich dann stark wurde, etwas Besonderes aus mir machte und merkte, daß ich eine Sache wirklich gut konnte, kam das Selbstvertrauen von ganz alleine. Und das hat mir sehr viel Sicherheit gegeben.

Meiner Meinung nach kann man in einem Sportcenter eine Menge Frustrationen loswerden, kann mit Dingen fertig werden, die einem gar nicht bewußt sind. Ich habe zum Beispiel festgestellt, daß ich mit zunehmendem Training beherrschter wurde, weniger aggressiv. Ich wurde Spannungen los und lernte, mich zu entspannen: Nach einem guten Training hatte ich das Gefühl, etwas geleistet zu haben. Ich fühlte mich wie neugeboren. Das gab mir die Kraft, noch andere Bereiche zu erobern – und es mit der Gewißheit des Erfolgs zu tun. Anstatt dauernd angestrengt und angespannt zu sein, erreichte ich eine gewisse Gelassenheit. Ich sehe täglich Leute, die aufgeregt herumrennen, tausend Dinge erledigen wollen, vor lauter aufgestauten Gefühlen in ständigem Streß leben und nicht mehr abschalten können. So wäre ich vermutlich auch, wenn ich meine Frustrationen nicht im Studio abarbeiten würde. Ich bin zu der Erkenntnis gekommen, daß alles, was schwierig ist – jede Herausforderung –, Zeit braucht, Geduld und harte Arbeit, genau wie das Hinarbeiten zum Bankdrücken mit schwerstem Gewicht. Diese Erkenntnis hat mir genügend positive Energie gegeben, die ich später nutzen konnte.

Ich habe mir Disziplin beigebracht, Disziplin in ihrer strengsten Form. Ich habe gelernt, meinen Körper zu beherrschen, jeden einzelnen Muskel. Diese Disziplin konnte ich dann auch im täglichen Leben anwenden. Ich habe sie beim Schauspielern genutzt, beim Studium. Immer, wenn ich keine Lust hatte zu lernen, habe ich mir ins Gedächtnis gerufen, was ich auf mich nehmen mußte, um Weltmeister zu werden, und stürzte mich dann mit neuer Kraft ins Studium hinein.

Mit meinen Eltern in München

Das Bodybuilding hat mich vollkommen verändert. Ich glaube, ich wäre heute ein anderer Mensch, wenn ich nie trainiert hätte, einfach irgendwo gearbeitet hätte. Ich habe durch meinen Sport Selbstvertrauen, Stolz und eine ungeheuer positive Einstellung gewonnen.

Ich kann meinen Erfolg auf alle Lebensbereiche übertragen. Es ist mir nicht schwergefallen, das alles umzusetzen. Ich habe einfach zurückgeblickt, wie ich im Bodybuilding vorgegangen war, und habe das gleiche Prinzip dann auf andere Dinge angewandt. Beim Schauspielern arbeite ich jetzt mit der gleichen Zielstrebigkeit daran, meinen Akzent loszuwerden, wie ich damals meine Waden verbessert habe. Für Geschäfte gilt dasselbe. Ich bin so entschlossen, viele Millionen zu machen, daß die Sache gar nicht schiefgehen kann. Im Geist habe ich die Millionen schon gemacht; jetzt kommt es nur noch darauf an, die Pläne durchzuführen.

Nicht der kleinste Gewinn, den man aus körperlicher Fitneß zieht, ist anhaltende Gesundheit. Ich war als Kleinkind dauernd krank. Auch später noch lag ich jedes Jahr ein paar Wochen mit einer schweren Erkältung im Bett. Doch seit ich Bodybuilding betreibe, und das sind jetzt immerhin schon 21 Jahre, bin ich nur zwei- oder dreimal krank gewesen, und auch das war nicht mehr als eine leichte Erkältung. Ich habe eine perfekte Kommunikation zwischen Körper und Geist entwikkelt; ich habe vollkommene Kontrolle über meinen Körper. Er reagiert besser und ist widerstandsfähiger. Er ist wie eine Uhr geworden, eine ganz besondere Uhr, die so gut abgestimmt ist, daß sie in fünf Jahren nicht mehr als eine Sekunde vor- oder nachgeht. So empfinde ich meinen Körper. Er ist so perfekt, daß er hervorragend funktioniert. Und ich sehe selten, daß andere Bodybuilder krank werden. Bodybuilder werden auch seltener von Herzinfarkten betroffen, weil das Blut so kraftvoll durch ihren Körper gepumpt wird, daß die Gefäße offen bleiben; und immer, wenn man trainiert und sich aufpumpt, werden die Muskeln gut durchblutet und das Herz trainiert. Ich selbst habe einen ausgezeichneten Kreislauf.

In all den Jahren als ambitionierter Wettkämpfer habe ich jede feste Bindung vermieden, obgleich ich viel mit Frauen ausgegangen bin. 1969 lernte ich dann ein Mädchen kennen, durch das sich mein ganzes Denken in dieser Hinsicht änderte. Sie hieß Barbara und arbeitete als Kellnerin bei Zuckie's in Santa Monica, wo sie sich etwas zu ihrem Studium am San Diego State College dazuverdiente. Ich lud sie ein und spürte sofort etwas Besonderes von ihr ausgehen; sie war anders als die meisten Mädchen, die ich bisher kennengelernt hatte. Ich könnte es als innere Wärme beschreiben, eine Natürlichkeit, wie man sie mit einem Mädchen aus der Heimatstadt in Verbindung bringt. Sie nahm mich mit zu sich nach Hause und stellte mich ihren Eltern vor. Auch das beeindruckte mich. Es herrschte eine gesunde Atmosphäre in dieser Familie. Sie schienen sich alle gut zu verstehen. Sie empfanden Liebe und Respekt füreinander und brachten das auch zum Ausdruck.

Barbara mochte mich als Mensch, nicht als Bodybuilder, als Weltmeister. Sie wußte am Anfang gar nichts von diesem Sport und fand erst Wochen später heraus, daß ich irgendwelche Titel hatte. Ich war einfach Arnold, wir gingen zusammen aus, und sie half mir bei meinen Englisch-Studien. Sie mochte mich einfach. Sie strahlte Liebe aus.

Wir verabredeten uns regelmäßig bis Ende August, als sie wieder nach San Diego mußte und ich nach Europa flog. Und während meiner ganzen Abwesenheit dachte ich immer nur an Barbara. Ich erzählte von ihr und schrieb ihr sogar – zu Briefen hatte ich mich bisher noch nie hinreißen lassen. Meine Freunde zogen mich schon auf: „Arnold ist verliebt." Ich war überrascht, daß man mir das ansah.

Im Oktober kehrte ich wieder nach Amerika zurück, blieb aber bis Mitte Dezember in New York City. Ich ertappte mich dabei, daß ich dauernd von ihr redete, mich nach ihr sehnte. Ich rief sie von New York aus an, und wir verabredeten, uns sofort nach meiner Rückkehr nach Kalifornien zu treffen.

Den ganzen Flug lang hatte ich seltsam gemischte Gefühle – was war nur mit mir los? Warum redete ich dauernd von diesem Mädchen? Ich wußte nur, daß ich bei ihr etwas hatte geschehen lassen, wogegen ich mich jahrelang abgeschirmt hatte. Es war nicht nur ein Zeitvertreib, eine Befriedigung, es war mehr. Ich wollte einfach bei ihr sein.

Es war eine außergewöhnliche Erfahrung für mich. Ich fing an, meine Gefühle zu durchforschen, um herauszufinden, warum das alles geschah. Gelegentlich zog ich mich zurück und beobachtete mich. Ich hatte es mir auch bei anderen Dingen zur Gewohnheit gemacht, einen gewissen Abstand zu gewinnen, bevor ich ein Urteil fällte. Ich habe immer versucht, ehrlich zu sein. Was mich verblüffte, war, daß ich hier Gefallen an einer Beziehung fand, die über das Körperliche hinausging. Es gefiel mir. Und ich war glücklich. Ich hatte jemanden gefunden, der mich liebte, dem ich wirklich etwas bedeutete.

Zwei Jahre später, als sie mit dem Studium fertig war und in Santa Monica bleiben konnte, beschlossen wir zusammenzuziehen. Es war ihr Vorschlag, aber ich war sofort einverstanden. Und wieder entdeckte ich Veränderungen an mir. Es machte mir Spaß, eine Wohnung einzurichten – ein Heim, in dem man sich wohl fühlt, nicht nur eine sturmfreie Bude. Im Laufe der

Zeit kam ein Konflikt in unserer Beziehung auf. Die Gründe waren im wesentlichen folgende: Sie war eine ausgeglichene Frau, die ein normales, geordnetes Leben wollte, und ich war kein ausgeglichener Mann, dem schon der Gedanke an ein normales Leben zuwider war. Sie hatte geglaubt, mein Tatendrang würde sich einmal legen, hatte gedacht, ich würde die Spitze in meinem Sport erklimmen und mich dann damit zufriedengeben. Aber das ist ein Konzept, das in meinem Denken keinen Platz hat. Für mich bedeutet leben, immer hungrig nach etwas zu sein. Der Sinn des Lebens besteht nicht darin, einfach zu existieren, zu überleben, sondern darin, voranzukommen, nach oben zu streben, etwas zu erreichen, zu erobern. Als sie sah, daß ich mich vom Bodybuilding löste und einer anderen Herausforderung zuwandte, der Schauspielerei, erkannte sie wohl, daß wir nicht zusammen bleiben konnten. Als ich nach Alabama ging, um mit den Aufnahmen für den Film *Stay Hungry* zu beginnen, zog sie aus und nahm sich eine eigene Wohnung.

Das war eine schwere Zeit für mich. Ich war hin- und hergerissen. Mir war, als hätte man mir ein Stück vom eigenen Leib herausgerissen. Ich hatte etwas Gutes verloren, etwas, das mir Halt gegeben hatte. Barbara hatte mich gelehrt, eine Frau zu schätzen. Vom Gefühl her wollte ich bei ihr bleiben. Doch vom Verstand her wußte ich, daß es nicht gutgehen würde. Ich wollte mich weiterentwickeln, vorankommen; das Leben, das sie sich wünschte, würde das nicht zulassen. Ich hatte erfahren, wie schön eine Beziehung sein kann, wie sie dem Leben mehr Sinn und der Seele Kraft geben kann.

Ich habe mich vom Bodybuilding zurückgezogen, aber ich habe es nicht aufgegeben. Ich habe lediglich aufgehört, an Wettkämpfen teilzunehmen. Ich würde mich als eine Art Botschafter der Bodybuilder bezeichnen. Oft komme ich mir vor wie ihre Mutter. Sie kommen mit all ihren Sorgen zu mir. Sie schreiben mir von ihren Problemen. Jedes Jahr vor Wettkämpfen fragen sie mich, an welchen Veranstaltungen sie teilnehmen sollten und mit welchem Körpergewicht, welche Posing-Hose sie tragen, welches Öl sie benutzen und wie sie posen sollten. Sie wollen Ratschläge zu Vertragsverhandlungen und zu Artikeln, die sie für Muskelmagazine schreiben wollen.

Sie wachsen mir oft sehr ans Herz, wenn ich im Sommer, in der Zeit des intensiven Trainings, mit ihnen arbeite. Wer immer es auch ist, mit dem man trainiert, die beiden Partner werden eins – es ist, als wäre man drei Monate miteinander verheiratet. Man macht fast alles gemeinsam: man geht zusammen zum Essen, man trainiert zusammen, man sonnt sich zusammen, man unterhält sich in der Freizeit miteinander und versucht, sich gegenseitig anzuspornen. Man hängt aneinander.

Ich übernehme immer die Führung, weil ich die extrovertiertere Person bin, ein dominierender Mensch. Und ich bin auch der erfahrenste Bodybuilder, derjenige, der am meisten Erfolg hatte. Ich habe die ganze Welt bereist, habe Hunderte von Gastauftritten gegeben. Ich habe nur drei Wettkämpfe verloren – und das war jedesmal ein zweiter Platz. Folglich sehen andere zu mir auf.

Für viele von ihnen bin ich ein Held, und deshalb bin ich zum Hüter und Betreuer geworden. Besonders jetzt, da ich nicht mehr als Konkurrent auftrete, sondern als Promoter von Bodybuilding-Wettkämpfen. Das ist etwas völlig anderes, weil viele Bodybuilder, wie ich meine, in mir einen Mann sehen, der diesen Sport liebt und wirklich zu fördern versucht. Ich versuche es damit, daß ich die Top-Veranstaltungen organisiere, die Mr.-Olympia-Wahl und die Weltmeisterschaft. Ich möchte mehr Geld ins Bodybuilding bringen und dafür sorgen, daß die Konkurrenten einen größeren Anteil davon bekommen.

Was immer ich sonst noch mache, so möchte ich eine Art Botschafter sein, ein Fürsprecher für das Bodybuilding.

Mit Ed Corney bei einem München-Besuch 1972

Training mit meinem Vater bei einem Besuch in Graz 1972

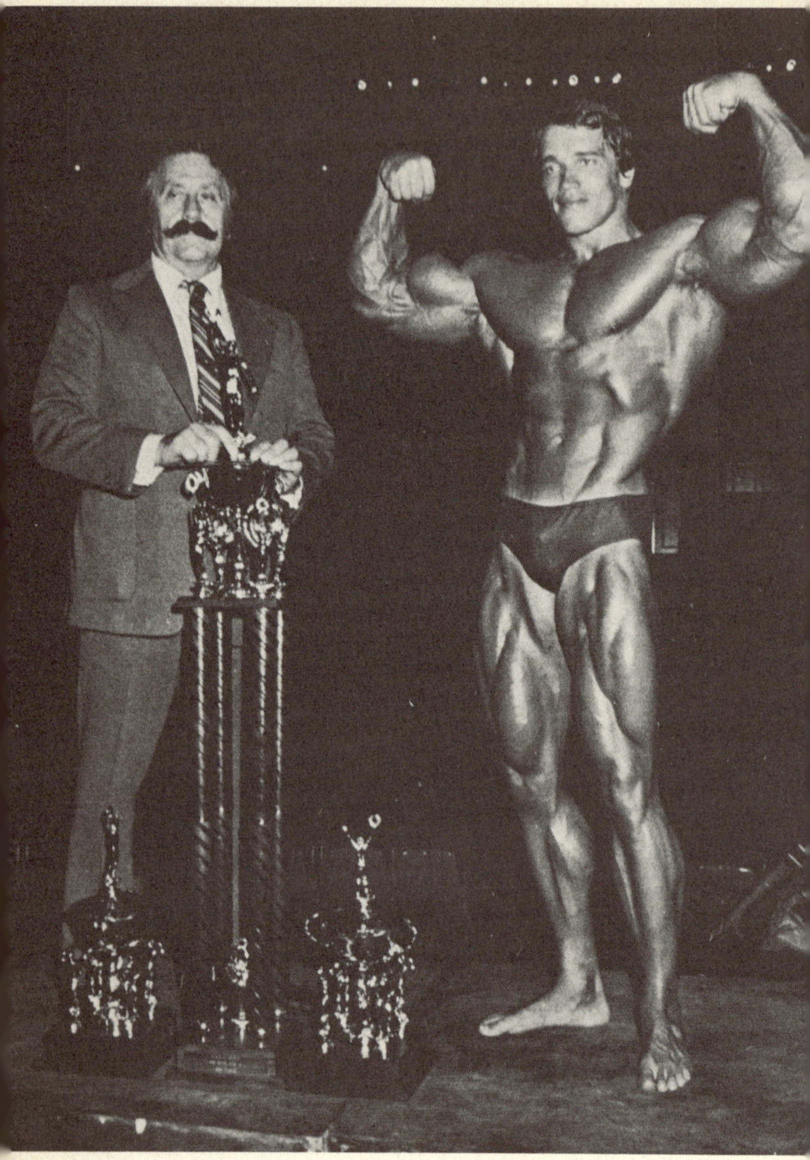

Oben: Mr. Olympia 1974 in New York, nachdem ich Lou Ferringo geschlagen hatte

Links: Mr. Olympia 1973 zusammen mit Joe Weider

Posing-Üben

Rechte Seite:
Spaß am Strand während der Dreharbeiten zu ›Pumping Iron‹ und bei Werbeaufnahmen im Studio (unten)

130

131

Für den Film ›Stay Hungry‹ mußte ich Geigenspielen lernen.
Dafür hatte ich die besten Lehrer. (United Artists Photo)

Palm Springs 1974

Diese Fotos entstanden 1974 auf dem wohl berühmtesten
›Posing-Berg‹ der Welt, dem sogenannten ›Muscle Rock‹.
Alle Top-Athleten der letzten vierzig Jahre sind hier
fotografiert worden

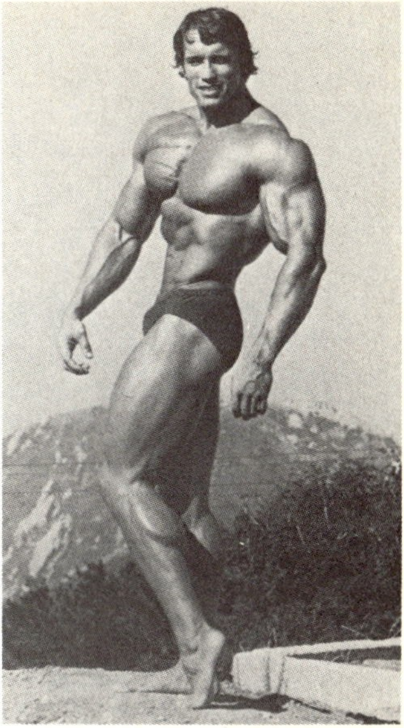

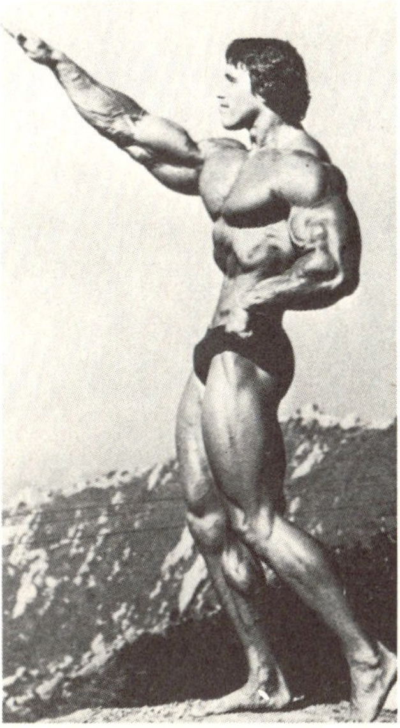

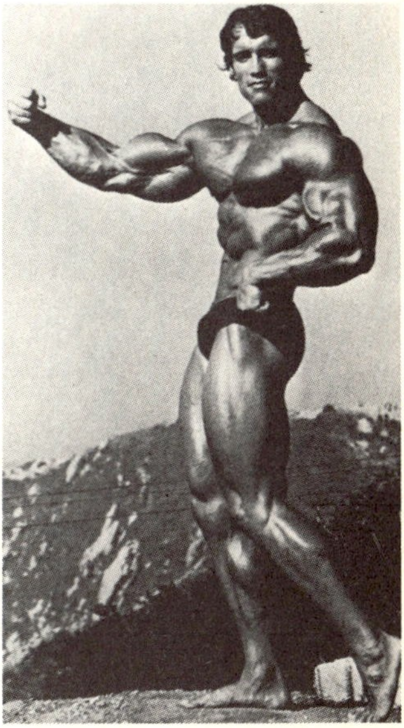

Studiofotos 1974

Mit Reg Park in dessen Haus
in Johannesburg/Südafrika
wenige Tage vor dem
Mr. Olympia 1975

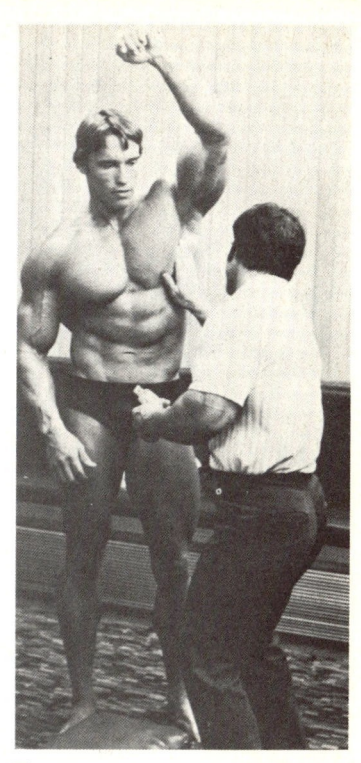

Eincremen vor dem Wettkampf

Am Strand von Santa Monica 1975

Vorentscheidung beim Mr.-Olympia-Wettkampf 1975 in Südafrika

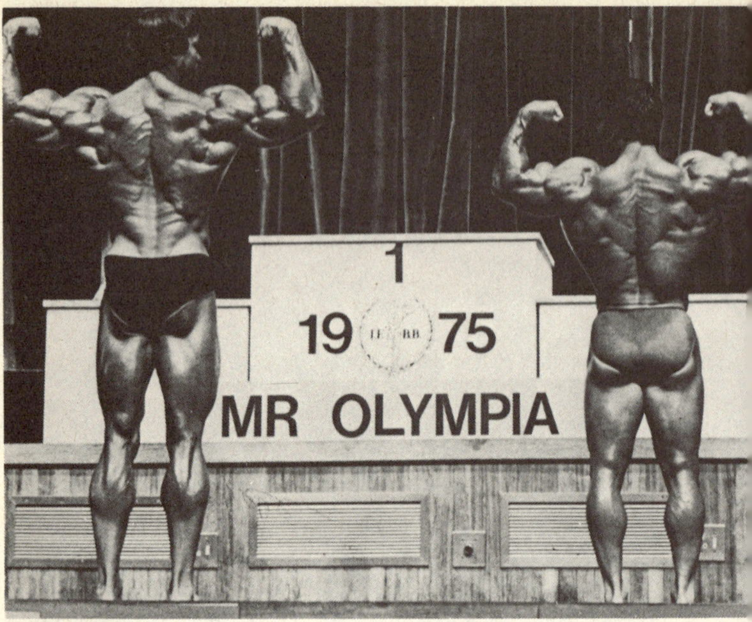
1
19 75
MR OLYMPIA

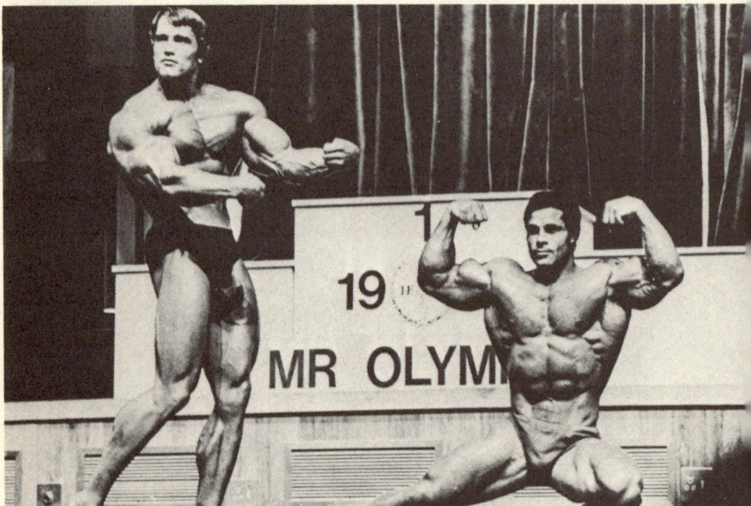
19
MR OLYM

Siegerehrung – Mr. Olympia 1975; von links:
Serge Nubret, IFBB-Präsident Ben Weider, ich und Lou Ferringo.
Südafrika brachte mir den 6. Mr.-Olympia-Titel in Folge

Linke Seite:
Finalstechen beim Mr. Olympia 1975 in Südafrika mit Franco Colombo
(er gewann die Klasse bis 90 kg und ich die darüber)

Mr. Olympia in Südafrika

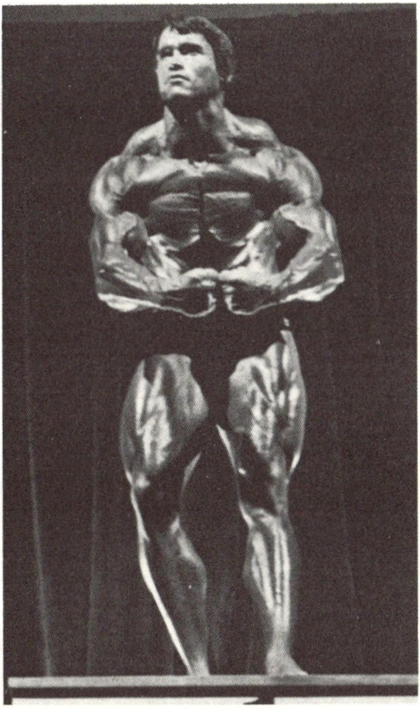

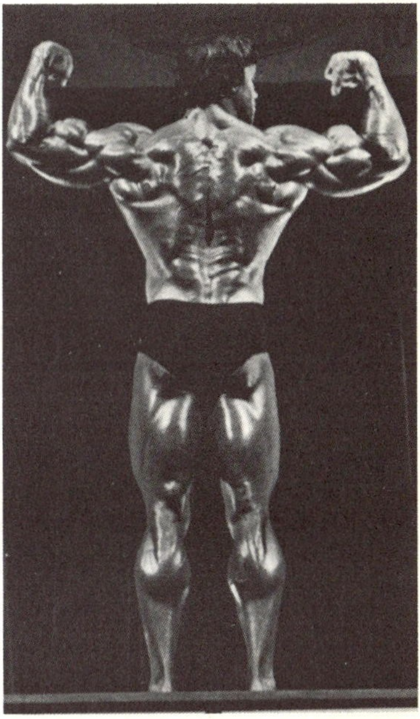

Oben: Zwei Bewunderer in Venice/Kalifornien. Unten: Mit meinem Freund Bill Drake, der mir in der Anfangszeit in den USA sehr viel geholfen hat

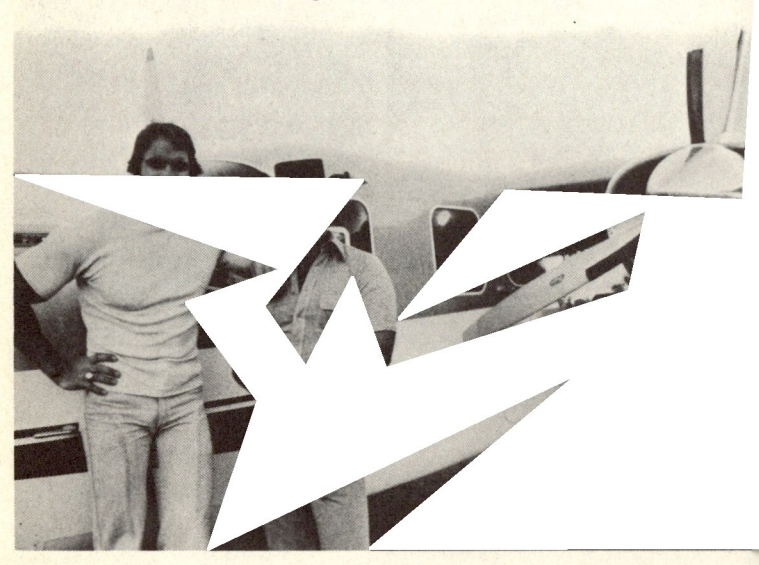

Folgende Seiten: Meine liebsten Posing-Fotos in Wettkampfform

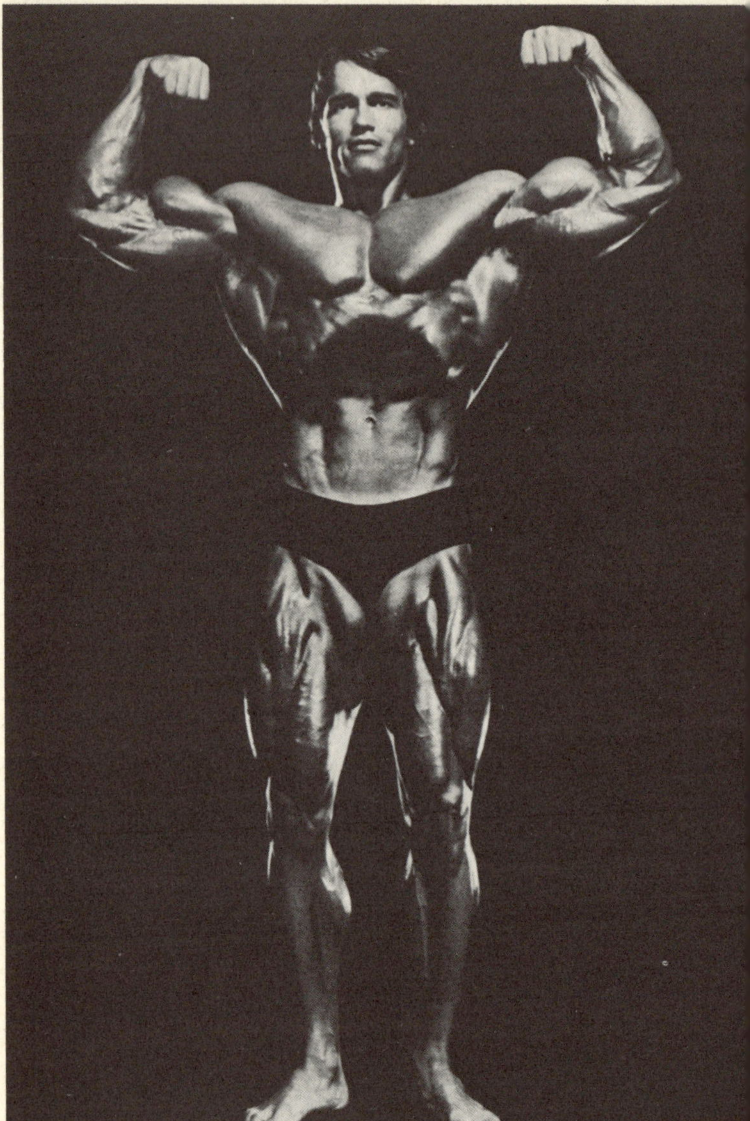

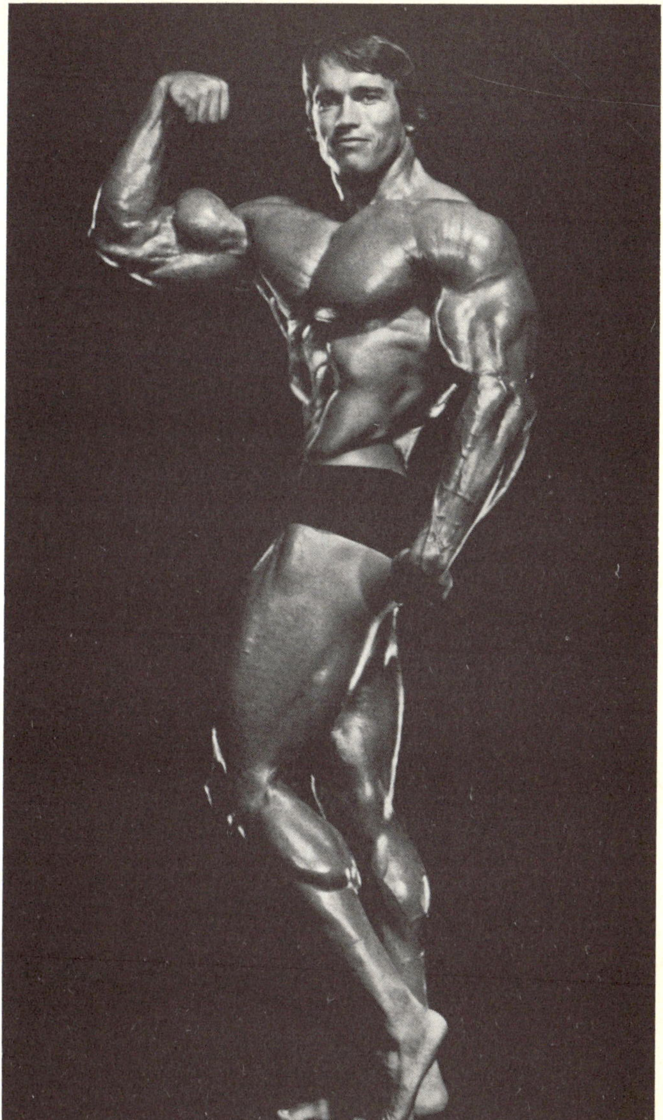

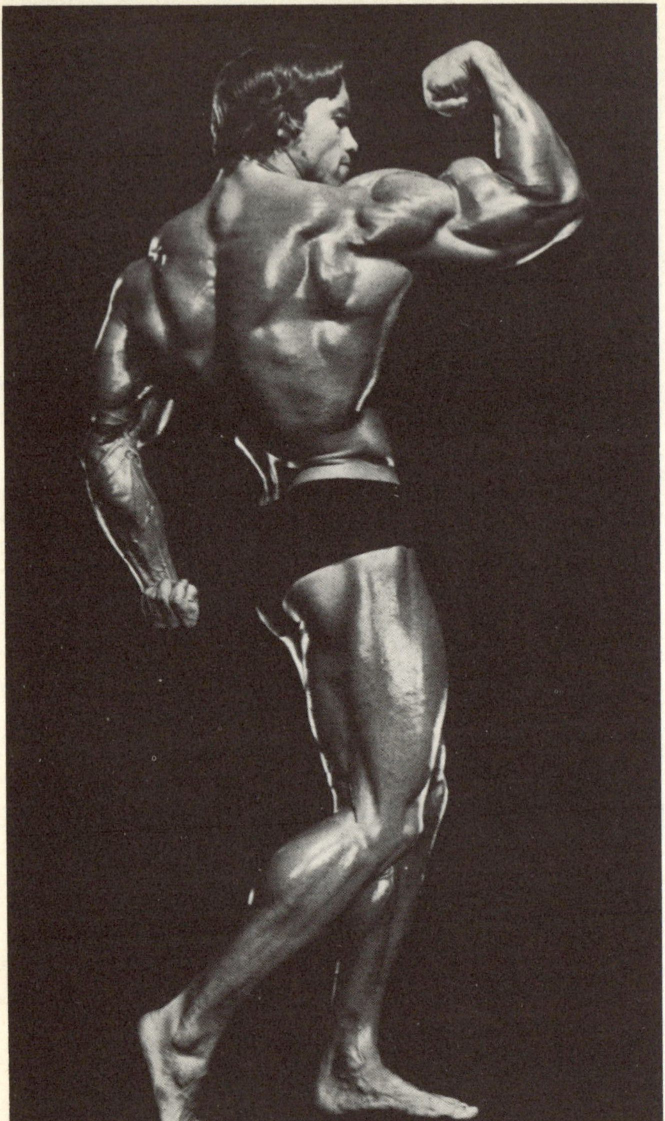

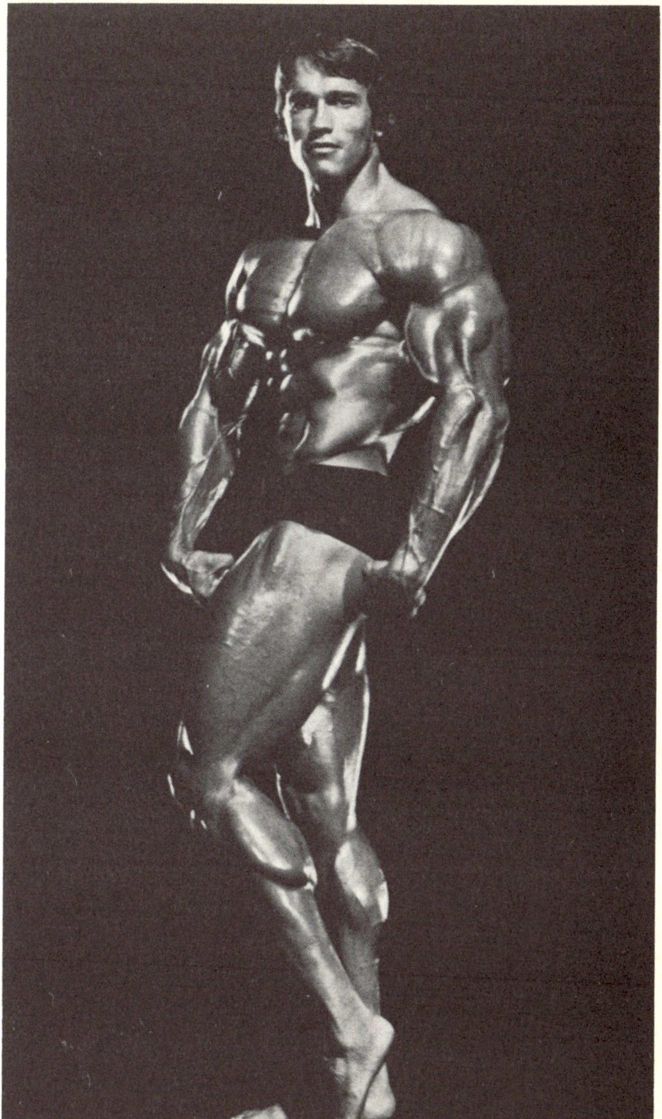

150

Sport revue
SPORT JOURNAL
VIDEO Magazin
OAHU
Entertainment
body builder
pop Rocky
sportjournal
MOVIE
shape up
SPORTMAN
CONAN
heim video
Götter Dämmerung
Mr. America
sportjournal
MUSCLE MAG
MUSCLE
CONAN
ANNUAL 77
Video kontakt
SPORTJOURNAL
LE PRAXITELE
SPORT JOURNAL
CULTURA FISICA
sportjournal
Rätsel um Arafat: Jetzt will er Beirut geheim verlassen
AQUARIAN
sportjournal

1977 bis heute

»Education of a Bodybuilder« erschien in den USA bereits 1977, das heißt, ich habe schon 1975 mit der Arbeit an diesem Buch begonnen. Jetzt kommt eine deutsche Fassung heraus, und ich möchte meine neuen Leser gerne über den Verlauf informieren, den mein Leben in der Zwischenzeit genommen hat.

Ich hatte Anfang der siebziger Jahre alle Top-Bodybuilder der Welt geschlagen, darunter so berühmte Männer wie Serge Nubret, Dave Draper, Frank Zane, Franco Colombo, Sergio Oliva und Ed Corney. 1974 begann mein Interesse am Bodybuilding als Leistungssport nachzulassen. Niemand konnte mir in bezug auf Training, Ernährung und Wettkampfpräsentation mehr etwas vormachen. Ich hatte gegenüber allen anderen Bodybuildern gewisse genetisch und psychologisch bedingte Vorteile, und ich hatte gelernt, aus diesen Vorteilen das beste zu machen. 1974 schlug ich den erstmals antretenden Lou Ferrigno (eine Woche vorher holte er in Italien unangefochten seinen zweiten Weltmeister-Titel), und errang meinen fünften Mr.-Olympia-Titel. Es schien niemanden mehr zu geben, der mich hätte besiegen können. Bodybuilding als Leistungssport stellte für mich keine Herausforderung mehr dar. Ich begann, ernsthaft zu überlegen, mich aus dem Leistungssport zurückzuziehen.

Zusammen mit dem Journalisten Charles Gaines und dem Fotografen George Butler hatte ich in dieser Zeit an ›Pumping Iron‹ gearbeitet, das zum wichtigsten Buch über Bodybuilding der frühen siebziger Jahre werden sollte. Das Buch war ein riesiger Erfolg, und es wurden über 300 000 Exemplare davon verkauft. Das große Interesse am Buch brachte George auf die Idee, einen Dokumentarfilm über mein Training und mein Auftreten beim Mr.-Olympia-Wettbewerb 1975 in Südafrika zu drehen.

Die Vorstellung, Bodybuilding über das Medium Film einem breiten Publikum nahebringen zu können, faszinierte mich, und ich entschloß mich, noch einmal an einem Mr. Olympia teilzunehmen.

Arnold mit Fußball-Superstar Franz Beckenbauer und dessen Lebensgefährtin Diana Sandmann

Arnold nach der Feier seiner Graduierung als Diplom-Betriebswirt

Arnold ist auch auf dem politischen Parkett zu Hause und hat alle US-Spitzenpolitiker schon persönlich kennengelernt. Bei einer Wohltätigkeitsveranstaltung traf er sich mit US-Senator Ted Kennedy und Ethel Kennedy, der Gattin des ermordeten ehemaligen Justizministers Robert Kennedy. Kürzlich lernte Arnold auch den derzeitigen Spitzenpolitiker der Demokratischen Partei kennen und führte mit Walter Mondale ein längeres Gespräch. Inhalt: Sport und Politik

Vor dieser Mr.-Olympia-Meisterschaft hatte ich Gelegenheit, bei einem anderen Film mitzuwirken. Ich spielte mit Jeff Bridges in ›Stay Hungry‹ nach einem Roman von Charles Gaines. Nach Abschluß der Dreharbeiten begann ich mein Vorbereitungstraining und brachte mein Körpergewicht von etwa 97,5 kg für den Mr. Olympia auf 107 kg.

Wie ›Pumping Iron‹ zeigt, gewann ich in Südafrika meinen sechsten Mr.-Olympia-Titel. Ich schlug Serge Nubret und Lou Ferrigno in der Klasse der Großen und besiegte meinen Freund Franco Colombo im Kampf um den Gesamtsieg. Nach diesem sechsten Titel war ich fest entschlossen, mit Bodybuilding als Leistungssport aufzuhören, und ich gab nach der Siegerehrung meinen Rücktritt vom Wettkampfsport bekannt.

Nicht lange, nachdem ich wieder zu Hause in Kalifornien war, begannen die Dinge ihren Lauf zu nehmen. ›Stay Hungry‹ kam in die Kinos, und mir wurde für meine Rolle in diesem Film der begehrte ›Golden Globe‹ verliehen. Dann kam ›Pumping Iron‹ heraus, der als großer Dokumentarfilm gefeiert wurde und meinen Namen in ganz Amerika bekannt machte. Das Bodybuilding stand damals kurz vor dem ganz großen Durchbruch, aber jede Sportart braucht einen Star, der sie der breiten Öffentlichkeit ins Bewußtsein rückt. Das Boxen hatte Muhammad Ali, Golf Arnold Palmer, Tennis Jimmy Connors und Billie-Jean King, Turnen Olga Korbut und der Fußball Pelé und Beckenbauer. Jetzt wurde die Öffentlichkeit durch mich auf das Bodybuilding aufmerksam. In einem bekannten Magazin erschien damals eine Karikatur, die einen Angestellten in mittleren Jahren zeigte, der in seinem Büro Kurzhanteln stemmte. Der zugehörige Text lautete. »Was glauben Sie, wer Sie sind, Arnold Schwarzenegger?«

Mir konnte diese Entwicklung nur recht sein, denn obwohl ich mich aus dem Leistungssport zurückgezogen hatte, wollte ich doch mit dem Bodybuilding weiterhin in engem Kontakt bleiben. Ich erkannte aber auch, daß es an der Zeit war, meine Aktivitäten auszuweiten. Ich interessierte mich unter anderem sehr für die Schauspielerei, und mein hoher Bekanntheitsgrad in der Öffentlichkeit gab mir Gelegenheit, meine Ambitionen in Film und Fernsehen zu verwirklichen.

Landeshauptmann Dr. Josef Krainer (links), Arnold,
Mutter Aurelia Schwarzenegger und Kommerzialrat Alfred Gerstl
anläßlich der Überreichung des Dekrets zur Beibehaltung der
österr. Staatsbürgerschaft bei gleichzeitiger Übernahme der
amerikanischen Staatsbürgerschaft im November 1981 in Graz

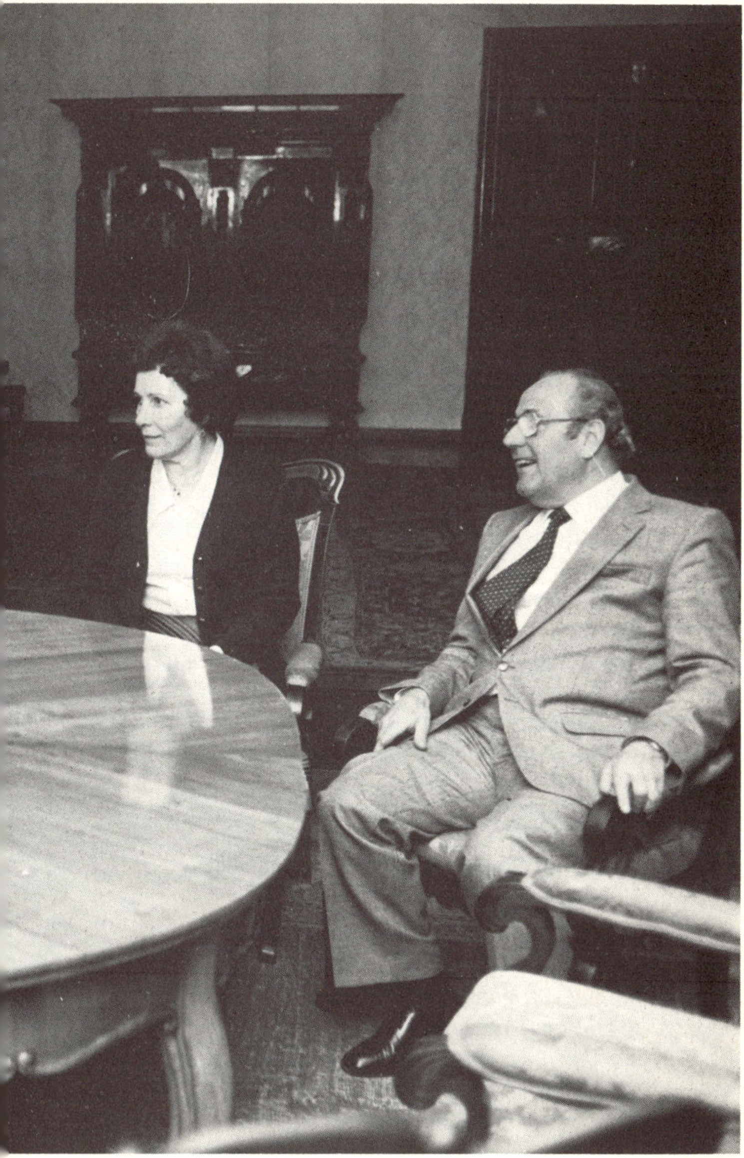

Ich habe Stars wie Charles Bronson, Burt Reynolds und Clint Eastwood immer sehr bewundert, denn sie sind sowohl gute Schauspieler als auch Persönlichkeiten, die die Menschen in Scharen in die Kinos ziehen. Wie Steve Reeves und Reg Park hatte ich vor, meinen Körper zum Grundstein einer Filmkarriere zu machen, aber anders als sie wollte ich darüber hinausgehen und Rollen spielen, die mich dem Publikum näherbrachten.

Als Bodybuilder hatte ich mir schon früh hohe Ziele gesteckt – erst wollte ich Weltmeister werden, dann Mr. Olympia. Als Schauspieler waren meine Ambitionen nicht weniger hoch. Ich wollte die ›Eine-Million-Dollar-Grenze‹ erreichen, d. h. meine Gage sollte für jeden Film mindestens eine Million Dollar betragen.

Ich hatte an diesem Wendepunkt meines Lebens aber neben der Schauspielerei noch weitere Interessen, die ich mit derselben Hingabe und Entschlossenheit verfolgte wie früher meine Karriere als Bodybuilder. Wirtschaftliche Zusammenhänge haben mich schon immer interessiert, und eine Zeitlang nahm ich Kurse in Betriebswirtschaftslehre an der Universität von Los Angeles UCLA, am West L. A. College, Santa Monica College und an der Universität von Wisconsin (mein Visum erlaubte mir nicht, regelrecht zu studieren, und ich durfte bei jeder Institution nur eine begrenzte Anzahl von Kursen besuchen), wo ich schließlich mit einem akademischen Grad abschloß. Für mich war Amerika immer noch das Land der unbegrenzten Möglichkeiten, ein Land, in dem man mit Zielstrebigkeit und harter Arbeit Millionen verdienen kann, und ich wollte darauf vorbereitet sein, alle Vorteile zu nutzen, die Amerika zu bieten hatte.

Mein Ehrgeiz, Bodybuilding der Öffentlichkeit nahezubringen, ein ›Eine-Million-Dollar-Schauspieler‹ zu werden und die Geschäftswelt zu erobern, war im Grunde nur der Ausdruck der inneren Haltung, mit der ich an alles im Leben herangegangen bin. Ich war überzeugt, daß man ›hungrig‹ bleiben muß, und Bodybuilding als Leistungssport habe ich erst aufgegeben, als ich nicht mehr die Begeisterung, Entschlossenheit und Zielstrebigkeit verspürte, die mich zum Champion gemacht hatte. Ich war bereit, andere Ambitionen mit derselben Zielstrebigkeit und Entschlossenheit zu verfolgen, die ich vorher dem Bodybuilding gewidmet hatte.

Eine meiner ersten geschäftlichen Unternehmungen war die Veranstaltung des Mr. Olympia in Columbus, Ohio, mit meinem Partner Jim Lorimer. Columbus war der ideale Austragungsort, denn die Stadt hat einen großen Einzugsbereich und die Konkurrenz durch andere Sport- und Unterhaltungsveranstaltungen ist nicht so groß wie zum Beispiel in Los Angeles, Las Vegas oder New York. Wir veranstalteten den Mr. Olympia von 1976 bis 1979 in Columbus, und dann noch einmal 1981.

Der ehemalige österreichische Handelsminister Dr. Staribacher anläßlich der Verleihung einer Urkunde für Arnolds außergewöhnliche Verdienste um den österreichischen Fremdenverkehr

Präsident Reagan
ist für Arnold der Größte,
und die persönliche
Bekanntschaft mit dem
mächtigsten Mann der Welt
bedeutete ihm sehr viel.
Beide versicherten sich
gegenseitig des größten
Respekts und sprachen
über eine gemeinsame
Leidenschaft – Bodybuilding.

Das Haus war jedes Jahr ausverkauft. Außerdem veranstalteten wir die Internationale Meisterschaft, die Weltmeisterschaft 1979 und die Weltmeisterschaft der Profis 1980.

1980 reizte es mich, wieder ins Wettkampfgeschehen einzugreifen, und ich meldete mich für den Mr. Olympia in Sydney, Australien, der von Paul Graham veranstaltet wurde. Ich gewann, aber dieser Sieg machte mir endgültig klar, daß ich zum Leistungssport nicht mehr dasselbe Verhältnis hatte wie früher. Ich trat erneut zurück, diesmal für immer.

Nach dem Mr. Olympia 1981 entschloß ich mich, keine Bodybuilding-Meisterschaften mehr zu veranstalten. Erstens wurde die Veranstaltung jetzt sozusagen öffentlich ausgeschrieben, und damit bekamen andere Länder die Gelegenheit, diese wichtigste Meisterschaft des professionellen Bodybuilding auszurichten, und zweitens zwang die Konkurrenz die Veranstalter, den Bodybuildern höhere Preisgelder zu bieten.

Innerhalb von drei Jahren hatte ich zusammen mit Jim Lorimer die Preisgelder beim Mr. Olympia von 1000 auf 50000 Dollar hochgeschraubt. Heute werden bereits 100000 Dollar bezahlt, und das ist wahrscheinlich noch nicht das Ende.

Aber mir gab zu denken, daß viele Bodybuilder glaubten, ich hätte alles in der Hand, daß ich über die Vergabe des Mr. Olympia, die Kampfrichter und über den späteren Sieger entscheiden würde. Ich fühlte mich in eine Rolle gedrängt, die nicht der Wirklichkeit entsprach und die mir nicht gefiel. Also überließ ich die Veranstaltung von Meisterschaften für eine Weile anderen.

Ich war in meiner aktiven Zeit oft im Fernsehen aufgetreten, bei Interviews über ›Stay Hungry‹ und ›Pumping Iron‹, aber auch in Nachrichten und Sportsendungen nach meinen verschiedenen Mr.-Olympia-Siegen. Inzwischen handelte ich, als Teil der Organisation von Bodybuilding-Veranstaltungen, die Verträge mit den Fernsehanstalten aus und half, wichtige Sponsoren zu gewinnen. Mein Name war in der Öffentlichkeit bekannt, und die Fernsehproduzenten glaubten, mit mir hohe Einschaltquoten zu erzielen. Da ich jedoch nicht selbst antrat, nahmen sie mich als Kommentator. Auf diese Weise konnten sie meinen Namen in der Werbung verwenden.

Arnold auf dem Titelbild der populärsten Filmzeitschrift Hollywoods

Ich war mit dieser Art der Zusammenarbeit mehr als einverstanden, denn sie bedeutete nicht nur höhere Einnahmen für die Veranstaltung, sondern sie paßte auch in den Plan, den ich entwickelt hatte, um bis 1980 jeden Amerikaner mit dem Bodybuilding vertraut zu machen. Das ging natürlich nur über die großen Medien. In den USA erreichen die Medien jeden einzelnen der über 200 Millionen Einwohner. Manche lesen verschiedene Magazine und Zeitungen, andere beziehen ihre Informationen vorwiegend aus Rundfunk und Fernsehen. Wir benutzten alle verfügbaren Medien auf jeder Ebene – Unterhaltungsprogramme, politische, kulturelle und Sportsendungen, Interviews mit den unterschiedlichsten Zeitungen und Zeitschriften. 1980 waren wir soweit, daß Bodybuilding allgemein als Sport anerkannt wurde. Millionen hatten erkannt, daß Bodybuilding wahrscheinlich die beste Möglichkeit ist, körperlich fit zu werden und zu bleiben.

Studios und Fitness-Center schossen wie Pilze aus dem Boden. Überall äußerten sich Prominente über die gesundheitlichen Vorzüge des Bodybuilding. Besonders stolz war ich darauf, daß ich es geschafft hatte, auch die Frauen anzusprechen. Es war wirklich kaum zu glauben, in welchem Maß sie das Bodybuilding für sich entdeckten. 1978 und 1979 hatte es die ersten großen Veranstaltungen des Frauen-Bodybuilding gegeben, und 1984 gab es schon Tausende von guten Leistungssportlerinnen, Amateure und Profis in der ganzen Welt. Zehntausende von Frauen gingen in die Studios und trainierten mit Gewichten, eine Aktivität, die nur fünf bis zehn Jahre zuvor noch undenkbar für sie gewesen wäre.

Neben meinen anderen Tätigkeiten nahm ich mir die Zeit, Bücher zu schreiben. Ich war schon immer der Ansicht gewesen, daß alle Menschen die Vorzüge des Bodybuilding nutzen sollten, deshalb schrieb ich ›Arnolds Bodybuilding für Frauen‹, um mehr Frauen zum Bodybuilding zu ermuntern, und ›Arnolds Bodybuilding für Männer‹ für den Durchschnittsbürger, der ein Studio aufsucht, um seinen Körper zu kräftigen und in Form zu kommen. Natürlich habe ich laufend Beiträge für Bodybuilding-Magazine und andere bedeutende Zeitschriften über Fitness, Diät, Ernährung und Training geschrieben.

Links:
Arnold mit Joan Collins
bei der Verleihung
der ›Oscars‹ in
Hollywood 1984

Rechte Seite:
Arnold beim Bergsteigen in den Alpen

Unten:
Arnold bei einem
Filmball mit Carlo
Ponti, Sophia Loren
und Katherine Ross

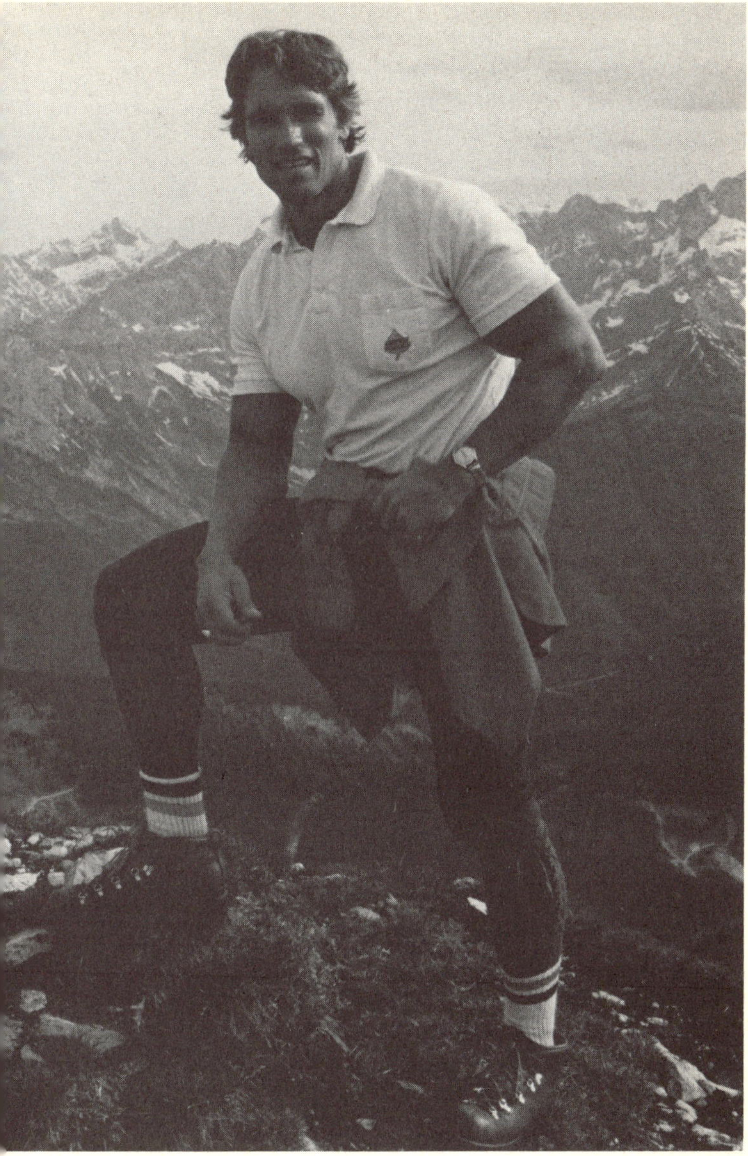

Interviews mit mir sind in so berühmten Zeitschriften wie Sports Illustrated, Esquire, Newsweek, Time, Life und Cosmopolitan erschienen. Darüber hinaus habe ich mit meinem Versandhandel zur Verbreitung meiner Trainingsbücher über die ganze Welt beigetragen.

Die neuen Medien sind auch in diesen Bereich eingedrungen, und so habe ich zusätzlich zu meinen Büchern Trainingsprogramme auf Video und Schallplatten produziert und bin darüber hinaus an einer Reihe von pädagogischen audiovisuellen Projekten beteiligt. Ich finde, man sollte jedes Kind, jeden Mann und jede Frau ermuntern, sich mit Bodybuilding körperlich fit zu halten. So habe ich zum Beispiel jahrelang mit einer Behindertenorganisation zusammengearbeitet und behinderten Kindern gezeigt, wie sie mit Bodybuilding Kraft, Selbstvertrauen und größere Eigenständigkeit entwickeln können. Außerdem habe ich eine Reihe von Strafanstalten besucht

Arnold mit Milton Friedman, einem Nobelpreisträger und Wirtschaftsfachmann

und den Insassen Demonstrationen des Bodybuilding gegeben. Die Häftlinge waren immer ein begeistertes Publikum, und die Gefängnisverwaltung jeder Haftanstalt war immer wieder davon fasziniert, um wieviel weniger Probleme sie mit ihren Insassen hatte, nachdem ich sie mit positiven Aktivitäten wie z. B. Bodybuilding bekannt gemacht hatte.

Trotz der großen Popularität, die Bodybuilding als Breiten- und Leistungssport erlangt hat, bin ich in den letzten sechs Jahren von den Medien immer wieder gefragt worden: »Arnold, glauben Sie nicht, daß Bodybuilding nur eine Modeerscheinung ist?« Modeerscheinungen kommen und gehen, aber es wird von Jahr zu Jahr deutlicher, daß Bodybuilding und Fitness immer noch mehr Popularität gewinnen und daß sich immer mehr Menschen den entsprechenden Lebensstil zu eigen machen. Bodybuilding hat Amerika überschwemmt, und jetzt geschieht dasselbe in Europa und der ganzen Welt.

Als ich erstmals mit der Filmindustrie in Kontakt kam, meinten viele, ich würde es schwer haben, Rollen zu finden, weil mein Körper zu gut entwickelt sei. Inzwischen sieht es so aus, als würde mir jedermann in Hollywood nacheifern. Superstars wie Sylvester Stallone, Michael Landon, Jane Fonda, Joan Collins, Ryan O'Neal, John Travolta und viele andere betreiben Bodybuilding. Die Studios und Manager fragen Franco und mich immer wieder, wie und wo ihre Stars trainieren sollten. »Wir haben gerade einen Star unter Vertrag genommen, und wir wollen, daß er in zwei Monaten zehn Kilogramm Muskeln aufbaut.« Kein Schauspieler und keine Schauspielerin der Spitzenklasse würde mit den Dreharbeiten zu einem Film beginnen, ohne sich zuvor in Form gebracht zu haben.

Zurückblickend kann ich ohne Übertreibung sagen, daß mein Wunsch nach öffentlicher Anerkennung und Wertschätzung des Bodybuilding weitgehend erfüllt ist. Als ›Education‹ in Amerika erstmals aufgelegt wurde, hatte kein anderer großer Verlag ein Bodybuilding-Buch auf dem Markt. Heute gibt es davon Hunderte, ganz zu schweigen von den unzähligen Videobändern und den Instruktionen der verschiedenen Fernsehshows.

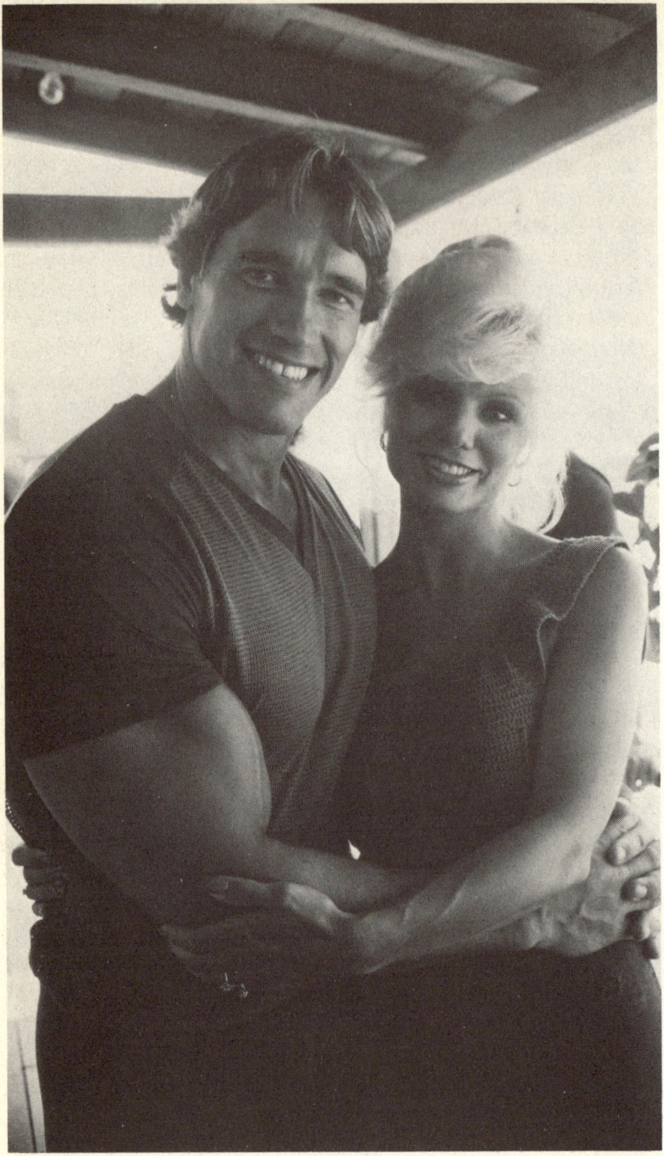

Meine Bemühungen um die Förderung des Bodybuilding und meine eigene Karriere im Showbusiness sind natürlich nicht voneinander zu trennen. Ursprünglich bin ich schon Anfang 1978 auf das ›Conan‹-Projekt angesprochen worden, aber da der Film damals erst in der Entwicklungsphase steckte, widmete ich mich in der Zwischenzeit anderen Aufgaben. Außer in ›Stay Hungry‹ und ›Pumping Iron‹ spielte ich in Fernsehserien wie ›Die Straßen von San Francisco‹ mit Karl Malden und in dem Film ›Kaktus-Jack‹ mit Kirk Douglas und Ann-Margret. Wieder beim Fernsehen, wirkte ich in ›Die Jayne-Mansfield-Story‹ mit, zusammen mit Loni Anderson. Es war wichtig für mich, sowohl beim Film als auch für das

Links: Arnold mit der US-Schauspielerin Loni Anderson während der Dreharbeiten zu dem Fernsehfilm ›Die Jayne Mansfield-Story‹

Unten: Arnold mit dem deutschen Regisseur Werner Herzog

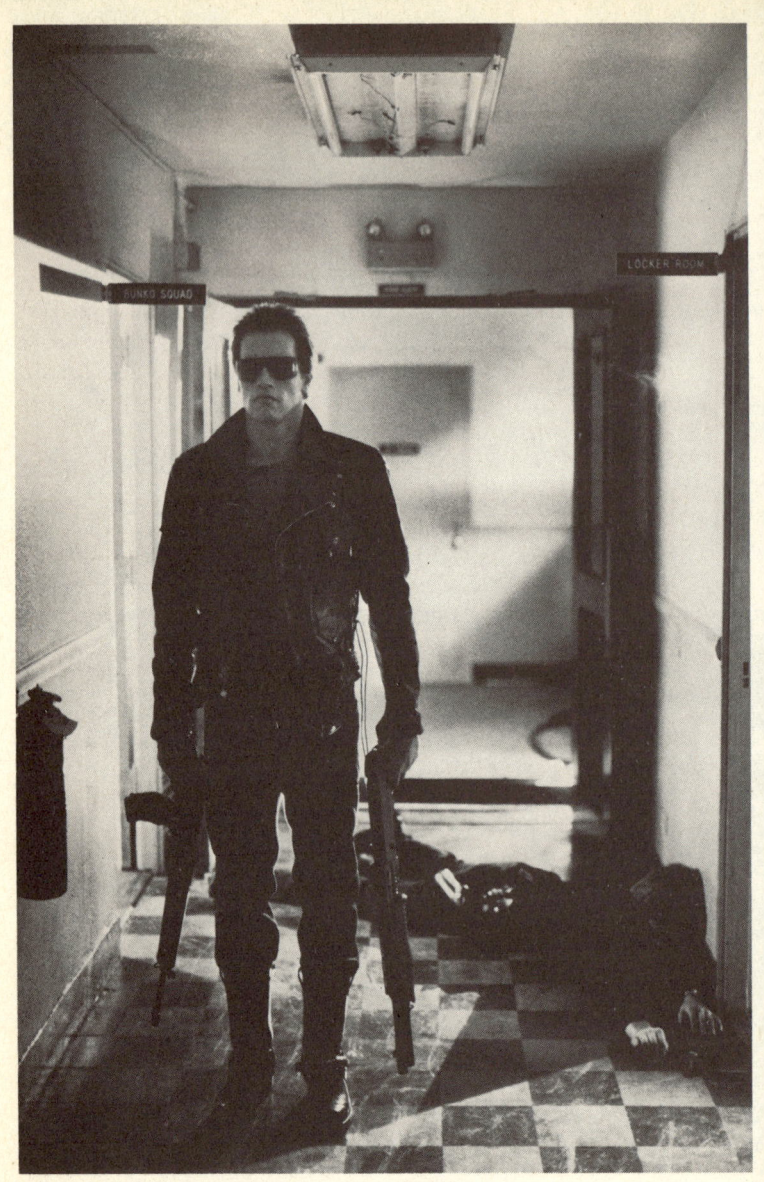

Arnold als Hauptdarsteller in dem Film ›Terminator‹

Fernsehen zu arbeiten, da ich auf diese Weise zwei verschiedene Publikumsschichten ansprechen konnte.

1980 unterschrieb ich dann den Vertrag für ›Conan, der Barbar‹. Die Rolle hatte ich auf nicht alltägliche Weise bekommen. Die Produzenten Ed Pressman und Steven Spielberg besaßen eine Buchhandlung in New York, die auf Comics und Abenteuergeschichten spezialisiert war. Als sie ›Pumping Iron‹ sahen, waren sie sich einig: »Das ist der richtige Typ für den Conan.« Pressman begann sofort, sich die Rechte zu sichern, und kam dann schließlich zu mir. Er zeigte mir die Comics und die Conan-Bücher, doch – um ehrlich zu sein – ich hatte noch nie etwas von Conan gehört. Immerhin, der Typ des mythischen Superhelden war mir vertraut, denn er taucht in vielen germanischen Heldensagen auf.

Ich kannte das Filmgeschäft inzwischen gut genug, um zu wissen, daß man als Schauspieler die Karriereleiter nur Sprosse für Sprosse erklimmen kann. Man bekommt für den ersten Film vielleicht 200 000 Dollar, dann für den nächsten unter Umständen 100 000 mehr, doch es dauert seine Zeit, bis man richtig ans große Geld kommt. Wenn man jedoch genau den richtigen Film angeboten bekommt (wie z. B. Sylvester Stallone mit ›Rocky‹ oder Sean Connery mit den James-Bond-Produktionen), zieht man ein riesiges Publikum an, was die Popularität und die Gagen sprunghaft in die Höhe schnellen läßt. Ich wußte von Anfang, daß ich mit der Figur des Conan dieses Glück gehabt hatte.

Conan habe ich zu verdanken, daß ich mein Ziel im Filmgeschäft viel schneller erreichen konnte, als ich erwartet hätte. Ich tat mein bestes, um diese phantastische Chance zu nutzen. Als Bodybuilder hatte ich immer hart trainiert und mich gewissenhaft vorbereitet, und so hielt ich es auch als Schauspieler. Ich nahm Schauspielunterricht und arbeitete an meiner Aussprache. Viele Menschen sprachen mich übrigens an und sagten: »Arnold, Sie haben Ihr ganzes Leben lang vor Publikum auf der Bühne gestanden, das hat Ihnen sicher bei der Arbeit als Schauspieler sehr geholfen.« Dem ist aber nicht so. Auf der Bodybuilding-Bühne konnte ich ich selbst sein, aber als Schauspieler schlüpft man in eine andere Haut und muß eine andere Persönlichkeit annehmen. Man drückt sich wie ein anderer aus, bewegt sich wie ein anderer und empfindet wie ein anderer – besonders letzteres ist nicht einfach zu verwirklichen.

Im Bodybuilding dämpft man seine Emotionen, damit keine Einflüsse von außen die Leistung beeinträchtigen können. Aber als eine der ersten Lektionen im Schauspielunterricht lernte ich, genau das Gegenteil zu tun. Ich lernte, meine Emotionen nach außen zu bringen, sie unverfälscht und hemmungslos auszuleben. Das hieß, ich mußte offener werden, ich mußte den Menschen Einblick in meine Gefühle geben, ihnen

Arnold während der Dreharbeiten zu dem Kinofilm ›Kaktus Jack‹ mit Ann Margaret und Kirk Douglas

zeigen, ob ich froh oder unglücklich war – anstatt immer nur zu lächeln und zu sagen: »Es ist alles in Ordnung, alles fantastisch.«

Wenn man ein berühmter Sportler ist, öffnen sich einem Hunderte von Türen und Gelegenheiten – man kann Bücher veröffentlichen, in Filmen mitwirken, Vorträge und Seminare halten, man wird in die Geschäftswelt eingeführt, unternimmt Reisen, wird zu Partys und Versammlungen mit allen möglichen Leuten eingeladen, und so weiter. In diesem Sinne ist das sportlich Erreichte eine Hilfe, aber manchmal machen die sportlichen Erfolge das Leben auch schwerer. Man muß in einem Bereich wieder ganz von unten anfangen, nachdem man in einem anderen schon ganz oben gewesen ist. Damit ist manchmal schwer fertig zu werden. Außerdem haben einige der Dinge, die einen im Sport an die Spitze gebracht haben, in diesem anderen Leben keine Gültigkeit mehr. Man muß eine ganze Reihe erlernter Gewohnheiten ablegen und völlig neue Qualitäten entwickeln. Die Disziplin, die mein Bodybuilding immer bestimmt hat, war mir bei dieser Umstellung eine große Hilfe.

Ich konnte in vielen Bereichen abseits vom Bodybuilding erfolgreich sein, weil ich erkannte, daß ich mit derselben harten, zielstrebigen Arbeit, die mich im Bodybuilding an die Spitze gebracht hatte, nicht automatisch nach ganz oben kommen würde, nur weil sich mir so viele Türen öffneten. Manche Menschen glauben, bei solchen Chancen würde der Erfolg sich ganz von selbst einstellen. Das ist aber durchaus nicht so. Präsident Reagan zum Beispiel war ein bekannter Filmschauspieler, und das machte einige wichtige Politiker auf ihn aufmerksam, aber an seiner politischen Karriere, die ihn vom Gouverneur von Kalifornien auf den Stuhl des Präsidenten der Vereinigten Staaten gebracht hat, mußte er sehr hart arbeiten.

Bei der Produktion von ›Conan, der Barbar‹ habe ich sehr viel gelernt. Und als der Film schließlich in die Kinos kam, erfüllten sich all unsere Erwartungen, denn er fand in der ganzen Welt begeisterte Zuschauer. In Deutschland war er der zweitgrößte Kassenerfolg aller Zeiten, und auch in Österreich kam er sehr gut an.

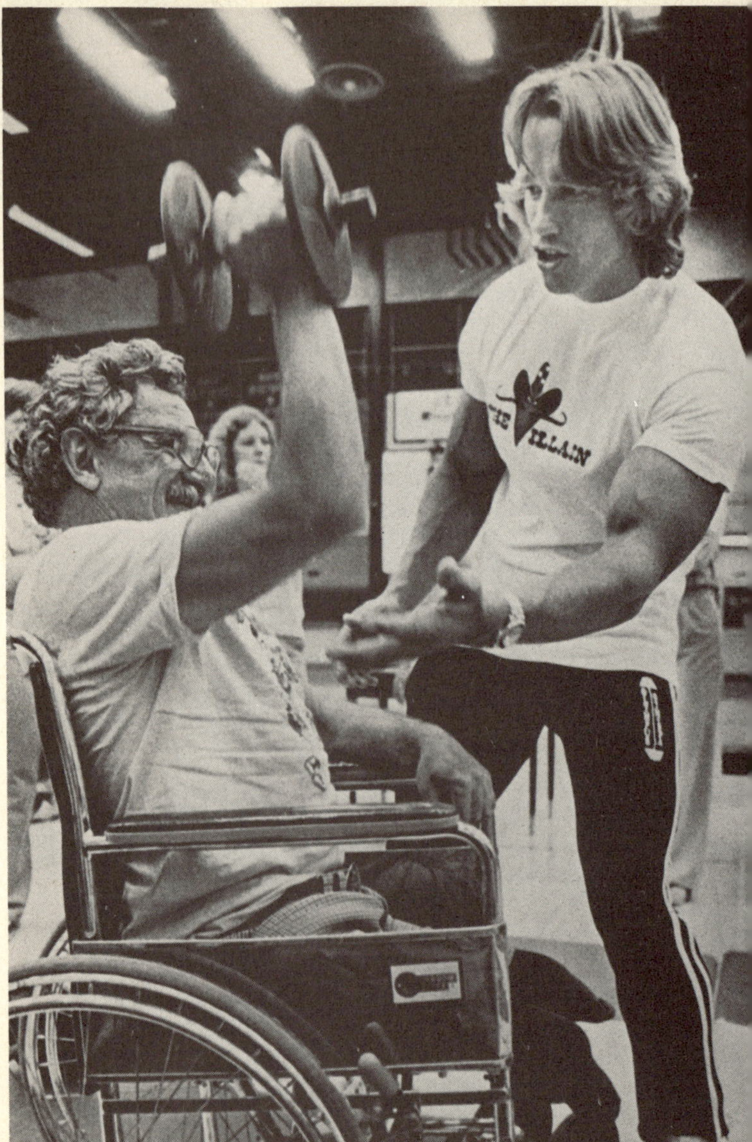

Nach einem Seminar auf dem US-Schlachtschiff ›Nassau‹ erhält Arnold eine Auszeichnung vom Kapitän

Linke Seite: Arnold bei einem Seminar für Behinderte

Arnold mit dem Chor der ›Wiener Sängerknaben‹ in seinem Haus in Santa Monica

Arnold mit dem früheren US-Präsidenten Gerald Ford

Arnold gratuliert seinem Freund Franco Colombo zum Gewinn des 2. Mr.-Olympia-Titels 1981

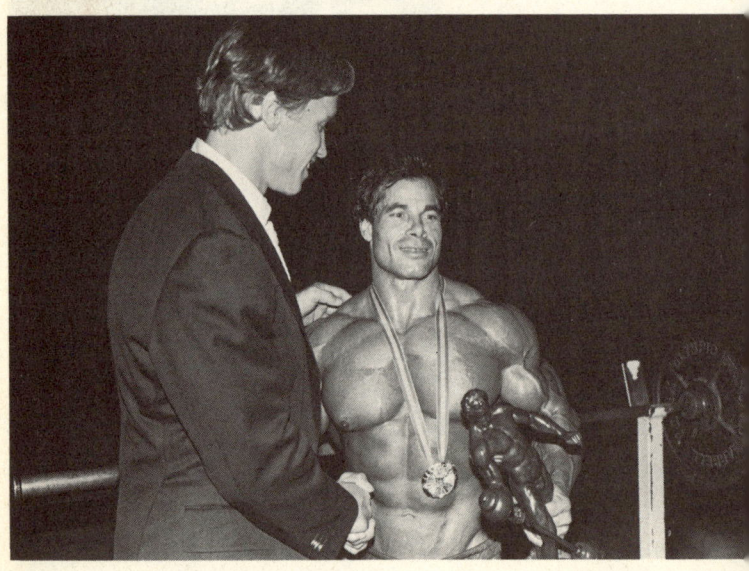

Ich wußte, Conan würde nicht an Beliebtheit verlieren (eine Art prähistorischer James Bond), und dieser Tatsache verdanke ich es, daß ich alle zwei Jahre einen Conan-Film machen kann, solange die Popularität anhält. Ich bin daher in der glücklichen Lage, bei anderen Rollen sehr wählerisch sein zu können. Ich akzeptiere nur Angebote, bei denen das Drehbuch stimmt und wo ich die Hauptrolle spiele, ob in dramatischen, abenteuerlichen, romantischen oder komischen Rollen.

Dem ersten Conan-Film folgte ›Conan, der Zerstörer‹, der ebenfalls sehr erfolgreich ist und sogar noch bessere Kritiken bekommt. Bevor die Dreharbeiten zu dem zweiten Conan-Film begannen, war ich vollauf mit der Arbeit an ›Terminator‹ beschäftigt, in dem ich eine völlig andere Rolle habe – ich spiele einen Schurken, eine Art ferngesteuerten Menschen, eine Rolle, bei der ich mich nicht auf meine Muskeln verlassen konnte. Als wir mit der Arbeit an ›Conan, der Zerstörer‹ begannen, hatte ich bereits für einen dritten Conan und für drei weitere Filmprojekte unterschrieben. Ich war immer zuversichtlich gewesen, was meine Filmkarriere angeht, aber jetzt kann ich ganz sicher sein, daß sie überaus zufriedenstellend verläuft.

In den vergangenen Jahren habe ich auch festgestellt, daß sich einem berühmten Sportler nicht nur neue finanzielle Gelegenheiten bieten, sondern daß sich auch neue soziale Kontakte ergeben. Ich werde zu Galapartys mit einigen der berühmtesten, reichsten und mächtigsten Männern der Welt eingeladen. Ich habe schon an Tennisturnieren der Prominenz teilgenommen, Seminare bei einflußreichen Vereinigungen gehalten und mit mächtigen Gremien über Politik und Wirtschaft diskutiert. Wenn man berühmt ist, hat man auch den Vorteil, eine Reihe von Menschen einfach anrufen zu können, die für normale Sterbliche nicht zu erreichen sind – von Filmstars und Regisseuren bis zu hohen Regierungsbeamten.

Diese Art sozialer Anerkennung hat mir zum Beispiel bei einem Besuch des Vatikans zu einer Audienz beim Papst verholfen. Die österreichische Regierung hat mich für meinen Beitrag zur Förderung des Fremdenverkehrs in Österreich ausgezeichnet. Ich bin an der Seite von Politikern, amtierenden und ehemaligen Staatspräsidenten, Wirtschaftsexperten, internationalen Filmstars, Spitzensportlern und vielen erfolgreichen amerikanischen Geschäftsleuten zu bedeutenden Ereignissen eingeladen worden. Dies nur als Beispiel für die vielen Gelegenheiten, die sich mir bieten.

Eines meiner Ziele war es immer gewesen, die amerikanische Staatsbürgerschaft zu erwerben. Ich liebe dieses Land der unbegrenzten Möglichkeiten. Und Möglichkeiten hat Amerika mir wirklich genug geboten – in bezug auf Ruhm, Ausbildung, geschäftlichen Erfolg und Geld. Ich fand, daß ich diesem Land, das mir all das gegeben hat, etwas schuldig bin. Gleichzeitig wollte ich aber nicht auf meine österreichische Staatsbürgerschaft verzichten. Ich möchte immer noch als Österreicher gesehen werden, denn Österreich ist schließlich meine Heimat, dort bin ich aufgewachsen und dort lebt meine Familie. Dank

Arnold mit Maria und Eunice Shriver bei der Hollywood-Premiere von ›Conan, der Zerstörer‹

einer Sondergenehmigung der österreichischen Regierung durfte ich Amerikaner werden, ohne meine Staatsbürgerschaft als Österreicher ablegen zu müssen. Besonderen Dank an dieser Stelle an Landeshauptmann Dr. Krainer. Meine Liebe zu Amerika hat an meinen starken Gefühlen für meine österreichische Heimat nichts verändert. Ich glaube, ein Mensch kann durch die ganze Welt ziehen und sich wahrscheinlich überall niederlassen, aber seine Wurzeln in der Heimat bleiben sein Leben lang erhalten. Auch für Deutschland hege ich nach wie vor tiefe Gefühle, denn die Jahre in München zwischen meinem 19. und 21. Lebensjahr haben mein späteres Leben entscheidend beeinflußt.

Damals hatte noch Albert Busek die gesamte englischsprachige Korrespondenz für mich geführt und mir ersten Sprachunterricht gegeben. Auch in Organisation, Administration und

Arnold bei einem Seminar mit Häftlingen des ›Chino‹-Gefängnisses in Kalifornien

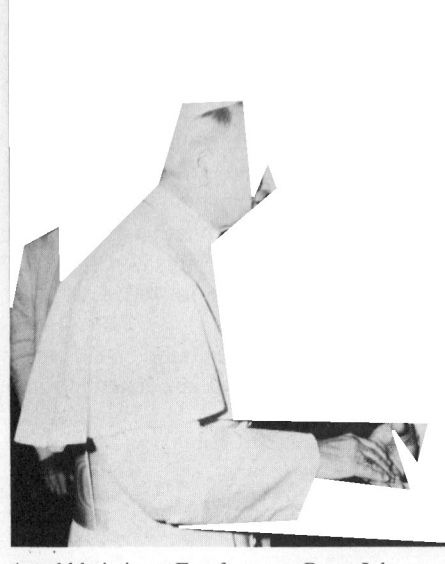

Arnold bei einem Empfang von Papst Johannes Paul II. mit Maria, Robert und Eunice Shriver

Planung habe ich in meiner Münchner Zeit von Albert viel gelernt. München war für mich das notwendige Sprungbrett, und noch heute verbindet mich mit Albert eine enge Freundschaft.

Meine Erfolge haben es mir ermöglicht, ins Grundstücksgeschäft einzusteigen. Mit meinen Filmen und den anderen Unternehmungen habe ich das Kapital für Investitionen auf dem Grundstücksmarkt geschaffen. Mit Grundstücken kann man viel Geld verdienen, aber es ist auch ein sehr anspruchsvoller und befriedigender Geschäftszweig. Man kann unbebautes Land kaufen und darauf Gebäude und ganze Gemeinden errichten. Man muß sich um die Baugenehmigungen kümmern, mit Architekten und Baufirmen zusammenarbeiten und die Finanzierung sichern. Man kann Bürohäuser und ganze Fabriken bauen oder renovieren. Ich bin sogar schon am Umbau eines ganzen Blocks mitten in einer Großstadt beteiligt gewesen. Beim Spekulieren mit Grundstücken gilt es, eine breite Vielfalt politischer, sozialer und ökonomischer Faktoren zu berücksichtigen, von denen es abhängt, ob ein Objekt im Wert steigt oder sinkt. Und was die Finanzierung angeht, so ist der Kreativität bei den finanziellen Transaktionen fast keine Grenze gesetzt.

Ich möchte meine Leser auch über mein Verhältnis zu meinem besten Freund Franco Colombo informieren. Franco und ich kommen oft zusammen, um über Dinge wie das Grundstücksgeschäft, Investitionen, Bodybuilding, aber auch persönliche Belange zu sprechen. Ich bin ein großer Bewunderer von Franco, und nach fast 20 Jahren Freundschaft stehen wir uns heute näher als je zuvor. Darüber hinaus trainieren wir noch einmal die Woche zusammen.

Wenn ich auf alles zurückblicke, was seit meiner Ankunft in Amerika geschehen ist, kann ich wohl verstehen, warum Interviewer und Journalisten mein Leben immer wieder als Verkörperung des ›amerikanischen Traums‹ bezeichnen. Als ich ankam, besaß ich fast nichts – heute bin ich wohlhabend und berühmt, habe eine glänzende Karriere vor mir, lebe in meinem eigenen, schönen Haus und besitze all die anderen Dinge, von denen so viele Menschen nur träumen können. Viele Menschen würden sich in meiner Situation am Ziel ihrer Wünsche sehen, aber für mich ist sie ein Ausgangspunkt. Es gibt noch so vieles zu tun und zu erreichen. Ich würde zum Beispiel gerne Filme produzieren, anstatt nur als Schauspieler zu fungieren. Mich interessiert sowohl der kreative als auch der geschäftliche Aspekt der Filmindustrie. Ich möchte meine Grundstücksgeschäfte weiterführen, mich auf wirtschaftlichem Gebiet fortbilden und mich vor allem weiter für die Verbreitung und Popularität des Bodybuilding-Sports einsetzen. Ich halte die Möglichkeiten der Weiterentwicklung und des Ausbaus nämlich für unbegrenzt.

Ich habe einen langen Weg hinter mir, aber ich will noch viel weiter. Ich bin noch nicht einmal in der Nähe dessen, was ich mir noch vorgenommen habe. Was mich angeht, so stehe ich erst am Anfang.

Arnold als Hauptdarsteller in ›Conan, der Zerstörer‹

Rechte Seite:
Arnold mit seiner Mutter Aurelia bei der Premiere seines ersten
Conan-Filmes in München

183

Dreimal Arnold, dreimal Erfolg. Als Geschäftsmann, als Bodybuilding/Fitness-Seminarleiter und als Filmschauspieler (hier in einer Szene seines Filmes ›Terminator‹ mit Regisseur Jim Cameron). Trotz des riesigen weltweiten Erfolges sagt Arnold Schwarzenegger: »Ich stehe erst am Anfang«!

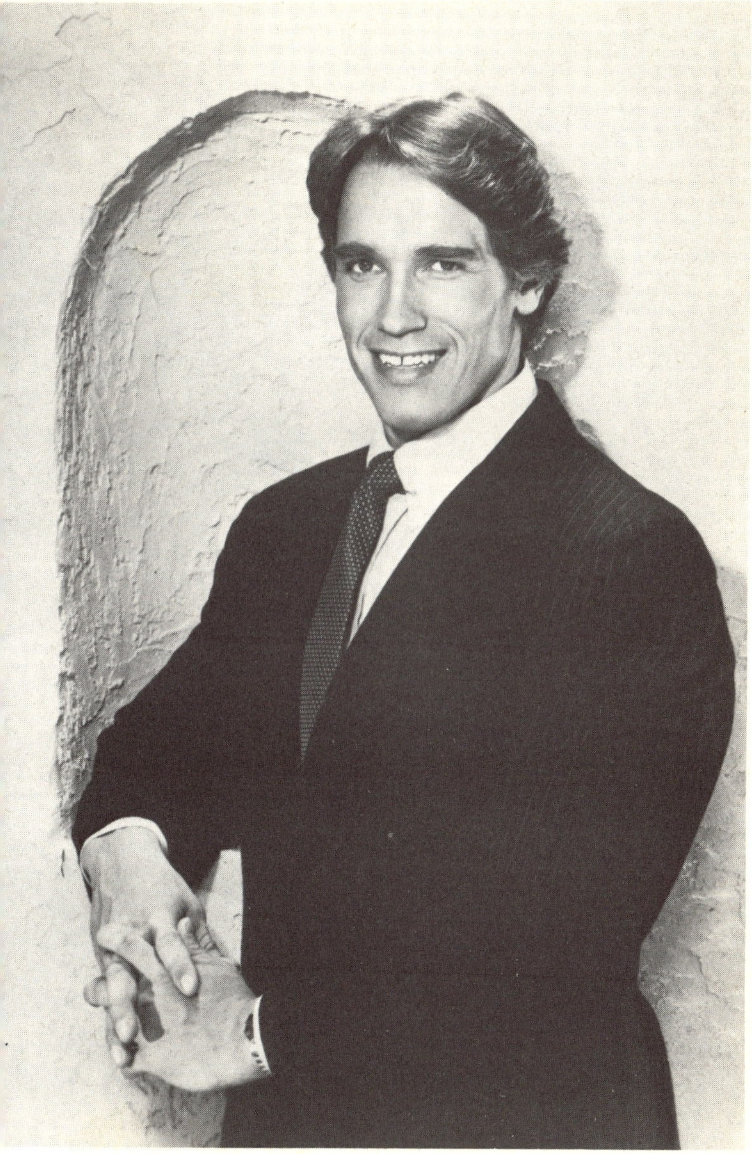

Arnold mit Albert Busek und Reg Park 1975 in Südafrika

Teil II
Muskeln

1 Einleitung

Es gibt nichts Besseres als Bodybuilding, um den Körper in Form zu bringen und seine allgemeine Kondition zu verbessern. Ob man auf Schnelligkeit oder reine Kraft aus ist, ob man laufen möchte oder Kraftausdauer anstrebt, spielt dabei keine Rolle. Die einzige Tätigkeit, die den ganzen Körper gleichmäßig und umfassend zu kräftigen vermag, ist progressives Widerstandstraining mit Gewichten – Bodybuilding.

Vor zwanzig Jahren stand man dem Bodybuilding noch weitgehend ablehnend gegenüber. Viele Trainer und andere Leute, die mit Sport zu tun hatten, vertraten den Standpunkt, es sei für Sportler kein geeignetes Training und diene nur dem Zweck, große Muskeln zu bekommen, imponierend auszusehen. Sie setzten Größe und Muskulosität mit Unbeholfenheit gleich. Alle Bodybuilder galten als steif und unbeweglich. Inzwischen ist bewiesen, daß Bodybuilding für jeden Sportler nützlich ist. Man findet heute entsprechende Einrichtungen in Schulen und Universitäten, und sie werden von allen möglichen Sportlern benutzt, vom Läufer bis zum Baseballspieler. Die amerikanischen Profi-Football-Mannschaften konnten ihre Leistungen in den vergangenen zwanzig Jahren durch geplantes Bodybuilding vor der Saison erstaunlich steigern. Als ich Brian Oldfield einmal fragte, welche Vorteile ihm Bodybuilding gebracht habe, meinte er, seine Fähigkeit, den Ball weiter und genauer zu werfen, sei eindeutig darauf zurückzuführen, daß er im Studio mit schwereren Gewichten trainiert habe. Karl Schranz, ein Skifahrer mit nur 73 kg Körpergewicht, demonstrierte im Fernsehen seine 180-kg-Hantelkniebeugen, die er als Beintraining machte. Das Training mit Gewichten ist nicht nur für den Burschen, der seinen Körper entwickeln will, um Weltmeister zu werden, ideal, sondern eignet sich genauso für jemanden, der lediglich seinen Bauch loswerden möchte und gern ein bißchen breitere Schultern hätte, oder für jemanden, der etwas für seinen Kreislauf tun muß. Auch zur physiotherapeutischen Behandlung nach orthopädischen Operationen findet Bodybuilding in zunehmendem Maße Anwendung. Doch sein Nutzen geht über körperliche Fitness weit hinaus. Bobby Fischer trainierte zum Beispiel vor den Schachweltmeisterschaften mit Gewichten, um mehr Selbstsicherheit zu gewinnen.

Bodybuilding entwickelt jeden einzelnen Muskel im Körper, und das kann man von keiner anderen Sportart behaupten. Nehmen wir Tennis. Man bekommt zwar nach einer Weile kräftigere Beine, aber an den Schulter-, Rücken-, Brust- und Bauchmuskeln ist kaum eine Veränderung festzustellen. Eine ganz ähnliche Erfahrung habe ich beim Skifahren gemacht. Ich bekam zwar ungeheuer viel Ausdauer in den Beinen, aber der Oberkörper und die Arme blieben schwach. Mit anderen Worten – bei jeder Sportart werden ein paar Muskeln, ein paar Körperpartien vernachlässigt. Doch bei progressivem Widerstandstraining kann ich Ihnen eines versprechen: Wenn Sie es richtig betreiben, werden Sie schon nach kurzer Zeit feststellen, daß Sie sich nicht nur besser fühlen und besser aussehen, sondern daß sich auch Ihr Tennis, Golfen, Schwimmen – oder was auch immer – wesentlich verbessert hat. Alle konditionellen Fähigkeiten werden besser entwickelt sein: Stehvermögen, Beweglichkeit, Koordination und Ausdauer.

Allgemeines zur Körperertüchtigung

Warum trainieren? Ein guter Grund ist der, daß wir nicht genügend Bewegung haben, um den Körper leistungsfähig und reaktionsfähig zu erhalten. Vor hundert Jahren waren wir noch gezwungen, körperlich zu arbeiten. Wir mußten zu Fuß zu einem Bauernhof gehen, um Milch zu holen, mußten schwer arbeiten, um Holz und Steine für den Bau eines Hauses zu bekommen. Wir waren gezwungen, mit unseren Händen zu arbeiten, zu laufen, zu schwimmen und unter allerlei Dingen herumzukriechen. Die Anstrengungen im täglichen Leben hielten den Körper in Form. Doch heute, da alles mit Maschinen gemacht wird, sind die Menschen bequem geworden. Ich bin da gar keine Ausnahme: Wenn ich einkaufen muß, fahre ich den einen Block zum Supermarkt mit dem Wagen.

Wenn wir uns nicht genügend Bewegung verschaffen, um die Muskeln anzuregen, verkümmern sie. Deshalb gibt es heute auch so viele unnötige Verletzungen. Die Leute heben etwas Schweres und ziehen sich dabei eine Rückenmuskelzerrung zu. Hausfrauen machen die Betten und renken sich die Schulter aus. Ein Mann will einen Reifen wechseln und zieht sich einen Bizepsriß zu. Warum? Weil der Körper nicht auf die Anstrengung vorbereitet ist. Das allein ist ein guter Grund, irgendeine Form von Bodybuilding zu betreiben.

Der menschliche Körper hat über 600 Muskeln, die aus rund 100 Milliarden Muskelfasern bestehen. Vieler dieser Muskeln sind wir uns gar nicht bewußt – Muskeln, die die Finger beugen und uns einen festen Griff geben, Muskeln, die das Augenlid öffnen, Muskeln, die so automatisch arbeiten, daß wir sie noch nie gespürt haben. Der Körper besteht zu mehr als der Hälfte aus Muskeln. An jeder unserer Bewegungen sind Muskeln beteiligt. Sie transportieren die Nahrung durch den Verdauungstrakt, saugen Luft in die Lungen und verengen in Notfällen die Blutgefäße, um den Blutdruck zu erhöhen, wenn es notwendig ist. Was mich persönlich am Bodybuilding besonders gereizt hat, war die Erkenntnis, daß ich durch dieses Trainingssystem jeden einzelnen Muskel im Körper stimulieren konnte. Ich hatte ihn vollkommen unter Kontrolle und brauchte kein Opfer seiner Schwächen zu sein.

Die meisten Menschen sind sich nur derjenigen Muskeln bewußt, die sie bei ihrer täglichen Arbeit brauchen. Doch wenn man ungewohnte Bewegungen ausführt oder sich körperlich besonders anstrengt, spürt man Muskeln, von deren Existenz man keine Ahnung hatte. Ich habe zum Beispiel Leute gesehen, die zum erstenmal einen Berg bestiegen – 15 km wandern und steigen – und dann am nächsten Tag stöhnten: »O Gott, tun mir die Waden weh... ich bin ganz steif im Kreuz.« Es war das erstemal in ihrem Leben, daß sie ihre Waden oder ihre untere Rückenpartie gespürt hatten. Es war ihnen noch nie aufgefallen, daß sie an diesen Stellen Muskeln hatten.

Ich weiß noch, wie meine Mutter einmal beim Bettenmachen die schweren Matratzen hob und sich dabei eine Bizepszerrung zuzog. Es war das erstemal, daß ihr bewußt wurde, daß sie überhaupt einen Bizeps hat. Und gleichzeitig war sie damals entsetzt, daß ich Bodybuilding machte, daß ich so eifrig darauf bedacht war, in Form zu bleiben, damit solche Verletzungen gar nicht erst auftreten.

Den meisten Menschen ist es lieber, wenn ihre Muskeln anonym bleiben. Daß der Körper sich bewegt, ist für sie selbstverständlich. Und wenn dann etwas passiert, sind sie äußerst bestürzt. Zu den Vorzügen des Bodybuilding zählt die Tatsache, daß man sich sämtlicher Muskeln des Körpers bewußt wird. Man bekommt an manchen Stellen Muskelkater, wenn man trainiert. Man erkennt, was für ein unglaublich komplexes System der Körper ist. Und deshalb ist es äußerst wichtig, daß man sich am Anfang, solange man noch die Grundlage für das spätere Training legt, wirklich sensibel auf den Muskelschmerz reagiert und sich richtig darauf einstellt. Merken Sie sich das Schmerzgefühl und bringen Sie es im Geist mit den Übungen in Verbindung, die dazu geführt haben. Das wird Ihnen später, wenn Sie bestimmte Körperpartien gezielt trainieren, hilfreich sein, weil Sie dann wissen, daß Sie sich zur Entwicklung dieser Partien auf eine bestimmte Art von Übungen konzentrieren sollten. Betrachten Sie den Muskelkater von Anfang an als etwas Positives, als ein Zeichen für Muskelaufbau, für Entwicklung.

Geist und Körper

Achten Sie darauf, daß Sie am Anfang nicht nur den Körper trainieren, sondern auch den Geist. Schließlich ist es der Geist, der Sie zum Trainieren anregt; er schaltet den Körper sozusagen an. Und weil der Geist die motivierende Kraft zum Körpertraining ist, muß er zuerst ›trainiert‹ werden. Wenn der Geist nicht will, daß man Gewichte hebt, dann wird der Körper es auch nicht tun.

Der Geist hat unglaubliche Fähigkeiten. Wenn Sie ihn einmal hinreichend beherrschen, um seine Kräfte in positive

Bahnen zu lenken, sind Sie zu Höchstleistungen fähig. Sie können alles erreichen, was Sie wollen. Das Geheimnis liegt darin, den Geist dazu zu bringen, *für* einen zu arbeiten – nicht gegen einen. Das setzt voraus, daß man sich stets eine positive Einstellung bewahrt, daß man sich ständig neue Ziele setzt und sie beharrlich verfolgt, Ziele, die zu erreichen sind – morgen, nächste Woche oder nächsten Monat. »Ich kann nicht...« sollten Sie ein für allemal aus Ihrem Vokabular streichen, besonders aus Ihrem gedanklichen Vokabular. Sie müssen sich ständig in einem Prozeß der Weiterentwicklung sehen.

Bemühen Sie sich, den Körper in kleinen Schritten zu verbessern. Treiben Sie den Geist nicht allzusehr an; lassen Sie ihn lieber ein bißchen zappeln, damit er hungrig bleibt und von sich aus mehr verlangt. Deshalb würde ich Ihnen empfehlen, klein anzufangen, mit einem relativ einfachen Programm. Trainieren Sie so, daß der Körper zum Geist sagt: »Ich fühle mich gut, das ist mir nicht zu anstrengend. Ich könnte gut noch mehr vertragen!« Geben Sie ihm mehr, ein bißchen mehr. Und dann können Sie bei Ihrer Übung das Trainingsgewicht und die Zahl der Wiederholungen langsam steigern.

Ein Grund

Sie sollten wissen, warum Sie zu trainieren anfangen. Das ist einer der wichtigsten Schritte für den Beginn eines erfolgreichen Bodybuilding-Programms. Sie sollten nicht ins Studio gehen, nur weil jemand sagt: »He, du bist ein richtiger Fettmops. Du solltest ein bißchen Bodybuilding machen, damit du in Form kommst.« Das ist kein guter Grund, weil Sie dann nur versuchen würden, die Wünsche eines anderen zu befriedigen, nicht Ihre eigenen. Sie *selbst* sollten einen guten Grund haben, warum Sie Bodybuilding beginnen möchten. Am besten setzen Sie sich einmal hin und überlegen sich dies: »Was will ich damit erreichen? Welches Ziel strebe ich an?«

Seien Sie ehrlich. Ehrlichkeit ist der Schlüssel zu den Fortschritten, die Sie erzielen können. Ihr Grund könnte zum Beispiel der sein, daß Sie Bodybuilder werden möchten, aktiver Bodybuilder. Das bringt Sie bestimmt ins Studio. Aber auch, wenn Sie nur eine etwas schlankere Taille möchten, sollten Sie das Problem klar und deutlich formulieren: »Ich will dieses Gewichtstraining machen, damit ich diesen Bauch loswerde.« Oder: »Ich bin Arzt und weiß genau, was meine Patienten denken, wenn sie mich ansehen – ›Der ist ja ein feines Vorbild‹.« Was immer Ihr Grund sein mag – schreiben Sie ihn auf und legen Sie den Zettel irgendwohin, wo Sie ihn in den kommenden Monaten immer sehen.

Als nächstes müssen Sie sich überlegen, wie Sie aussehen möchten. Auch hier sollten Sie ganz klare Vorstellungen haben. Mein persönliches Vorbild war Reg Park. Ich hatte sein Bild so deutlich vor Augen, daß ich mich förmlich in Reg Parks Körper sehen konnte. Dieser zweite Schritt, sich im Geist ein Bild zu machen, erzeugt das, was ich ›Wunschkraft‹ nenne. Man hat ein Bild davon, wie man aussehen möchte, und das wiederum erzeugt die Willenskraft, ins Studio zu gehen und zu trainieren. Nun haben Sie ein Ziel. Ohne es wären Sie wie ein Schiff ohne Bestimmungshafen. Sie müssen wissen, warum Sie trainieren, damit Sie Ihr Bestes geben und vorankommen.

Ich halte in der ganzen Welt Seminare ab, und das erste, was ich höre, ist: »Lerne ich in diesem Seminar, wie man einen Curl macht? Werden Sie uns das Bankdrücken erklären?« Worauf ich dann sage: »Einen Moment mal, in der ersten Stunde befassen wir uns nur mit unseren Zielen. Damit, *warum* wir trainieren. Warum wir abends nicht zum Tanzen gehen, sondern ins Studio und dort zwei Stunden Übungen machen.« Vielen will das nicht in den Kopf, was ich sage: sie denken, die Übungen im Studio seien das Wichtigste. Doch ich behaupte, daß es am wichtigsten ist, klare Vorstellungen zu haben, ehrlich zu sich selbst zu sein. Die Übungen sind der leichtere Teil.

Den Körper analysieren – realistisch sein

Es ist äußerst wichtig, daß Sie sich vor Beginn des Trainings einmal ansehen, um herauszufinden, welchem Konstitutionstyp Sie zuzuordnen sind – dem ektomorphen, dem endomorphen oder dem mesomorphen. Dabei ist zu beachten, daß diese Körperbautypen nicht scharf gegeneinander abgegrenzt sind.

Die meisten Menschen weisen Merkmale von mehr als einem Typus auf. Versuchen Sie dennoch herauszufinden, welche Merkmale bei Ihnen vorherrschen.

Der Ektomorphe: Ein schlankwüchsiger Mensch mit leichtem, schmalem Knochenbau und langen, dünnen Muskeln. Der ektomorphe Typ hat es schwer, Muskelmasse aufzubauen und Kraft zu bekommen.

Der Endomorphe: Ein untersetzter Mensch mit kräftigen Knochen und Neigung zu Fülle und Gedrungenheit. Der endomorphe Typ nimmt schnell zu und bewältigt viel Trainingsgewicht. Sein Körper bleibt eher klobig und wuchtig, ohne große Einschnitte und Definition.

Der Mesomorphe: Von der Anatomie her der ideale Körper für progressives Gewichttraining. Der mesomorphe Typ ist von großer Statur und bringt die Voraussetzungen für schnelles Muskelwachstum mit.

Auch Sie können Ihren Körper durch Gewichtstraining verbessern. Sie müssen nur darauf hinarbeiten, Ihr volles Potential zu erreichen, mehr ist nicht zu erwarten. Dieses Potential ist sowohl zwischen den drei Konstitutionstypen als auch individuell innerhalb jedes Typs sehr verschieden.

Wenn Sie dünngliedrig sind, also ein ektomorpher Typ, haben Sie es zwar am schwersten, Muskeln aufzubauen, aber es ist nicht aussichtslos. Sie müssen etwas für Ihren Stoffwechsel tun und möglicherweise eine Schilddrüsenstörung beheben, um zuzunehmen – es besteht also gewissermaßen keine Gefahr, daß Sie zu muskulös werden.

Wenn sie ein endomorpher Typ sind, einer dieser rundlichen Menschen, die ohnehin nicht viel Muskeltonus haben, sollten Sie sich darüber im klaren sein, daß Sie es vermutlich nicht ganz bis zum Weltmeister schaffen. Sie haben es zwar nicht so schwer wie der ektomorphe Typ, müssen aber wesentlich mehr Willenskraft aufbringen als der mesomorphe Typ mit seiner kräftigen Muskulatur. Wenn Sie ein mesomorpher Typ sind, also athletisch und muskulös, dann sind Sie derjenige, der vielleicht – mit der richtigen inneren Einstellung – den Körper eines Weltmeisters erreichen könnte.

Das sind natürlich alles Verallgemeinerungen. Die Kraft des Geistes kann zu erstaunlichen Leistungen beflügeln. Vielleicht liest ein endomorpher Typ diese Zeilen und widerspricht mir ganz entschieden. Er hat sich in den Kopf gesetzt, Mr. Universum zu werden, und nichts, was Arnold sagt, kann ihn davon abbringen. Hut ab vor diesem Mann! Wenn er fest und lange genug daran glaubt und entsprechend hart und schonungslos trainiert, dann könnte er es schaffen.

Was kann man mit regelmäßigem Training erreichen?

Wenn Sie gewissenhaft trainieren und die Übungen technisch einwandfrei ausführen, sollten Sie schon nach kurzer Zeit eine Steigerung der Körperkraft und ein Verbesserung der Koordination feststellen. Sie werden gelenkiger und geschmeidiger sein. Sie werden Arbeiten körperlicher wie geistiger Natur weniger anstrengend finden. Ihre Körperhaltung wird sich verbessert haben. Sie werden sich besser entspannen können und auch fähig sein, Streß und Anspannung bewußt abzubauen. Ihr Herz sollte kräftiger werden, und Ihr Kreislauf sollte sich bessern. Sie werden unempfänglicher für Krankheiten sein. Sie werden weniger verletzungsanfällig sein, und falls Sie sich doch einmal verletzen, wird es schneller heilen.

Vor Beginn des Trainings ein Check-up beim Arzt

Man ist nie zu alt, um etwas für den Körper zu tun, und es gibt keinen Körper, der sich durch regelmäßiges Training nicht verbessern ließe. Doch wenn Sie über fünfundzwanzig sind, sollten Sie sich vom Arzt untersuchen lassen, bevor Sie ein anstrengendes Training aufnehmen – das gilt auch für Jogging, Tennis, Handball und andere Sportarten. In aller Regel wird Ihnen Ihr Arzt freie Bahn für Ihr Vorhaben geben. Und falls Sie nicht ganz gesund sein sollten, kann er geeignete Maßnahmen ergreifen, um das Problem zu beheben; vielleicht kann er Ihnen auch nützliche Hinweise oder Ratschläge geben, wie Sie das Übungsprogramm modifizieren können, um den größten Nutzen daraus zu ziehen.

Ich halte eine Allgemeinuntersuchung für wichtig. Sie finden dabei nicht nur heraus, ob Sie ein gesundes Herz haben oder nicht, sondern auch, ob Sie etwa an erniedrigtem Stoffwechselgrundumsatz, einer Schilddrüsenstörung oder an Vitaminmangel leiden. Das sind alles Dinge, die einen Einfluß darauf haben, wie Sie zu- oder abnehmen. Sie können sich nachteilig auswirken und dazu führen, daß Ihr Körper trotz harten Trainings, richtiger Ernährung und genügend Schlaf nicht in der gewünschten Weise reagiert.

Wenn Sie sich bereits sportlich betätigen und verhältnismäßig gesund sind, können Sie ohne oder mit nur kurzer Anlaufzeit mit den Übungen beginnen. Falls Sie schlecht in Form sind und/oder lange keinen Sport getrieben haben, sollten Sie langsam anfangen und sich schrittweise steigern.

Ernährung für den Aufbau von Muskeln

Jeder, der ein Bodybuilding-Training aufnimmt, sollte gewisse Grundkenntnisse über die Ernährung haben. Schon das Wort *Bodybuilding* deutet an, daß wir es hier mit Aufbau zu tun haben. Ein Trainingsprogramm allein reicht dazu nicht aus. Durch Körperübungen wird nur die schon vorhandene Muskulatur gekräftigt. Zum Aufbau von Muskelmasse brauchen wir Nährstoffe, die das Muskelwachstum fördern. Ich werde in diesem Abschnitt nur in Grundzügen darlegen, worauf es bei der richtigen Ernährung ankommt. Das sollte den Bedürfnissen der meisten Leser genügen. Wer ein spezielles Problem hat, sollte einen Arzt konsultieren und sich in Büchern über Diät und Ernährung informieren.

Es gibt drei Hauptnahrungsstoffe – Proteine (Eiweiße), Kohlenhydrate und Fette. Alle drei sind für eine ausgewogene Ernährung notwendig. Ich würde Ihnen empfehlen, sich für die Planung Ihrer Diät eine kleine Kalorientabelle zu besorgen. Achten Sie darauf, daß sie neben den Kalorien auch alle Nährstoffangaben enthält – wieviel Gramm Protein, Kohlenhydrate und Fette in jeder Portion enthalten sind. Benützen Sie die Tabelle, um die Zufuhr an Aufbaustoffen und Energielieferanten richtig zu steuern.

Protein ist für den Bodybuilder der wichtigste Nährstoff. Protein fördert die Bildung, Erhaltung und Wiederherstellung des Muskelgewebes. Normalerweise benötigt der Mensch täglich 1 g Protein pro kg Körpergewicht. Der Bodybuilder braucht mehr – etwa 2 g pro kg Körpergewicht. Wer gerade ein Superaufbauprogramm betreibt, benötigt eine noch größere Tagesmenge – mindestens 3 g Protein pro kg Körpergewicht.

Die hochwertigsten Proteine sind tierischer Herkunft – sie kommen in Eiern, Fisch, Geflügel, Fleisch und Milchprodukten vor. Von wesentlich geringerem Wert (weil sie nicht so leicht assimiliert werden) sind Proteine pflanzlicher Herkunft – enthalten in Bohnen, Reis, Mais, Erbsen und Nüssen. Um diese dem Körper leichter zugänglich zu machen, sollten sie zusammen mit tierischem Protein eingenommen werden. In der Regel erfährt der Bodybuilder den schnellsten Muskelzuwachs, wenn er sein Protein aus tierischen Quellen bezieht.

Kohlenhydrate erhöhen den Blutzuckerspiegel und versorgen die Muskeln mit Energie. Die Nahrung muß eine gewisse Menge an Kohlenhydraten enthalten, um den Energiebedarf des Körpers sicherzustellen, damit eine optimale Nutzung des vorhandenen Proteins gewährleistet ist.

Fette sind zu einer gesunden Ernährung ebenfalls wichtig. Sie spenden dem Körper Wärme und stellen die optimale Funktion und den optimalen Zustand von Organen und Geweben sicher; daneben sind sie das notwendige Lösungsmittel für die Vitamine A, D und E.

Neben Proteinen, Kohlenhydraten und Fetten sollten Sie auch genügend Vitamine und Mineralstoffe zu sich nehmen. Am besten bezieht man sie aus der normalen Kost, doch in Zeiten intensiven Trainings empfiehlt es sich, zusätzlich Vitamin- und Mineralstoffpräparate einzunehmen.

Der Körper braucht zur Aufrechterhaltung der Stoffwechselvorgänge folgende Vitamine:

Vitamin A – wichtig für gutes Sehen, für den Schutz der äußersten Hautschicht und zur Erhaltung der Hals- und Nasenschleimhäute. Quellen: Eier, Leber, Milch, Karotten, Spinat.

Vitamin-B-Komplex (zwölf B-Vitamine, einschließlich Niazin, Riboflavin und Thiamin) – unerläßlich zur Aufrechterhaltung der Nervenfunktion und der normalen Funktion des Verdauungsapparates. Quellen: Eier, ganze Körnerfrüchte, Geflügel, grünes Gemüse, Fisch, Obst, Milch, Bierhefe.

Vitamin C – fördert die Heilung; erhöht die Resistenz gegenüber Infektionskrankheiten; unterstützt die Neubildung von Bindegewebe; kräftigt das Knochengerüst und das Gefäßsystem. Quellen: Zitrusfrüchte, Tomaten, grünes Gemüse.

Vitamin D – wichtig für starke Knochen und Zähne. Quellen: Milch, Fisch, Eigelb, Hühnerleber und vor allen Dingen direktes Sonnenlicht.

Vitamin E – unterstützt die Funktionen des Gefäßsystems, der Atmungsorgane und des Fortpflanzungsapparates. Quellen: Weizenkeime, Pflanzenöle, Eier, grünes Blattgemüse.

Neben Vitaminen benötigen Sie zur Gesunderhaltung hinreichende Mengen an Mineralstoffen und Spurenelementen: Kalzium, Magnesium, Phosphor, Eisen, Jod, Kalium, Natrium, Kupfer, Zink und Mangan.

Die Nahrungsmittel werden in vier Gruppen eingeteilt. Diese sollten Sie kennen und dafür sorgen, daß die tägliche Kost von jeder Gruppe etwas enthält.
1. Milch/Milchprodukte (Vollmilch, Käse, Quark, Joghurt).
2. Fisch, Geflügel, Fleisch und Eier.
3. Obst und Gemüse (am besten frisch).
4. Brot, Getreideflocken, Fette.

Sie werden sich natürlich auf die beiden ersten Gruppen konzentrieren, weil diese Nahrungsmittel viel Protein enthalten. Dennoch sollten Sie Kohlenhydrate und Fette nicht vernachlässigen. Sie brauchen die Energielieferanten, damit Sie das Training durchhalten.

Was jeder Bodybuilder (bzw. jeder, dem das Wohlergehen seines Körpers nicht gleichgültig ist) von seinem Speisezettel streichen sollte, sind extrem verfeinerte bzw. vorbehandelte Nahrungsmittel. Tun Sie sich einen Gefallen: Essen Sie Dinge, die Ihnen Qualität und Vitalität liefern. Ersetzen Sie alle raffinierten Zuckerarten durch Honig.

Meiden Sie Kuchen, Süßigkeiten, Pommes frites und abgepackte Snacks. Stillen Sie Ihren Appetit auf Süßigkeiten mit frischem Obst.

Diejenigen Leser, die abnehmen möchten, können das ganz einfach dadurch erreichen, daß sie auf Süßigkeiten verzichten, wie oben empfohlen, beim Essen auf proteinhaltige Nahrungsmittel achten und regelmäßig trainieren. Doch all denen, die wirklich Muskeln aufbauen wollen, möchte ich hier noch meine Superaufbaudiät vorstellen.

Das Geheimnis zu schneller Gewichtszunahme ist eine proteinreiche, kalorienreiche Diät. Der Körper kann bei einer Mahlzcit nur eine bestimmte Proteinmenge wirksam verwerten: 30–50 g sind anscheinend die Höchstmenge. Sechs kleine Mahlzeiten am Tag (anstelle von drei großen) sind der ideale Weg für eine geregelte Proteinzufuhr. Kleinere Mengen werden vom Verdauungsapparat leichter bewältigt, und es besteht auch keine Gefahr, daß der Magen überdehnt wird. Die folgende Diät beruht auf dem Prinzip häufiger kleiner Mahlzeiten und liefert knapp über 5000 Kalorien (ca. 21 000 Joule) und 300 g Protein.

1. Frühstück: 7 Uhr 30
3 Eier; ¼–½ Pfund Rinderpastete; 2 Scheiben Toast mit Butter; 2 Gläser Milch

2. Frühstück: 10 Uhr
Ein halbes Sandwich, Fleisch; 1 hartgekochtes Ei; 1 Glas Milch

Mittagessen: 12 Uhr 30
1 Sandwich mit Fleischbelag; 1 Käsesandwich; 2 Gläser Milch; Obst

Nachmittagsimbiß: 15 Uhr
1 hartgekochtes Ei; 3 Scheiben Käse; 2 Gläser Milch

Abendessen: 18 Uhr
½–¾ Pfund Rinderhack; 1 gebackene Kartoffel mit Butter; Salat; Gemüse (Mais, Bohnen, Erbsen etc.); 2 Gläser Milch

Snack vor dem Zubettgehen: 21 Uhr
Proteingetränk: 2 Gläser Milch, 8 gestrichene Eßlöffel Aminovit (mind. 60% Protein), 1 Ei, ¼ Pfund Eiscreme. Im Mixer vermischen.

Diese Diät habe ich für Berufstätige und Studenten zusammengestellt. Sie können die Mahlzeiten beliebig umstellen, wie es für den Tagesablauf am günstigsten ist, solange Sie jeweils zweieinhalb bis drei Stunden Pause dazwischen einhalten. Weitere Vorschläge, die Ihnen helfen, schnell zuzunehmen:

1. Bringen Sie Ihr Mittagessen von zu Hause mit zur Arbeit. Machen Sie sich Sandwiches mit Roastbeef, Hackbraten, Tatar, Thunfisch, Leberwurst, Hühnerfleisch, Truthahn, Schinken, Eiern, Erdnußbutter oder Käse.

2. Essen Sie nur Vollkornbrot, Roggenbrot oder Pumpernickel.

3. Essen Sie Acajounüsse, wenn Sie zwischen den Mahlzeiten Hunger bekommen sollten. Diese Nüsse enthalten Protein und Fett und liefern somit zusätzlich Kalorien.

4. Auch Trockenfrüchte sind kalorienreich und enthalten Vitamine und Mineralstoffe.

5. Bereiten Sie Sandwiches, Salate und Gemüse möglichst immer mit Öl oder Salatsaucen zu.

6. Nehmen Sie an den Trainingstagen noch einen zusätzlichen Proteindrink (Aminovit) zu sich.

7. Stellen Sie für die Mahlzeiten einen festen Zeitplan auf. Der Körper liebt Regelmäßigkeit und entwickelt sich prächtig dabei. Lassen Sie nie eine Haupt- oder Zwischenmahlzeit aus.

8. Hier drei gute Snacks zum Zunehmen, alle mit Quark bzw. Hüttenkäse oder Frischkäse:
(A) Quark (½ Pfund) mit 1 Dose Thunfisch, Avocado
(B) Quark vermischt mit frischem oder eingemachtem Obst
(C) Quark vermischt mit Nüssen.

9. Damit Ihr Wasserhaushalt während des Trainings nicht gestört wird, sollten Sie zwischen den Übungen öfer etwas trinken. Bereiten Sie für diesen Zweck folgendes Getränk zu: den Saft von einer oder zwei Zitronen in 1 l warmes Wasser geben, 3 Eßlöffel Honig hinzufügen und alles gut vermischen.

10. Ein guter Appetitanreger ist etwas Rotwein (5 Eßlöffel) mit einem Eigelb vermischt, zu trinken eine halbe Stunde vor dem Essen.

11. Ein fantastisches Gericht zur Muskelbildung ist meine eigene Burger-Variante, der ›Muskel-Burger‹:
1 Pfund gehackte Lende (Tatar)
3 ganze Eier
8 Vollkorn-Cracker
gehackte Zwiebeln.

Die Eier und das Fleisch mit einer Gabel in einer großen Schüssel vermischen. Die Cracker zerkrümeln und mit den gehackten Zwiebeln untermischen. So lange rühren, bis die Mischung halbfest wird. Wie einen normalen Hamburger braten – nicht zu lange.

Übungsarten

Sie werden zur Entwicklung Ihres Körpers drei verschiedene Arten von Übungen machen:

1. Übungen für den Rumpf und die obere Extremität – um Arme, Brust, Schultern und Rückenmuskulatur zu trainieren.
2. Übungen für die untere Extremität – um Oberschenkel und Waden zu trainieren und Beine und Hüften zu kräftigen.
3. Bauchübungen – um die Taille zu straffen, zu kräftigen und muskulöser zu machen und die Körperhaltung zu verbessern.

Sie sollten sich im Spiegel betrachten und den Körper in drei Bereiche einteilen – den oberen, den mittleren und den unteren. Jeder Bereich ist so wichtig wie die beiden anderen. Viele Leute meinen, sie müßten nur die Brustmuskeln und die Arme trainieren. Das ist falsch. Alle drei Körperbereiche benötigen die gleiche Aufmerksamkeit. Die Bauchmuskeln sind notwendig, um die lebenswichtigen Organe zu umschließen und den Körper zusammenhalten; die untere Rückenpartie ist notwendig, um Gegenstände hochheben zu können; man braucht die Beine, die Waden, den ganzen Oberkörper. Jeder Muskel im Körper ist wichtig. Die Waden zählen genausoviel wie der Bizeps. Man kann große Wettkämpfe verlieren, weil man keine guten Waden hat. Es hat sogar schon Leute gegeben, die wegen schwacher Unterarme Wettkämpfe verloren haben. Teilen Sie Ihren Körper also in die drei Bereiche ein, werden Sie sich ihrer bewußt und trainieren Sie sie alle mit gleicher Begeisterung.

Ganz gleich, wie Ihre persönlichen Probleme hinsichtlich der Muskelentwicklung auch aussehen mögen: Sie werden Übungen für alle drei Körperbereiche ausführen. Wenn Sie einen weichen, schlaffen Körper haben, müssen Sie natürlich mehr Bauchübungen machen und eine kohlenhydratarme, kalorienarme Diät einhalten. Wenn Sie Untergewicht haben, sollten Sie hauptsächlich Oberkörper- und Beinübungen machen und eine proteinreiche, kalorienreiche Kost zu sich nehmen. Und wenn Sie etwa Normalgewicht haben, können Sie alle drei Übungsgruppen zu einem ausgewogenen Programm zusammenstellen und dabei eine normale, gemischte Kost essen, die jedoch reich an proteinhaltigen Nahrungsmitteln sein sollte.

2 Grundlagentraining

Freiübungen

Jedem Anfänger sei empfohlen, sich zunächst mit ›Freiübungen‹, wie wir sie nennen wollen, eine solide Grundlage zu schaffen. Diese Übungen können Sie ohne teure Studioausrüstung machen. Alles, was Sie dazu brauchen, sind Ihr Körper und ein paar normale Möbel.

Wie wertvoll solche Übungen ohne Geräte sind, wurde mir in jenem Sommer klar, bevor ich ernsthaft mit Bodybuilding anfing. Ich hatte mich damals Bodybuildern und anderen Sportlern angeschlossen, die regelmäßig an einem See in der Nähe von Graz zusammenkamen, um dort eine Stunde lang zu trainieren. Ihr Programm enthielt etwa 15 bis 20 Übungen, die sie sich selbst ausgedacht hatten und in beliebiger Reihenfolge ausführten. Sie suchten sich zum Beispiel einen Baum, an dessen Ästen sie Klimmzüge mit Obergriff oder normale Klimmzüge mit weitem Griff machen konnten. Sie machten normale Liegestütze oder Liegestütze mit hochgestellten Beinen; sie machten Beinheben und Sit-ups. Nachdem ich ein paar Wochen mit ihnen zusammen trainiert hatte, stellte ich fest, daß mein Körper kräftiger und besser in Form war als je zuvor.

Freiübungen haben eine tonisierende Wirkung auf die Muskeln und die inneren Organe. Sie regen den Kreislauf an, ohne den Körper zu sehr zu belasten, und sind ganz allgemein gut für die Gesundheit. Freiübungen formen den Körper auf einzigartige Weise; die bestgebauten Männer der Welt haben solche Übungen alle in ihrem Trainingsprogramm. Freiübungen fördern die Muskelgröße sowie die Definition und schaffen ein Muskelrelief, das dem Körper das Aussehen einer griechischen Statue verleiht.

Freiübungen sind hervorragend geeignet, um ein Bodybuilding-Training zu beginnen. Sie vermitteln einem zum erstenmal das Gefühl, die Muskeln aufgepumpt zu haben – zum Beispiel wenn man viele Liegestütze macht und plötzlich spürt, wie das Blut in die Brustmuskeln strömt. Dieses Gefühl, auch ›pump‹ genannt, sollte man nutzen, um den Körper auf die späteren Übungen vorzubereiten.

Ich werde Ihnen ein Anfängerprogramm vorstellen, das Sie bestimmt in Form bringt. Es ist kein Programm für Weichlinge. Nehmen wir an, Sie wiegen 70 kg: diese 70 kg können Sie einsetzen, um Widerstandstraining zu machen. Manche Freiübungen bringen Ihnen das gleiche Ergebnis wie Übungen mit Gewichten; Liegestütze haben zum Beispiel die gleiche Wirkung wie Bankdrücken mit mittelschwerem Gewicht. Ein Liegestütz im Handstand ist äquivalent zu einer Wiederholung Nackendrücken oder normales Langhanteldrücken im Stehen. Und wenn Sie einen Besenstiel über zwei Stühle legen und sich mit gestrecktem Körper daran hochziehen, ist die Wirkung die gleiche wie beim Rudern in Vorbeuge.

Die ersten Übungen können zu Hause ausgeführt werden, also ohne teure Studiogeräte. Die brauchen Sie am Anfang noch nicht. Sie sollten sich zunächst eine Grundlage schaffen, indem Sie die Muskeln stimulieren und den Körper mit Hilfe des eigenen Gewichts auf das Widerstandstraining vorbereiten. Und wenn Sie mit dieser Vorbereitung fertig sind – sie sollte zwei bis sechs Monate dauern, je nachdem, wie gut oder schlecht Sie am Anfang in Form waren und wie schnell Sie Fortschritte machen –, können Sie ohne Bedenken mit dem Bodybuilding im Studio beginnen. Wenn das Sportcenter entsprechend ausgestattet ist und vor allem die qualifizierte Betreuung gewährleistet ist, können Sie auch sofort im Club beginnen.

Es kann losgehen

Für Berufstätige oder Studenten ist meist der Spätnachmittag oder Abend die günstigste Zeit zum Trainieren. Möglich, daß Ihnen Ihr Tagesablauf eine andere Trainingszeit vorschreibt – vielleicht frühmorgens vor der Arbeit. Man kann zu jeder Tageszeit gute Fortschritte machen. Ich selbst bin morgens noch nicht der Stärkste, wie ich festgestellt habe, aber morgens erholt sich mein Körper am besten, meine Gedanken sind noch nicht mit anderen Dingen beschäftigt, und so kann ich den Übungen meine volle Aufmerksamkeit schenken. Deshalb trainiere ich morgens von 9–11, bevor ich irgend etwas anderes mache.

Zwei einfache Regeln sollten Sie beachten:

1. Die beste Zeit zum Trainieren ist etwa eine Stunde vor dem Essen oder zwei Stunden nach einer Hauptmahlzeit.

2. Essen Sie möglichst zwei Stunden vor dem Training etwas, damit Ihr Energieniveau hoch ist.

Viele Leute machen den Fehler, zwei verschiedene Dinge gleichzeitig zu machen, nämlich zu essen und zu trainieren. »Es ist Mittagspause«, denken sie sich, »also esse ich jetzt etwas, und dann trainiere ich schnell ein bißchen.« Aber so geht das nicht. Gleich nach dem Essen braucht der Magen viel Blut zur Verdauung. Ein Teil des Bluts, das sonst den Muskel versorgt, geht also in den Magen. Wenn man zu kurz nach dem Essen trainiert, wird die Nahrung schlecht verdaut. Ich würde Ihnen raten, niemals kurz vor oder kurz nach einer Mahlzeit zu trainieren. Beides ist schlecht. Lassen Sie dem Körper mindestens eine halbe bis eine dreiviertel Stunde Zeit, um sich von der Anstrengung des Trainings zu erholen, und mindestens eine dreiviertel bis eine Stunde, um das Essen zu verdauen.

Im übrigen gibt es keine ›beste‹ Tageszeit zum Trainieren. Wenn Sie von neun bis fünf arbeiten, finden Sie es vielleicht erfrischend, um sechs Uhr aufzustehen und vor dem Frühstück eine Stunde zu trainieren. Das machen viele Top-Bodybuilder, die sich tagsüber um ihre Geschäfte kümmern müssen. Zwei gute Beispiele sind Bill Pearl und Reg Park, die morgens von fünf bis sieben trainieren. Sie haben sogar für die Weltmeisterschaft frühmorgens trainiert und zu dieser frühen Stunde ihre Kniebeugen mit 180 und 225 kg gemacht. Das sind Morgenmenschen, die das Morgentraining für sich am günstigsten halten. Andere Menschen arbeiten abends bis spät in die Nacht hinein. Sie müssen sich nach der Arbeit erst ein bißchen hinsetzen, sich etwas sammeln und die Geschehnisse des Tages aus dem Kopf vertreiben; und dann beginnen sie mit dem

Gewichtstraining. Es macht ihnen nicht das geringste aus, von 22 Uhr bis Mitternacht zu trainieren. Das ist eine ganz persönliche Sache. Sie müssen durch Erfahrung selbst herausfinden, wann für Sie die ideale Zeit zum Trainieren ist.

Kleidung

Was Sie zum Trainieren anziehen, hängt ganz vom Wetter ab. Auf jeden Fall sollte es etwas Bequemes sein. Bei warmem Wetter, wie wir es in Kalifornien haben, sind ärmellose Trikots und kurze Hosen zu empfehlen. Auch bei kaltem Wetter sollte Ihre Kleidung bequem sein – immer locker und bequem. Wenn Sie zwei Sweatshirts übereinander tragen, sollten sie weit genug sein, damit Sie sich unbehindert bewegen können. Sehen Sie sich nach Sachen um, die den Schweiß gut aufsaugen. Am besten ist Baumwolle; Polyester und andere Kunstfasern sind weniger saugfähig. Viele Leute tragen Trainigskleidung aus Nylon, weil sie besonders flott aussehen wollen. Wenn Sie sich beim Trainieren Gedanken darüber machen, wie Ihre Kleidung aussieht, dann trainieren Sie schon aus dem falschen Grund. Sie brauchen sich nur einmal Ihr verschwitztes Gesicht im Spiegel anzusehen und die Grimassen, die Sie bei den Übungen schneiden, dann wird Ihnen klar werden, daß Sie ohnehin nicht besonders attraktiv aussehen und schicke Studio-Mode ebensogut vergessen können.

Ich persönlich trage beim Trainieren am liebsten möglichst wenig, damit ich meine Schwächen sehen kann. Ich möchte die Körperpartien sehen, die zurückgeblieben sind oder die ich vernachlässigt habe. Ich entblöße sie gerne, damit ich sie ständig ansehen muß. Am Anfang waren zum Beispiel meine Waden unterentwickelt. Als mir bewußt wurde, wie schwach sie tatsächlich waren, habe ich einfach meine Hosenbeine abgeschnitten, damit jeder die Waden sehen konnte. Und das hat mich ungeheuer angespornt, sie durch hartes Training zu entwickeln. Die meisten Burschen im Studio machen es umgekehrt. Sie verstecken ihre schwachen Stellen, was völlig falsch ist. Ich bin vor einem Wettkampf immer ohne Hemd ins Studio gegangen. Warum? Weil ich dann sofort meinen Bauch sah, wenn ich mich hinsetzte, und mir sagte: »Moment mal, Arnold, mit einem solchen Bauch kannst du unmöglich bei einem Wettkampf antreten; bei soviel Fett schlägt die Haut ja Falten.« Also trainierte ich die Taille härter und hielt streng Diät. Es ist sehr wichtig, daß man seine Schwächen entblößt, damit man sich ständig darauf aufmerksam machen kann. Lassen Sie sich vom Spiegel mahnen.

Atmung

Richtiges Atmen ist für die Gesundheit von größter Bedeutung. Schon von der ersten Bewegung Ihrer ersten Übung an sollten Sie lernen, richtig zu atmen. Falsches Atmen könnte sich nachteilig auf Lungen und Herz auswirken. Richtig atmen Sie beim Trainieren dann, wenn Sie jedesmal ausatmen, sobald Sie Widerstand verspüren. Sagen wir, Sie machen einen Liegestütz. Wenn Sie sich vom Boden hochdrücken, sollten Sie ausatmen. Merken Sie sich diese eine Regel: sobald der Körper irgendwie angespannt ist, sollten Sie ausatmen. Die Zeit zum Einatmen ist dann, wenn Sie sich herablassen, also wenn der Körper am wenigsten angespannt ist.

Sie sollten beim Trainieren immer viel Sauerstoff bekommen. Das ist einer der Gründe, warum ich möglichst oft im Freien trainiere. Bei genügend Sauerstoff bleibt das Energieniveau hoch und man kann länger und härter trainieren, ohne danach erschöpft zu sein. Wenn man drinnen trainiert, muß man die Sauerstoffversorgung des Körpers manchmal durch Einnahme von viel Vitamin E unterstützen. Doch wenn man Gelegenheit hat, trainiert man am besten im Freien, um den Sauerstoff auf natürliche Weise zu bekommen. Auch wenn ich die meiste Zeit im Studio arbeite, versuche ich, das Laufen, Schwimmen, Strecken und Dehnen an der frischen Luft zu machen. Die folgenden Übungen für die Anfangszeit, die Freiübungen, können übrigens alle irgendwo im Freien ausgeführt werden, sogar auf einer Veranda oder einem Balkon.

<u>Liegestütz</u> – Die erste Freiübung ist der Liegestütz. Er ist eine ausgezeichnete Übung für Brust, Schultern und Armrückseite

(Trizeps). Liegestütze hat fast jeder schon irgendwann gemacht, aber die meisten Leute führen sie falsch aus. Eines möchte ich von Anfang an betonen: Lassen Sie nicht zu, daß falscher Ehrgeiz Ihre Fortschritte behindert. Vielleicht hat Ihnen jemand gesagt, Sie sollten 20 oder 50 Liegestütze machen. Vergessen Sie das. Denken Sie nur an eines: wichtig ist, daß Sie die Übung richtig ausführen; das ist der entscheidende Punkt. Aus diesem Grunde habe ich die Grundübungen zuerst behandelt, denn wenn man die Übungen ohne Geräte problemlos und ohne abzufälschen ausführen kann, dann mogelt man auch später beim Bodybuilding-Training nicht.

Liegestütz

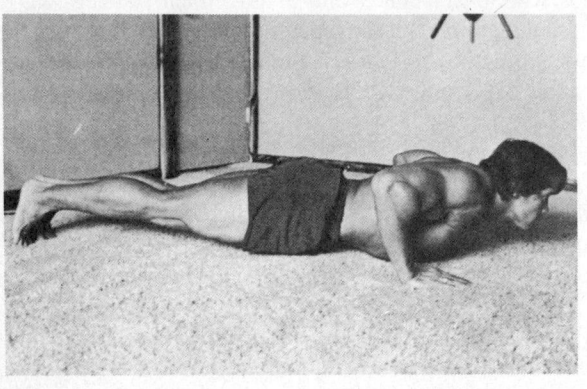

Liegestütz

Genau jetzt ist der Zeitpunkt, Fehler zu erkennen und sie zu korrigieren. Sie sollten nur für sich selbst trainieren. Wenn Sie nur einen einzigen Liegestütz zustande bringen, diesen einen aber richtig, dann ist das in Ordnung. Ich bin fest davon überzeugt, daß Sie eine Woche später schon drei schaffen, dann sechs und schließlich zehn.

Legen Sie die Hände etwa schulterbreit auf den Boden. Halten Sie den Körper vollkommen gerade und atmen Sie aus, während Sie sich hochdrücken, bis die Arme durchgedrückt sind. Pausieren Sie. Atmen Sie dann aus und lassen Sie sich dabei zum Boden herab, bis der Brustkorb den Boden berührt. Der Bauch sollte noch zwei bis fünf Zentimeter über dem Boden sein, wenn die Brust den Boden berührt, weil die Zehen den Körper etwas anheben.

Am wichtigsten ist, daß Sie mit dem Bauch, dem Kopf oder den Knien den Boden nicht berühren und sich so weit hochdrücken, daß die Arme ganz gestreckt sind. Bewegen Sie sich gleichmäßig wie ein Kolben auf und ab, auf und ab. Und führen Sie immer vollständige Wiederholungen aus. Der Muskel, der am meisten von dieser Übung profitiert, ist der Pectoralis, der ganze Brustmuskel. Sie werden merken, wie das Blut in diesen Bereich einströmt. Doch nicht nur der Brustmuskel drückt den Körper hoch; auch der Trizeps und der vordere Deltamuskel sind daran beteiligt. (Ich spreche jetzt vom normalen Liegestütz, bei dem die Finger nach vorne weisen. Später können Sie andere Handstellungen verwenden, um andere Muskelpartien anzuregen. Wenn Sie die Hand zum Beispiel mehr nach innen drehen, werden Trizeps und Deltamuskel stärker belastet, die Brustmuskeln hingegen weniger.)

Um Sätze und Wiederholungen brauchen Sie sich am Anfang gar nicht groß zu kümmern. Nach ein paar Wochen sollten Sie sich dann auf insgesamt 50 Wiederholungen gesteigert haben. Sie können fünfmal 10 Wiederholungen machen oder zehnmal 5. Suchen Sie sich einfach eine bestimmte Zahl von Wiederholungen aus und *denken Sie daran, die Übung immer in der korrekten Technik auszuführen.* Wenn Sie ein sportlicher Typ sind und 50 Liegestütze problemlos schaffen, sollten Sie sich auf 100 steigern. Die Anzahl hängt von der Verfassung des einzelnen ab, doch sollte man so trainieren, daß man wirklich etwas davon hat. Manche Burschen haben schon mit 10 Wiederholungen zu kämpfen, andere schaffen leicht 50 und sollten sich steigern, vielleicht auf zwei oder drei Sätze mit 50 Wiederholungen. Doch grundsätzlich würde ich mit 50 Liegestützen am Tag anfangen und dann langsam steigern.

Wenn Sie viele Wiederholungen problemlos schaffen und mehr Widerstand möchten, legen Sie die Beine hoch, zuerst auf einen Stuhl, dann auf einen Tisch.

Dips zwischen zwei Stühlen – Suchen Sie sich zwei stabile Stühle, die Ihr Gewicht aushalten, und stellen Sie sie mit den Lehnen nach innen nebeneinander, Abstand etwa Schulterbreite, Lehnen parallel. Fassen Sie die Stühle mit den Händen, wie es auf dem Foto gezeigt ist. Beugen Sie die Knie und suchen Sie sich festen Halt mit den Händen, damit Sie nicht nach vorn fallen; drücken Sie den Körper dann hoch, bis die Arme ganz

Dips

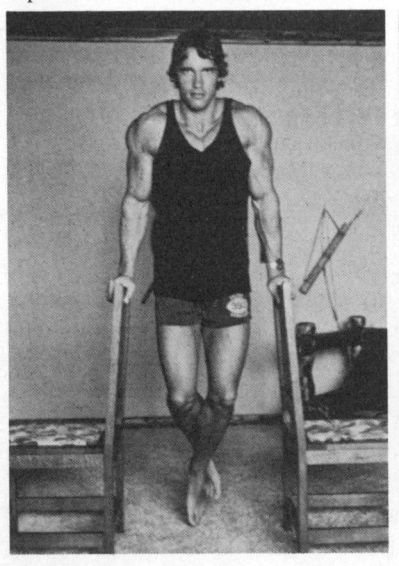

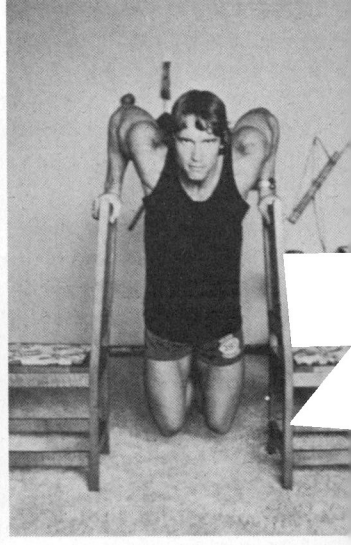

gestreckt und durchgedrückt sind. Lassen Sie den ganzen Körper dann möglichst langsam herunter und versuchen Sie, mit den vorderen Deltamuskeln die Stuhllehnen zu berühren. Anschließend drücken Sie sich wieder hoch. Lassen Sie die Knie gebeugt. Atmen Sie beim Hochdrücken aus und beim Herabgehen ein. Bewegen Sie sich langsam und gleichmäßig auf und ab. Blicken Sie beim Ausführen der Bewegungen geradeaus und halten Sie den Körper möglichst gerade.

Das ist eine Übung für Trizeps, Brust- und Deltoidmuskeln. Manche Leute lehnen sich zu weit vor, so daß es eine reine Brustübung wird, die Sie ja schon bei den Liegestützen gehabt haben. Die Übung sollte zu 50% die Trizeps, zu 40% die Deltoidmuskeln und zu 10% die Schultern belasten. Achten Sie darauf, immer vollständige Wiederholungen zu machen. Bewegen Sie sich ganz nach oben und ganz nach unten. Das ist in der ersten Trainingsphase ein Muß. Je vollständiger Sie eine Wiederholung ausführen, desto besser wird Ihr Muskel entwickelt. Manche Bodybuilder bekommen nur deshalb kurze Brustmuskeln, kurze Bizeps und kurze Trizeps, weil sie den Bewegungsablauf abkürzen.

Sie werden diese Übung am Anfang vielleicht schwierig finden, sollten aber auf 50 Wiederholungen hinarbeiten. Wie Sie auf diese 50 kommen, spielt im ersten Monat noch keine Rolle. Wenn Sie einmal besser sind und eine bestimmte Zahl von Wiederholungen mühelos schaffen, sollten Sie auf fünf Sätze von 20 Wiederholungen hinarbeiten. Zu viele können Sie jedenfalls nicht machen, das ist sicher. Wichtig ist jedoch, daß Sie die Übung nicht abfälschen. Um die Anzahl der Wiederholungen brauchen Sie sich keine Sorgen zu machen, aber um die korrekte Ausführung. Fünf *perfekte* Dips sind für die Körperentwicklung besser als fünfzig schlampige. Diesen Gedanken werde ich das ganze Buch hindurch immer wieder aufgreifen: Die Übungen richtig auszuführen, in perfekter Haltung und über den vollen Bewegungsablauf, das ist beim Bodybuilding das wichtigste.

<u>Rudern zwischen zwei Stühlen</u> – Diese Übung ist äußerst nützlich zur Kräftigung der Rückenmuskeln – den oberen,

mittleren und äußeren Bereich des Rückens und den Latissimus. Stellen Sie zwei Stühle im Abstand von eineinhalb Metern nebeneinander und legen Sie einen Besenstiel über die Lehnen. Legen Sie sich zwischen den Stühlen auf den Boden und fassen Sie den Besenstiel, wie Sie es bei mir auf dem Bild sehen. Ziehen Sie sich dann ganz bis zum Besenstiel hoch – die Fersen bleiben dabei auf dem Boden – und lassen Sie sich langsam wieder herab. Halten Sie den Körper vollkommen gerade, wie beim Liegestütz. Das einzige, was sich bewegt, sind die Arme. Ziehen Sie sich jedesmal so weit hoch, daß der Brustkasten den Besenstiel berührt.

Machen Sie am Anfang so viele Wiederholungen, wie Sie können, und steigern Sie sich auf mindestens 50.

Sit-ups mit gebeugten Knien – ein fantastisches Bauchtraining, das vor allem die obere Bauchmuskulatur strafft. Verankern Sie die Füße unter einem Möbelstück, zum Beispiel einem Bett oder einer Couch, und beugen Sie die Beine um 45°. Sit-ups mit gebeugten Knien sind vorteilhafter als Sit-ups mit gestreckten Beinen, weils sich die Belastung ganz auf die vorderen Bauchmuskeln konzentriert und somit, anders als bei gestreckten Beinen, jede Unterstützung von den Beugemuskeln des Hüftgelenks ausgeschaltet ist. Bringen Sie die Hände mit verschränkten Fingern vor die Hüften und bewegen Sie den Oberkörper auf und ab. Sie brauchen nicht so weit zurückzugehen, daß Sie flach auf dem Boden liegen – Dreiviertel des vollen Bewegungsablaufs reichen aus. Sie sollten sich jedoch sehr gleichmäßig und rhythmisch bewegen. Bei den Bauchmuskeln kommt es nur auf Kontraktion an. Sie gehören übrigens zu den wenigen Muskelgruppen, die wir nicht mit einer vollständigen Bewegung belasten. Wir sind bestrebt, die Muskeln anzuspannen, zusammenzupressen.

Machen Sie 100 Wiederholungen, zwei Sätze zu je 50. Wenn Sie die 100 bequem schaffen, probieren Sie 150 oder 200.

Beinheben mit gebeugten Knien – Beinheben wärmt die Muskulatur des Oberkörpers und der Kreuzgegend auf und verbrennt das Fett im unteren Bauchbereich. Sit-ups trainieren die oberen Bauchmuskeln, die beiden oberen Reihen, und das Beinheben belastet die unteren Bauchmuskeln. Ich rate zum Beinheben mit gebeugten Knien, weil es einfacher ist als mit gestreckten Beinen, so daß man mehr Wiederholungen schafft; außerdem ist diese Variante besser für den Rücken. Legen Sie sich mit gestreckten Beinen auf den Boden, die Hände unter dem Gesäß und das Kinn auf der Brust (diese Kopf- und Halsstellung bewirken in der Rückenlage eine Anspannung der Bauchmuskeln); ziehen Sie die Knie ganz bis zur Brust hoch.

Beachten Sie die Regel zur Atmung – beim Heben der Beine ausatmen, beim Senken einatmen. Machen Sie möglichst viele Wiederholungen, damit das viele Beugen und Strecken das Fett um die Taille herum verbrennt und die Muskeln in diesem Bereich strafft. Bei dieser Übung ist der Widerstand nicht annähernd so wichtig wie die Zahl der Wiederholungen.

Versuchen Sie, mindestens 50 Wiederholungen zu machen.

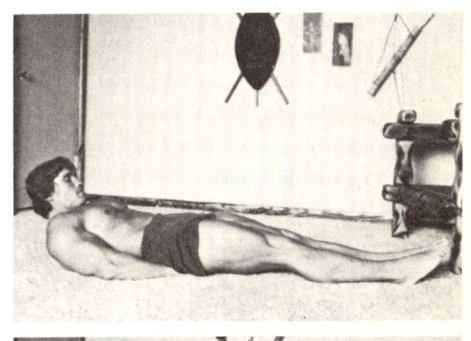

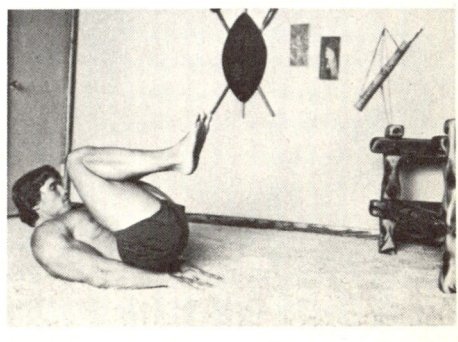

Beinheben

Rumpfdrehen vorgebeugt – Das Rumpfdrehen ist für die schrägen Bauchmuskeln vorgesehen, die seitlich an der Taille liegen, sowie für den unteren Rückenbereich. Es ist eine hervorragende Übung, um überflüssiges Fett loszuwerden. Ich würde vorschlagen, die folgende Variante des Rumpfdrehens auszuführen: Bringen Sie einen Besenstiel hinter den Nacken und halten Sie ihn mit weitem Griff. Halten Sie die Beine gestreckt, die Füße etwa schulterweit auseinander, und beugen Sie sich vor, bis Oberkörper und Beine einen Winkel von 45^0 miteinander bilden (wie auf dem Foto). Drehen Sie nun den Oberkörper in Halbkreisen abwechselnd von rechts nach links und von links nach rechts und bringen Sie dabei die Enden des

Oberkörperdrehen in Vorbeuge

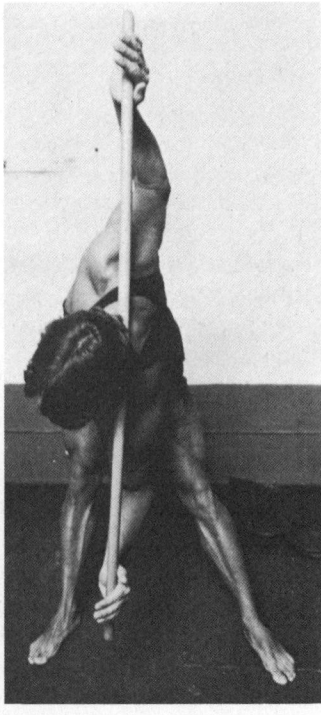

Kniebeuge mit erhöhten Fersen

Besenstiels weit hinunter, so daß Sie die Füße berühren. Das ist eine Übung, bei der die Muskeln sofort zu brennen anfangen.

Wie beim Beinheben und den Sit-ups ist es auch hier die Zahl der Wiederholungen, die wirklich zählt. Bemühen Sie sich, mindestens 50 Wiederholungen zu machen, und steigern Sie die Zahl dann noch.

Denken Sie daran, was ich über das Abfälschen gesagt habe. Um mich selbst daran zu erinnern, schiebe ich hin und wieder noch eine oder zwei Wiederholungen zusätzlich ein. Versuchen Sie es. Sie werden Ihr Programm dann noch befriedigender finden.

Kniebeugen – Kniebeugen entwickeln die Oberschenkel und kräftigen die Hüften. Man kann diese Übung auf verschiedene Weise ausführen. Eine Möglichkeit ist die, sich mit den Fersen auf eine Unterlage zu stellen und dann tief in die Knie zu gehen und wieder hoch, bis die Beine gestreckt sind. Bei der anderen Variante steht man mit den Füßen flach auf dem Boden und bewegt sich in gleicher Weise auf und ab. Ich würde Ihnen raten, ein Buch als Unterlage zu verwenden, wie Sie es bei mir auf dem Foto sehen. stellen Sie die Füße im Abstand von 25–30 cm nebeneinander und stützen Sie die Hände auf die Hüften. Gehen Sie in die Hocke, bis die Oberschenkel in der Horizontalen sind, und kommen Sie dann langsam wieder hoch. Achten Sie darauf, daß der Oberkörper während der ganzen Übung aufrecht und der Rücken gerade bleibt. Atmen Sie tief durch – beim Herabgehen ein, beim Hochkommen aus –, und strecken Sie den Brustkorb vor. Eine Möglichkeit, die Wiederholungen schön langsam und gleichmäßig auszuführen, ist die, sich einen Punkt an der Wand zu suchen und ihn während der ganzen Übung anzusehen.

Machen Sie 50–70 Wiederholungen

Wadenheben – Für mich ist die Wade der schönste Muskel des ganzen Körpers. Ganz sicher sind die Waden ein bestimmender

Wadenheben einzeln

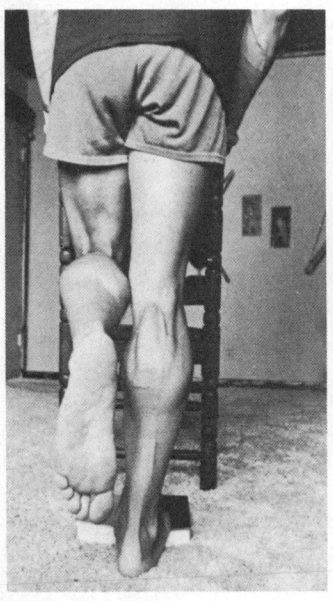

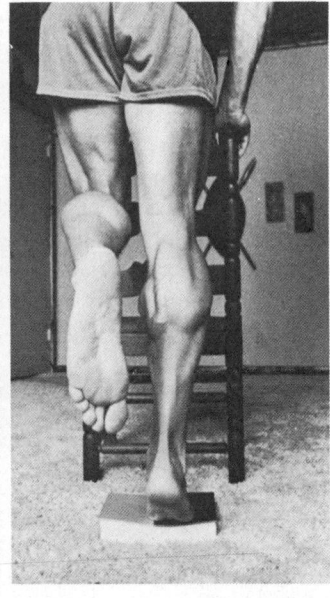

Faktor für das Aussehen des Beins. Denken Sie einmal einen Augenblick nach: Wenn Sie am Strand einen Mann mit gewaltigen, muskulösen Oberschenkeln, aber kümmerlichen Waden sehen, werden Sie seine Beine nicht als schön empfinden. Doch wenn er zwar wenig entwickelte Oberschenkel, aber fantastische Waden hätte, würden Sie sein Beine vermutlich als recht wohlgestaltet bezeichnen. Leider sind die Wadenmuskeln sehr schwer zu entwickeln. Sie bestehen aus dichten Muskelfasern, die extrem belastet werden müssen, wenn man sie verändern will.

Auch beim Wadenheben sollten Sie auf einem Buch stehen, nur sind jetzt nicht die Fersen erhöht, sondern die Zehen. Halten Sie sich etwas an einer Stuhllehne fest, damit Sie sicherer stehen. Die Fußstellung ist parallel und bis auf wenige Zentimeter geschlossen. Lassen Sie nun die Fersen zum Boden herab, um die Wadenmuskeln zu strecken, und heben Sie sie anschließend ganz hoch, bis Sie auf den Fußspitzen stehen. Dieser Bewegungsablauf entwickelt die ganze Wade.

Machen Sie mindestens 50 Wiederholungen.

<u>Bizeps-Klimmzüge mit engem Griff</u> – Das ist wahrscheinlich die einzige Übung, mit der Sie ohne Studio-Geräte imponierende Bizeps entwickeln können. Allerdings brauchen Sie eine Klimmzugstange dazu. Es gibt preiswerte Stangen, die man im Türrahmen montieren kann. Fassen Sie die Stange mit Untergriff (Handflächen zum Körper), die Hände etwa 30 cm auseinander. Beginnen Sie mit gestreckten Armen und ziehen Sie sich hoch, bis das Kinn über der Stange und die Bizeps voll kontrahiert sind. Dann lassen Sie sich wieder langsam herab, bis die Arme gestreckt sind. Klimmzüge sind schwierig, wenn man sie richtig macht, packen aber wirklich Zentimeter auf den Bizeps. Ziehen Sie sich jedesmal bis ganz nach oben und lassen Sie sich wieder ganz herunter, so daß Sie immer vollständige Bewegungen ausführen. Strecken Sie sich, wenn Sie unten ankommen, und ziehen Sie sich wieder bis zum Kinn hoch. Stoßen Sie nicht mit den Beinen herum, um sich die letzten Zentimeter nach oben zu erleichtern. Damit würden Sie die Wirkung der Übung nur verderben.

Klimmzüge mit engem Obergriff

Machen Sie so viele Wiederholungen, wie Sie können, und versuchen Sie, auf insgesamt 30 zu kommen.

Nach dem Training – Jogging und Schwimmen
Diese Sportarten sollten Sie das ganze Bodybuilding-Programm hindurch betreiben. Sie gewöhnen den Körper an sein neues Gewicht und seine neue Gestalt und verhindern, daß Sie unbeweglich werden.

Bodybuilding kann den Körper steif machen. Das geschieht dadurch, daß Blut in den Muskel schießt, ihn aufpumpt und dadurch die Beweglichkeit einschränkt. Um dem entgegenzuwirken, sollten Sie noch etwas anders machen als die Übungen im Studio. Geeignet sind Jogging und Schwimmen, weil sie die Muskeln strecken und dehnen und somit das Risiko, unbeweglich zu werden, verringern.

Jogging – Man kann Jogging auf unterschiedliche Weise betreiben. Um den Block herumzulaufen ist nicht schlecht, aber ich würde doch eine etwas fantasievollere Variante empfehlen, zum Beispiel Crosslauf, wobei man bergauf und bergab durchs Gelände läuft, über Baumstämme springt und andere Dinge macht, die dem Körper genügend Bewegung verschaffen. (Eine ähnliche Wirkung kann man erzielen, wenn man Bordsteine hinauf- und hinunterspringt und sich zwischen Parkuhren und geparkten Autos hindurchschlängelt.) Auch Intervalltraining, bei dem man immer abwechselnd 100 m sprintet und 100 m joggt, treibt den Puls hoch und bringt den Kreislauf in Schwung. Sorgen Sie beim Laufen für Abwechslung, damit Sie nicht ermüden.

Manchmal bleibt einem nichts anderes übrig, als das Jogging ins Haus zu verlegen und auf der Stelle zu laufen, um die Pulsfrequenz zu steigern. Das sollten Sie aber nur machen, wenn Sie auf Reisen sind oder gelegentlich im Winter, wenn es unmöglich ist, draußen zu laufen.

Schwimmen – Schwimmen ist ein sehr wirksames Mittel, um die Spannkraft der Muskeln zu erhalten. Die gleichmäßigen, ausholenden Schwimmbewegungen dehnen die Muskeln und halten sie elastisch. Ich schwimme sehr gern und habe es in den vergangenen 25 Jahren regelmäßig betrieben. Das Schwimmen gehört zu den Aktivitäten, die einen zwingen, die Muskeln so zu benutzen, daß sie harmonisch zusammenwirken und den Körper als Einheit arbeiten lassen. Am meisten hat man davon, wenn man draußen im Freien schwimmt, wo man an der frischen Luft ist und die Sonne genießen kann.

Ein paar Tips zum Training

1. Schenken Sie jeder Übung Ihre Konzentration und achten Sie darauf, wie sie die Muskeln beeinflußt.

2. Die korrekte Ausführung einer Übung ist wichtiger als viele Wiederholungen. Erhöhen Sie den Widerstand, wenn Sie kräftiger werden, aber nie auf Kosten der richtigen Technik.

3. Stellen Sie sich nach dem Training vor einen Spiegel und überprüfen Sie Ihren Körper. Machen Sie ein paar Posen. Nehmen Sie eine Bestandsaufnahme Ihrer Fortschritte vor.

4. Bewahren Sie sich stets eine positive Einstellung.

5. Wenn Sie ernsthaft Bodybuilding betreiben, müssen Sie gut essen und genügend schlafen. Sie brauchen jede Nacht acht bis neun Stunden gesunden, erholsamen Schlaf. In diesen Ruheperioden finden Wiederherstellung und Wachstum statt. Wenn Sie aus irgendeinem Grund zuwenig Schlaf bekommen haben, legen Sie sich nach der Arbeit eine halbe oder eine ganze Stunde hin. Das erfrischt, bringt Sie schneller wieder zu Kräften und beschleunigt Ihre Fortschritte.

6. Alles, was sich zu tun lohnt, sollte man möglichst gut tun. Legen Sie Ihre ganze Seele in Ihr Trainingsprogramm – die Übungen, die Diät und den Schlaf. Erfolg im Bodybuilding könnte ein Schlüssel zu anderen Erfolgen sein. Das ist bei mir so gewesen. Ich bin davon überzeugt, daß man alles erreichen kann, was man gerne möchte – eine fantastische Figur, Wohlstand, Erfolg im Leben –, wenn man es wirklich will und bereit ist, sich mit ganzem Herzen dafür einzusetzen.

3 Progressives Widerstandstraining

Die Wahl des Studios

Sie werden am Anfang mindestens eine, später zwei Stunden lang trainieren, und deshalb ist es wichtig, daß Sie sich ein Studio aussuchen, in dem Sie sich wirklich wohl fühlen und zu harter Arbeit angeregt werden.

Ich habe in den vergangenen 21 Jahren ein paar Studios kennengelernt, in denen ich mich außerordentlich wohl gefühlt habe – schon die Art und Weise, wie sie aussahen, war so inspirierend, daß ich sofort mehr Kraft und Energie verspürte –, während andere mich schon deprimierten, wenn ich durch die Tür kam. Am wenigsten mochte ich Studios, in denen eine Atmosphäre der Entspannung herrschte.

Ein Punkt, der bei der Beurteilung eines Studios Berücksichtigung verdient, betrifft die Leute, die dort trainieren. Es hilft sehr, wenn viele Bodybuilder da sind, die sich auf Wettkämpfe vorbereiten. Das ist die Atmosphäre, die Sie brauchen. Mit diesen Leuten können Sie sich identifizieren, können sich von ihnen inspirieren lassen, um in die richtige Stimmung zum Trainieren zu kommen. Ich persönlich suche mir Studios mit schweren Rädern, Kabeln und Maschinen aus, wuchtigen Geräten, die aussehen wie Folterwerkzeuge. Es muß großzügig angelegt und sauber sein. Ein solches Studio spornt mich zu ernsthaftem Training an. Ganz allgemein habe ich festgestellt, daß Heimstudios oft kein wirklich konzentriertes Training zulassen. In der Küche oder im Wohnzimmer ist man seinen Gewohnheiten zu nah. Man ertappt sich bei dem Gedanken, »Soll ich jetzt noch einen Satz machen oder lieber fernsehen?« Es gibt zu Hause zu viele Versuchungen. Doch wenn man erst eine halbe Stunde zum Studio gefahren ist, wird man sich vermutlich auch ein bißchen anstrengen wollen, damit man den Weg nicht umsonst gemacht hat.

Das Studio, das Sie sich aussuchen, sollte gut belüftet sein. Neben Ihrer inneren Einstellung ist viel Sauerstoff das Wichtigste beim Training. Ohne ausreichende Sauerstoffversorgung ermüden Sie leicht und sind nicht imstande, ein anstrengendes Training von einer oder zwei Stunden Dauer durchzuhalten.

Das Studio sollte kühl sein – wenn es zu warm ist, werden Sie träge und fühlen sich schlapp. Am besten ist frische Luft, kein klimatisierter Raum. Aus diesem Grunde liebe ich das World's Gym in Santa Monica; es liegt nahe am Strand in der frischen Seeluft, die einem ein bißchen mehr Energie gibt, wie ich meine, als normale Luft. Wenn Sie Gelegenheit haben, im Freien zu trainieren, sollten Sie sie nutzen (wie ich gelegentlich, wenn ich zum Studio im Freien am Venice Beach gehe). Die Arbeit an der frischen Luft strafft die Haut und gibt ihr eine schöne Farbe. Und das wiederum hat einen wesentlichen Einfluß auf Ihr Körpergefühl.

Innere Einstellung

Unterschätzen Sie nicht, welche Rolle Ihre Geisteshaltung beim Bodybuilding spielt. Psychische Belastungen und Sorgen können an den Körperkräften zehren und sowohl das Training als auch das Muskelwachstum beeinträchtigen. Eine positive Einstellung sollte nicht nur auf das Studio beschränkt bleiben. Sie sollte sich auch auf Ihre Eß- und Schlafgewohnheiten erstrecken und Ihre ganze Lebensführung beeinflussen.

Nutzen Sie die Zeit auf dem Weg zum Studio, um sich ein paar kurzfristige Ziele zu setzen, zu entscheiden, was Sie bei diesem bestimmten Training erreichen möchten. Gehen Sie nicht mit der Einstellung »O nein, schon wieder trainieren« ins Studio. Vielmehr sollten Sie sich sagen: »Okay, es ist wieder Trainingszeit, und anstelle von 45 kg mache ich das Bankdrükken mit 48 kg. Ich fühle mich heute kräftiger; das schaffe ich. Ich kann auch mehr Klimmzüge machen und mehr Sit-ups.«

Sie sollten sich Ziele setzen, die Ihnen Auftrieb geben und das brennende Verlangen in Ihnen wecken, Bankdrücken, Kniebeugen oder Langhantelcurls zu machen. Sie sollten einen ganz bestimmten Grund haben, warum Sie das Bankdrücken machen wollen. Und zwar nicht nur, weil Sie nächstes Jahr besser aussehen möchten. Das ist ein Fernziel und durchaus wichtig – aber Sie sollten sich auch immer wieder kleine Nahziele stecken. Sagen Sie sich zum Beispiel, daß Sie morgen früh die Brustmuskeln besonders gut aufpumpen möchten. Oder Sie haben gestern ein Bild von einem Bodybuilder mit einer 74er Taille gesehen und möchten wirklich gute Bauchmuskeln; also nehmen Sie sich vor, heute mehr Wiederholungen zu machen: Nächsten Montag sollte die Taille einen Zentimeter schlanker sein. Solche kleinen Ziele sind fantastisch. Sie haben mir persönlich sehr geholfen. Natürlich habe ich mir immer gesagt, daß ich Weltmeister oder Mr. Olympia werden wollte. Aber das waren langfristige Überlegungen. Zusätzlich habe ich mir von Tag zu Tag immer kleine Ziele gesetzt, zum Beispiel einen halben Zentimeter mehr in den Maßen, zwei oder drei zusätzliche Wiederholungen oder zwei Kilo mehr auf der Langhantel.

Das Aufwärmen

Nur wenige Menschen haben einen Beruf, der große körperliche Anstrengungen verlangt. Man sitzt am Schreibtisch. Man bewegt sich oft, ohne sich seiner Muskeln bewußt zu sein. Deshalb ist es wichtig, den Körper vor dem eigentlichen Training aufzuwärmen. Sie können diese Zeit nutzen, um sich psychisch und physisch vorzubereiten.

Geben Sie dem Körper eine Chance, sich auf die neue Tätigkeit einzustellen. Man sagt gewissermaßen zum Körper: »Ich wärme dich jetzt auf; laß dir Zeit, dich einzuspielen. In ein paar Minuten werde ich dich hart hernehmen!« Das sollte Ihre Einstellung zu Ihren Muskeln sein. Machen Sie zum Aufwärmen Liegestütze, Kabelzüge abwärts, Kniebeugen ohne Gewichte, kreisende Bewegungen mit den Armen und verschiedene Streck- und Dehnbewegungen.

Ich wärme immer speziell diejenigen Körperteile auf, die ich trainieren will. So nehme ich zum Beispiel für Schultern und Arme ein Gewicht von 15–20 kg, was wirklich leicht ist, und mache zwanzig oder dreißig Wiederholungen, um diesen

Bereich gut zu durchbluten. Ich mache Curls mit leichten Gewichten, ein paar Wiederholungen Bankdrücken mit engem Griff und Nackendrücken, um den Ellenbogenbereich und die Schultergelenke aufzuwärmen und die Schultern und Arme zu lockern. Ich will damit den Muskel nicht aufbauen, sondern nur die Durchblutung anregen. Wenn man es versäumt, sich aufzuwärmen und den Körper auf das schwere Widerstandstraining vorzubereiten, besteht die Gefahr, daß man sich eine Muskelzerrung zuzieht und solche Schmerzen bekommt, daß einem die Lust am Weitermachen vergeht.

Als ich früher für Wettkämpfe trainierte, war ich manchmal innerlich so aufgeputscht, daß ich glaubte, auf das Aufwärmen verzichten zu können. Ich fing sofort mit hohen Belastungen an. Und mit schöner Regelmäßigkeit zog ich mir dann unnötigerweise Muskelzerrungen zu, die mich zwei oder drei Monate zurückwarfen.

Trainingspartner

Meiner Erfahrung nach trainiert man am besten, wenn man einen begeisterten Trainingspartner hat. Es ist ganz erstaunlich, wieviel härter und schneller man arbeiten kann, wenn man jemanden hat, mit dem man gemeinsam trainieren kann. Ein guter Trainingspartner spornt einen an, mehr Gewicht zu bewältigen, und motiviert einen, mehr Wiederholungen pro Satz herauszuquetschen und die Pausen dazwischen möglichst kurz zu halten (das ist wirklich Qualitätstraining). Mit einem Partner macht das Training mehr Spaß und bringt auch mehr Konkurrenz ins Spiel. An Tagen, wenn man keine große Lust hat, hält einen der Partner bei der Stange, so daß man am Ende kein unvollständiges, sondern ein gutes Training hinter sich hat.

Ihr Partner sollte jemand sein, mit dem Sie sich gut verstehen, und Sie sollten sich auch gegenseitig respektieren. Sie können kleine Wettbewerbe austragen. Sie sagen zu ihm: »Ich fühle mich heute ausgezeichnet; ich bringe jetzt 90 Kilo auf die Stange und mache nicht acht, sondern zehn Wiederholungen.« Worauf er sagt: »Wenn du zehn machst, mache ich zwölf.« Sie fordern sich gegenseitig heraus und stellen sich selbst neue Aufgaben. Sie wetten um ein Bier oder eine Flasche Wein. All diese kleinen Tricks, so kindisch sie auch klingen mögen, machen ein Training aufregend, interessant und wesentlich lohnender.

Die Grundübungen

Erlauben Sie mir ein Wort zu den zehn Übungen in diesem Kapitel. Sie zielen alle auf die großen Muskelgruppen ab – nicht auf die kleinen. Sie sind entscheidend für die Entwicklung der großen Körperpartien. Sie schaffen die Grundlage und Maße, die Sie brauchen, um später die Konturen feiner herauszuarbeiten. Sie müssen diese Übungen am Anfang machen und auch später, wenn Sie weiter fortgeschritten sind, daran festhalten. Die erste Übung, das Bankdrücken, ist für mächtige Brustmuskeln fast unerläßlich. Es gibt keine Übung, die das Bankdrücken ersetzen kann. Ich habe mit fünfzehn Jahren mit dem Bankdrücken angefangen und mache es nun schon seit 22 Jahren.

Die Grundübungen werden das ganze Trainingsprogramm hindurch auftauchen. Es gibt zu diesen Übungen keine Alternative. Jeder Bodybuilder muß zum Beispiel seine ganze Karriere hindurch Kniebeugen machen. Ohne Kniebeugen kann man die Beinmuskeln nicht aufbauen. Die Übungen für die Details, die Ihnen mehr Definition liefern, sind schön und gut, aber die Grundform des Oberschenkelmuskels kann nur mit schweren Kniebeugen entwickelt und erhalten werden. Wenn Sie versuchen, davon loszukommen, geht die Muskelmasse zurück. Das gleiche gilt für Langhantelcurls, Bankdrücken, Wadenheben und Sit-ups – um diese Übungen kommen Sie nicht herum. Die Grundübungen belasten den jeweiligen Muskel gezielt. Sie werden so zur Routine, daß man an nichts anderes zu denken braucht, als an das Aufpumpen und die korrekte Ausführung der Übung. Bei den komplizierten Übungen muß man seine ganze Aufmerksamkeit auf die Übung lenken und kann sich nicht richtig auf den Muskel konzentrieren. Der Grund, warum manche Bodybuilder diffizile Übungen machen – ich nenne sie Angsthasenübungen –, ist meiner Meinung nach der, daß sie entweder von den Grundübungen oder von sich selbst nicht überzeugt sind. Das Bankdrücken erscheint ihnen so simpel, daß sie meinen, etwas Komplizierteres machen zu müssen. Aber wenn man die Übung kompliziert, kann man nicht soviel Gewicht auflegen, und damit verfehlt das schwere Training teilweise seinen Zweck.

Im Grunde hängt das alles mit der inneren Einstellung zusammen. Es kommt darauf an, daß man vom Erfolg seines Programms überzeugt ist. Sie müssen fest daran glauben, daß Sie früher oder später den Körper bekommen, den Sie gerne haben möchten. Mit dieser Einstellung werden Sie Ihre Zeit nicht damit verschwenden, nach irgendwelchen Programmen, exotischen Nährstoffpräparaten oder »Geheimübungen« zu suchen. Es gibt im Bodybuilding keine »Geheimübungen«. Das Geheimnis liegt nicht darin, welche Übungen man macht, sondern wie man sie ausführt.

Sätze und Wiederholungen

Wenn nicht anders angegeben, würde ich empfehlen, am Anfang von jeder Übung drei Sätze zu je 8–10 Wiederholungen zu machen. Die insgesamt dreißig Sätze sollten in 45 Minuten, höchstens einer Stunde ausgeführt werden. Dabei ist eine Pause von 30 Sekunden zwischen den Sätzen berücksichtigt.

1. Bankdrücken – Das ist die wichtigste Übung zur Entwicklung von Oberkörpermasse, speziell der Brustmuskeln. Legen Sie sich auf die Trainingsbank und bringen Sie die Füße im Abstand von einem halben Meter auf den Boden, um Halt zu finden. Fassen Sie die Langhantel mit relativ weitem Griff (wie auf dem Foto), lassen Sie sie auf die Brust herab, bis sie Sie etwa im Bereich der Brustwarzen berührt, und drücken Sie sie dann wieder hoch, bis die Ellbogen durchgedrückt sind. Atmen Sie beim Herablassen tief ein, beim Hochdrücken aus. Wenden Sie das Prinzip der Belastungssteigerung an (zu Beginn jeden neuen Satzes etwas mehr Gewicht auflegen) und machen Sie fünf Sätze (zu jeweils 8,8,6,6,6 Wiederholungen).

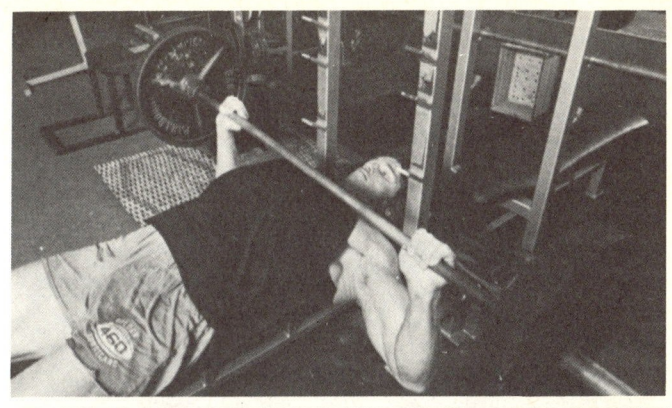

Bankdrücken mit breitem Griff

2. Klimmzüge mit weitem Griff – Diese Klimmzüge verbreitern die Lats und trainieren den ganzen Schultergürtel. Viele Top-Bodybuilder haben allein mit dieser Übung eine großartige Rückenmuskulatur aufgebaut. Die Übung entwickelt in erster Linie den oberen und äußeren Bereich der Lats und stellt die Schulterblätter aus, was das Spreizen der Lats erleichtert. Ziehen Sie sich mit weitem Griff hoch (siehe Foto), bis sich das Kinn über der Stange befindet, und lassen Sie sich dann langsam wieder herab, bis die Lats gut gestreckt sind. Ich

Klimmzüge in den Nacken mit breitem Griff

mache am liebsten 10 Wiederholungen; manchmal nehme ich als Zusatzgewicht auch noch eine Kurzhantel zwischen die Beine und mache dann ein paar Sätze von 6–8 Wiederholungen. Wenn Sie 10 Wiederholungen nicht schaffen, machen Sie soviel Sie können und arbeiten auf insgesamt 30 hin.

3. Drücken, Umsetzen und Drücken – Das Langhanteldrücken trainiert die Deltamuskeln. Der vordere Deltoid ist der größte dieser Muskeln, und eine drückende Bewegung mit der Langhantel ist für seine Entwicklung von entscheidender Bedeutung. Ihr Griff an der Stange sollte etwa 15 cm weiter sein als die Schultern. Setzen Sie sich, bringen Sie die Füße etwa 30 cm auseinander und heben Sie die Hantel vom Boden vor die Brust; das nennt man Umsetzen. In einer zweiten Bewegung drücken Sie die Hantel dann langsam und gleichmäßig über den Kopf, bis die Arme gestreckt sind. Diese Übung kann auch im

Stehen ausgeführt werden; ich bevorzuge allerdings die Variante im Sitzen, weil sie die untere Rückenpartie weniger belastet. Ich würde Ihnen dringend raten, bei dieser Übung einen festen Gewichthebergürtel zu tragen. Auch hier können Sie wieder das Prinzip der Belastungssteigerung anwenden.

Langhanteldrücken im Sitzen

4. Langhantelcurls – Ich halte viel von Grundbewegungen, und Langhantelcurls könnten für den Bizepsaufbau nicht grundlegender sein. Ich würde Ihnen empfehlen, die Stange am Anfang mit mittelweitem Griff zu fassen (etwa schulterweit), um den Bizeps direkt zu belasten; später können Sie die Griffweite nach eigenem Ermessen so verändern, daß Sie für sich selbst das beste Ergebnis damit erzielen. Wie bei allen Übungen beginnen Sie mit einem Gewicht, das etwa nach der fünften Wiederholung immer schwieriger zu heben wird. Diese Belastung pumpt Blut in den Bizeps. Bedenken Sie, daß diese Übung sowohl die Muskelkraft wie auch den Muskelaufbau verbessert; Sie brauchen also keine Angst zu haben, daß die Belastung zu groß ist. Es sollten sich nur die Unterarme bewegen, die Ellbogen bleiben immer an der gleichen Stelle. Wenn Sie zulassen, daß sich die Ellbogen bewegen, verrichten die Deltamuskeln die Arbeit, und Sie bekommen keine volle Bizepswirkung.

Langhantelcurl

Langhantel-Trizepsdrücken im Stehen

5. Trizepsdrücken – Fassen Sie die Stange mit etwa 25 cm weitem Griff und heben Sie die Hantel über den Kopf. Halten Sie die Oberarme unbewegt dicht neben dem Kopf und lassen Sie das Gewicht langsam hinter dem Kopf herab. Drücken Sie das Gewicht dann langsam wieder in die Ausgangsstellung zurück. Die Oberarme dürfen sich dabei nicht bewegen.

Langhantel-Kniebeuge

6. Hantelkniebeugen – Kniebeugen entwickeln die Oberschenkel, kräftigen Herz und Lunge und verbessern ganz allgemein den Kreislauf. Am besten führt man diese Übung an einem Kniebeugenständer aus, damit man schwere Gewichte verwenden kann. Die Füße stehen bei dieser Übung entweder flach auf dem Boden oder mit den Fersen auf einem 2,5 cm hohen Block. Nehmen Sie die Hantel hinter dem Nacken auf die Schultern, halten Sie den Oberkörper gerade und bewegen Sie sich zu einer vollen Kniebeuge herab. Bei einer anstrengenden Übung wie der Hantelkniebeuge ist unbedingt auf richtiges Atmen zu achten. Atmen Sie beim Heruntergehen tief ein, beim Hochkommen aus. Ich würde empfehlen, die Kniebeugen vor einem Spiegel zu machen, damit Sie Ihre Haltung überprüfen können und die Hantel immer parallel und den Oberkörper möglichst gerade halten. Vorsicht: Wenn Sie Hantelkniebeugen krumm oder gebeugt machen, können Sie sich ernsthafte Verletzungen in der Lendengegend zuziehen.

7. **Beincurls** – Ich führe Beincurls auf der Beincurlmaschine aus. Keine andere Übung wirkt direkter auf die Oberschenkelrückseite, den Beinbizeps. Legen Sie sich bäuchlings auf die Bank der Maschine und verankern Sie die Fersen unter der Halterung des Hebelarms; halten Sie sich am Bankrand fest und ziehen Sie das Gewicht mit den Unterschenkeln zum Gesäß hin. Bringen Sie die Fersen möglichst weit vor und lassen Sie das Gewicht dann langsam wieder herab. Gehen Sie ganz bis in die Ausgangsstellung zurück, damit die Muskeln gut

Beincurls an der Maschine

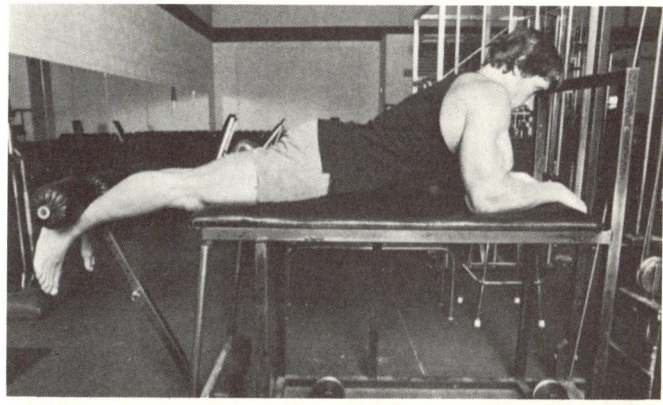

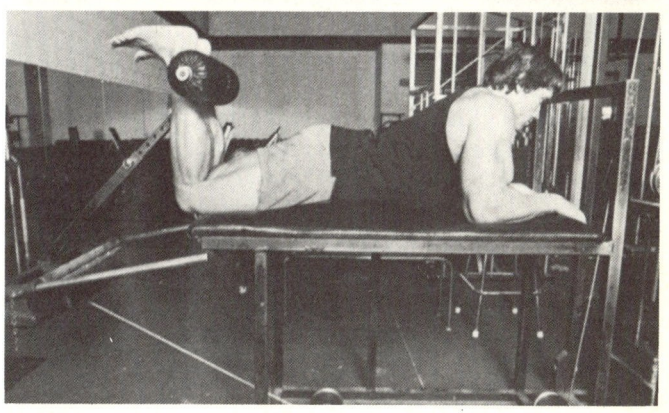

gestreckt werden. Achten Sie darauf, daß sich nur die Unterschenkel bewegen. Die Hüften dürfen beim Hochziehen des Gewichts nicht mithelfen, weil die Wirkung der Curls sonst wesentlich gemindert wird. Es ist wichtig, daß sich die Beine ganz strecken und beim Hochbringen des Gewichts möglichst stark beugen.

Wenn keine Beinbeugemaschine zur Verfügung steht, können Sie mit einer Kurzhantel zwischen den Füßen improvisieren; legen Sie sich bäuchlings auf eine Flachbank und bringen Sie das Gewicht durch Beugen der Beine hoch. Am besten ist natürlich die Curlmaschine, weil Hebelwirkung und Widerstand konstant bleiben.

8. <u>Wadenheben an der Wadenmaschine</u> – Wadenheben im Stehen trainiert die Wadenmuskeln innen, außen, oben und unten, so daß sie an Breite und Tiefe gewinnen. In der Normalstellung steht man auf einem Holzblock auf der Bodenplatte der Maschine, die Zehen geradeaus nach vorn weisend. Bringen Sie die Schultern unter die gepolsterten Stangen, wie es auf dem Foto gezeigt ist, und stellen Sie sich möglichst hoch auf die Zehenspitzen. Lassen Sie sich dann langsam herab, so daß die Fersen möglichst weit unter den Block herabreichen. Die Wadenmuskeln sollten so stark gestreckt werden, daß sie schmerzen. Der häufigste Fehler ist der, daß die Leute zuviel Gewicht auflegen und deshalb die Übung dann nicht mehr in der richtigen Haltung ausführen können. Wenn das Gewicht so groß ist, daß es schwierig wird, alle Wiederholungen zu schaffen, beugen manche die Knie und nehmen somit die Oberschenkel zu Hilfe, um die Übung zu Ende zu führen, das ist selbstverständlich falsch. Die richtige Technik, mit der man natürlich auch die besten Ergebnisse erzielt, ist die, die Knie durchgedrückt zu lassen, die Fersen möglichst weit herabzulassen und sich so hoch auf die Fußspitzen zu stellen, daß die Wade sich verkrampft.

Da es ziemlich schwierig ist, die Wadenmuskulatur zu entwickeln, sollten Sie deshalb fünf Sätze zu je 15 Wiederholungen machen.

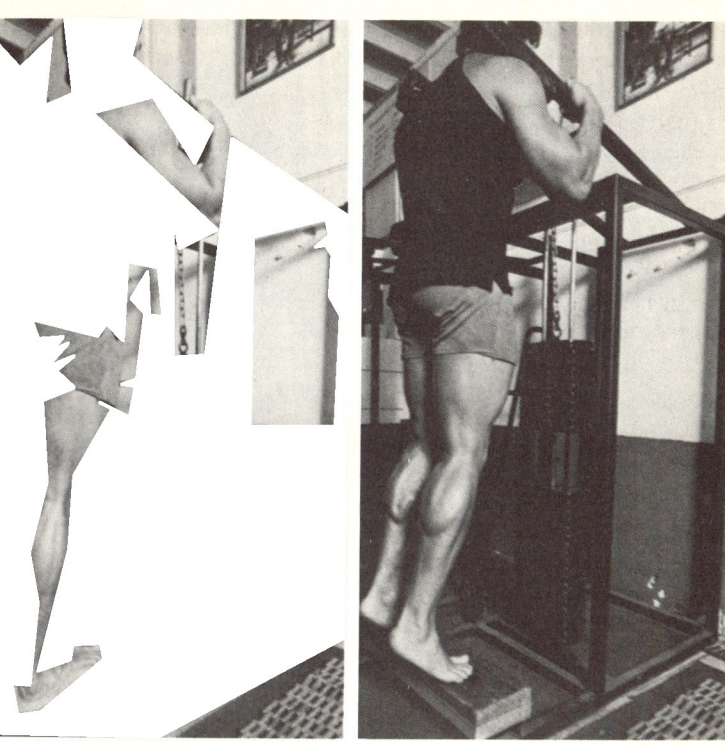

Wadenheben im Stehen an Maschine

9. Sit-ups mit gebeugten Knien – Der Bauch ist der Motor des Rumpfs. Wir sollten uns sowohl aus gesundheitlichen als auch aus ästhetischen Gründen um ihn kümmern. Er ist das Zentrum, der Bereich, aus dem wir unsere Lebenskräfte ziehen. Außerdem achten die Kampfrichter bei einem Bodybuilding-Wettkampf immer zuerst auf die Bauchmuskeln. Ohne gutentwickelte, feste Bauchmuskulatur hat man keine Chance, jemals eine Trophäe zu gewinnen. Wir haben diese Übung schon im vorhergehenden Kapitel besprochen. Wenn Sie sie richtig ausgeführt haben, sollten Sie bemerkt haben, daß ihre Taille

um Zentimeter schlanker, Ihre Haltung wesentlich besser und Ihre Verdauung besser und regelmäßiger ist. Um den Widerstand zu erhöhen, können Sie die Sit-ups auf einer Schrägbank ausführen, wie auf dem Foto gezeigt.

Machen Sie drei Sätze zu je 50 Wiederholungen.

Sit-ups am Bauchbrett

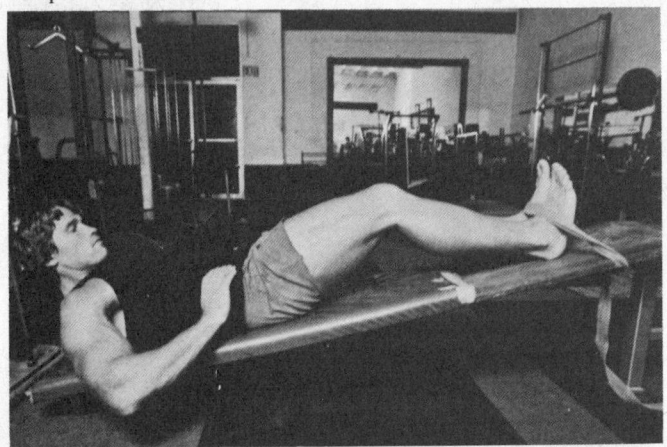

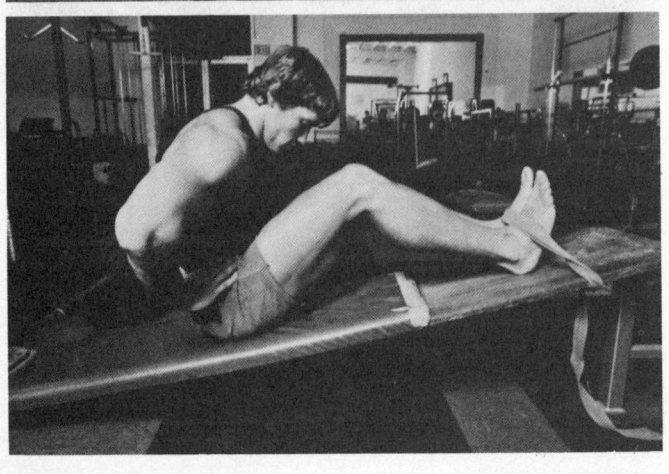

Handgelenkcurl mit Langhantel

10. Handgelenkcurls – Handgelenkcurls trainieren den Unterarmbeuger und kräftigen die Finger. Die Unterarmmuskeln sollten nicht vernachlässigt werden. Sie sind so wichtig wie die Schultermuskeln, die Lats und die Waden. Ich mache die Curls am liebsten im Sitzen, so daß die Außenseite der Unterarme auf der Bank aufliegen, und halte die Hantel mit engem Griff. Es ist sehr wichtig, daß die Ellbogen stets geschlossen bleiben,

und deshalb nehme ich sie zwischen die Knie (siehe Bild). Nur das Handgelenk bewegend, ziehen Sie das Gewicht hoch, bis die Unterarmmuskulatur voll kontrahiert ist. Lassen Sie das Gewicht wieder langsam herab und die Stange dann zu den Fingerspitzen hin ausrollen. Wie die Wade ist auch der Unterarm schwer zu entwickeln. Machen Sie so viele Wiederholungen, wie Sie können, und fahren Sie dann mit abgekürzten Wiederholungen fort, bis der Unterarm gespannt ist und brennt. Kümmern Sie sich nicht um Schmerzen; sie bedeuten Wachstum.

Muskelbewußtsein

In manchen Körperbereichen werden Sie durch das Training Muskelkater bekommen. Ich erwähnte bereits, daß ich nach meinem ersten Training tagelang nicht laufen oder irgend etwas heben konnte. Sie werden ähnliche Erfahrungen machen und sollten Sie als etwas Schönes in Erinnerung behalten. Merken Sie sich solche Empfindungen und auch den Grund ihres Auftretens. »Meine Deltamuskeln haben vom Schlüsselbein bis zum Bizeps geschmerzt, weil ich Drücken im Stand gemacht habe.« Dadurch nehmen Sie mit Ihrem Körper Verbindung auf und wissen in Zukunft, worauf Sie sich beim Drücken im Stand konzentrieren müssen. Das ist nur der Anfang dessen, was ich Muskelbewußtsein nenne. Sie sollten es nutzen und einen Punkt erreichen, an dem Sie das Gefühl haben, innerlich ganz auf den Muskel eingestellt zu sein. Sie werden schließlich feststellen, daß Sie bei hinreichender Konzentration allein durch die Kraft Ihrer Gedanken Blut in einem bestimmten Muskel schicken können. Behalten Sie den Muskelkater also im Gedächtnis und nutzen Sie ihn für Ihre Übungen als Konzentrationshilfe.

Sie sollten sich den Muskel, den Sie belasten, voll ins Bewußtsein bringen. Sie werden dann in der Lage sein, aus anderen Körperbereichen Kraft zu entnehmen. Wenn Ihnen das gelingt, können Sie sicher sein, daß Sie die Verbindung zwischen Geist und Körper, zwischen Geist und Muskel hergestellt haben.

Mahnung zur Vorsicht für Anfänger

Wenn Sie nicht außergewöhnlich fit sind, sollten Sie mindestens vier bis sechs Wochen das Programm der Freiübungen gemacht haben, bevor Sie im Studio trainieren. Diese Periode des »Grundlagentrainings« ist notwendig, um den Körper auf das eigentliche Bodybuilding vorzubereiten. Sie werden nie bereuen, daß Sie sich Zeit dafür genommen haben. Der schlimmste Fehler, den der ehrgeizige Bodybuilder normalerweise macht, ist der, zuviel auf einmal erreichen zu wollen. Das Ergebnis ist Übertraining, fehlendes Muskelwachstum und völlige Entmutigung. Befolgen Sie meine Anweisungen, dann bleiben Sie auf dem richtigen Weg.

Vermeiden Sie es, einem Muskel oder einer Muskelgruppe den Vorzug über andere Bereiche zu geben. Führen Sie alle Übungen mit der gleichen Energie und Begeisterung aus. Das Wesentliche ist, für jeden Muskel möglichst viel zu tun und den ganzen Körper gleichmäßig zu entwickeln.

Fortschritte

Wie schnell Sie Fortschritte machen, hängt davon ab, welche Ziele Sie sich gesetzt haben. Wenn Sie lediglich trainieren, um in Form zu kommen, können Sie dieses Programm sechs Monate lang beibehalten. Wenn Sie hingegen eine Laufbahn als aktiver Bodybuilder anstreben, werden Sie schneller vorankommen; Sie trainieren dann überlegter und zielstrebiger und werden wahrscheinlich schon nach drei Monaten zum nächsten Programm übergehen.

Übertraining

Zuviel zu trainieren, ist nicht gut – vielleicht sogar schlechter, als zuwenig zu tun. Sie müssen darauf vertrauen, daß Ihnen Ihr Körper irgendwie sagt, wann Sie zuviel trainieren. Warnende Anzeichen sind häufige Beschwerden und starke Schmerzen. Ich glaube allerdings nicht, daß Sie sich bei dem Programm, das ich hier zusammengestellt habe, überanstrengen können – und

Sie sollten auch einen gewöhnlichen Muskelkater nicht falsch deuten. Wie ich schon sagte, ist Muskelkater ein Zeichen dafür, daß Sie die Muskeln tatsächlich belasten, so daß sie auf das Training ansprechen und zu wachsen beginnen.

Strecken und Dehnen

Streck- oder Dehnübungen sind ein wichtiger Bestandteil körperbildender Übungen. In der Anfangszeit sind sie oft genauso wichtig wie das Trainingsprogramm selbst. Sie sollten verstehen, wie sich Ihr Körper entwickelt, damit Sie am Ende nicht zum schwerfälligen Muskelpaket werden. Den steifen, muskelbepackten Körper bekommen Leute, die immer nur Gewichte heben und kontrahierende Bewegungen machen, weil sie nichts anderes im Sinn haben, als Muskeln zu bekommen. Sie spannen den Körper nur an, machen aber keine Bewegungen, die der Muskel braucht, um geschmeidig zu bleiben. Das Dehnen der Muskeln, sie lang und elastisch zu machen, gehört zu den Dingen, die den Champion von dem Burschen abheben, der zwar ebenso massig ist wie dieser, aber nicht so gut aussieht.

Ich habe sehr spät mit Dehnübungen angefangen. Ich hatte bereits zweimal den Weltmeistertitel gewonnen und war nach Amerika gezogen, bis mich jemand mit dem Strecken und Dehnen bekanntmachte. Es war ein Mann, der sowohl Yoga als auch Bodybuilding betrieb. Er erklärte mir, wie wichtig das Dehnen ist, wenn man mit Gewichten trainiert. Wie recht er hatte, wurde mir klar, als ich ihn beim Yoga beobachtete und sah, wie geschmeidig und gelenkig er war. Ich fing an zu analysieren, was mit dem Körper und dem Muskel geschieht, wenn man direkt nach dem Trainig Dehnübungen macht. Ich dachte mir einige Übungen aus, die ich nach jedem Training ausführen konnte, und das hat mir ungeheuer geholfen. Sie können das ebenfalls machen und sollten dabei jeden Fingerzeig des Körpers beachten, um ihm das zu geben, was er braucht.

Der Sinn des Dehnens ist der, den Muskel zu verlängern, zu entspannen und gut zu durchbluten, und deshalb sind dazu andere Übungen notwendig als die Muskelkontraktionen, die dem Dehnen vorausgehen. An Tagen, an denen Sie die Beine trainieren, können Sie zum Beispiel Dehnübungen machen, die auch Tänzer ausführen: Setzen Sie sich mit gespreizten Beinen und durchgedrückten Knien auf den Boden und ziehen Sie die Zehen so weit es geht zum Körper hin; oder legen Sie im Stand ein Bein auf einen Tisch oder eine Stuhllehne, umfassen Sie die Ferse und ziehen Sie das Bein möglichst hoch, ohne das Knie zu beugen. Verharren Sie 30 Sekunden lang in diesen Stellungen.

Lat-Ziehen

Zur Dehnung der Rückenmuskulatur hängen Sie sich an eine Klimmzugstange (das ist auch gut für die Brustmuskeln). Für die Bauchgegend verschränken Sie im Stehen die Hände hinter dem Kopf und strecken die Bauchmuskeln, bis sie fest sind. Verharren Sie 30 Sekunden in der jeweiligen Stellung und atmen Sie ganz natürlich. Sie können sich auch an einer Stange oder Maschine festhalten und mit dem Körper so daran ziehen, daß die Dehnung dort erfolgt, wo sie benötigt wird (siehe Foto).

Das ist mein persönliches Programm, das ich den Bedürfnissen meines Körpers entsprechend entwickelt habe. Sie werden feststellen, daß ihr Körper wieder etwas anderes braucht, und es wird Ihnen sicher nicht schwerfallen, geeignete Streck- und Dehnübungen zu finden. Sie brauchen nur an eines zu denken: der Zweck des Streckens und Dehnens besteht nicht darin, das Widerstandstraining fortzusetzen, sondern die Anspannung des Trainings zum Abklingen zu bringen.

4 Entwicklung der verschiedenen Muskelgruppen

Einführung

Sie sollten nun einen Entwicklungsstand erreicht haben, der gewaltige Veränderungen am Körper erkennen läßt. Sie haben überflüssiges Fett abgebaut, die Muskeln gestrafft und dem Körper eine neue Dimension und mehr Ebenmaß gegeben. Sie sollten nun in der Lage sein, weitere Entwicklungsmöglichkeiten ins Auge zu fassen.

Mir ist aufgefallen, daß es im Bodybuilding zwei verschiedene Typen gibt. Der eine ist mehr daran interessiert, die Übungen sauber und in der richtigen Technik auszuführen. Er konzentriert sich darauf, das Gewicht in vollständigen und gleichmäßigen Wiederholungen zu bewältigen. Als Folge davon baut er einen symmetrischen Körper auf. Der andere Typ ist weniger darauf eingestellt, die Übung zu fühlen, sondern es geht ihm mehr darum, sein Ego zu befriedigen. Er möchte möglichst schwere Gewichte heben. Oft bewältigt dieser Mann mehr Gewicht als der Mann, der sich auf die richtige Technik konzentriert, erzielt aber nicht das gleiche Resultat. Denken Sie also daran: Entscheidend für die beste Körperentwicklung ist nicht, wieviel Gewicht Sie bewältigen, sondern wieviel Gewicht Sie in der richtigen Haltung bewältigen.

Ed Corney und Frank Zane, beide ehemalige Weltmeister-Titelträger, sowie ich selbst sind Beispiele für Bodybuilder, denen die korrekte Ausführung der Übung wichtiger ist als schwere Gewichte. Wir handhaben gerade genügend Gewicht, um die Übung noch als Herausforderung zu empfinden, achten aber streng auf die richtige Technik. Mir selbst war die Technik nicht immer wichtiger als das Gewicht. Doch als ich nach Amerika kam, war ich gezwungen, so manches zu ändern.

Frank Zane hatte mich in Florida besiegt, und das hatte mich gelehrt, daß ich nicht so perfekt war, wie ich dachte.

Davor war ich schon einmal besiegt worden, 1966 von Chet Yorton. Aber das schien mir damals in Ordnung, weil er mehr Masse hatte als ich. Bei Frank Zane war die Sache schon beunruhigender. Ich hatte schon zweimal den Weltmeistertitel gewonnen, als ich nach Amerika kam, und er hatte nichts vorzuweisen als den Mr. America. Er wog 84 Kilo, also fast 30 Kilo weniger als ich. Ich konnte mir einfach nicht erklären, warum er gewonnen hatte. Wenn ein großer Mann gegen einen kleinen verlor, so mein erster Gedanke, dann ging es bei dem Wettkampf wohl nicht mit rechten Dingen zu. Ich habe selten in meinem Leben geweint, aber nach diesem Wettkampf heulte ich die ganze Nacht. Aber ich dachte auch immer wieder darüber nach – was hat Zane, das ich nicht habe? Ich studierte Fotos von ihm und kam zu dem Schluß, daß seine Muskeln besser entwickelt waren; er hatte mehr Muskelschärfe, mehr Qualität, mehr Muskelteilung und mehr Muskulosität als ich. Ich wußte also, woran ich arbeiten mußte. Ich begriff, daß nicht immer der gewaltigste Bursche gewinnt. Ich fing an, meine Vorstellungen über Größe zu ändern, und dachte nun mehr an Perfektion. Ich mußte aufhören, mich mit riesigen Gewichten abzuquälen, die nur Masse aufbauten. Was ich brauchte, das waren mehr Wiederholungen. Und je mehr ich auf korrekte Körperhaltung achtete, desto mehr näherte ich mich dem perfekten Körper, den ich anstrebte.

Positive Einstellung und Muskelbewußtsein

Setzen Sie sich einen Augenblick hin, bevor Sie mit dem Training beginnen, und denken Sie über Ihren Körper nach. Stellen Sie sich in Gedanken auf die Muskeln ein. Den ganzen Tag lang denken Sie vermutlich an alles andere, nur nicht daran, Ihren Körper zu trainieren. Hasten Sie von einem Geschäftsabschluß nicht direkt ins Studio, um Bankdrücken zu machen. Die Übung bringt dann nichts, und Sie können sich sogar eine Verletzung zuziehen. So funktioniert die Welt unserer Gedanken nicht. Nehmen Sie sich ein paar Minuten

Zeit, um sich innerlich auf das Training einzustellen. Es ist jetzt besonders nützlich, wenn Sie sich den Körper, den Geist und die Muskeln bewußt machen, getrennt und als Einheit. Fangen Sie mit den Waden an. Befühlen Sie sie, spannen Sie sie an. Arbeiten Sie sich von den Waden nach oben. Spannen Sie die Oberschenkel an, dann die Bauchmuskeln; fühlen Sie, welche Kontrolle Sie haben, und setzen Sie sich mit den verschiedenen Körperpartien in Verbindung – dem Bizeps, dem Trizeps; spannen Sie den Deltoidmuskel an und versuchen Sie, den Latissimus zu spreizen. Versuchen Sie, ein Gefühl für jeden Körperteil zu bekommen. Prägen Sie sich fest ein, daß Ihr Körper trainiert werden muß. Beachten Sie sich im Spiegel, sehen Sie sich Ihre Muskeln an und beurteilen Sie ihre Entwicklung. Seien Sie ehrlich mit sich selbst. Was brauchen Sie, wo sind noch größere Anstrengungen notwendig? Und während Sie das alles tun, stellt sich Ihr Geist auf den Körper ein.

Der Wert des Split-Trainings – Muskelaufbau und Heilung

Wir haben die Übungen deshalb auf verschiedene Tage aufgeteilt, damit die Muskeln zwischen der Belastung 48 Stunden Ruhe haben, um Verletzungen auszuheilen oder sich vom Muskelkater zu erholen. Jetzt am Anfang wollen wir es vermeiden, die gleichen Muskeln jeden Tag zu belasten (Ausnahmen sind die Bauchmuskeln, Waden und Unterarme, die wir täglich benutzen und deshalb anders trainieren müssen. Die Muskeln im Bauchbereich sind für fast jede Körperfunktion wichtig, die Unterarme werden zum Greifen gebraucht und die Waden zum Gehen). Bei diesem Programm werden wir die Woche so einteilen, daß wir an einem Tag drei große Muskelgruppen trainieren und am nächsten drei kleine.

Ihr Trainingspartner

Es hängt jetzt viel von einem Trainingspartner ab. Er spielt eine entscheidende Rolle, und Sie müssen sich hundertprozentig auf ihn verlassen können. Je intensiver Sie Bodybuilding betreiben, desto wichtiger wird Ihr Partner. Für mich ist er genauso wichtig wie ein Geschäftspartner – es wird eine sehr enge Beziehung. Man vertraut einander und nimmt Verpflichtungen auf sich. Man trainiert nicht nur zusammen, sondern hilft sich auch gegenseitig. Wenn man einmal nicht recht in Stimmung ist, muntert einen der Partner auf und weckt die Leistungsbereitschaft.

Manchmal fühlt man sich nicht so stark, und das ist ein Problem, wenn man alleine trainiert. Wenn man körperlich nicht ganz auf der Höhe ist und zum Beispiel acht Wiederholungen Bankdrücken mit 135 Kilo machen will, hat man Angst, daß man die letzten Wiederholungen nicht schafft, denn ein solches Gewicht auf der Brust ist lebensgefährlich. Doch wenn man einen Trainingspartner hat, kann er sich hinter einen stellen, die Wiederholungen laut mitzählen und einem helfen, wenn es nötig ist. Manchmal fällt einem die letzte Wiederholung so schwer, daß man glaubt, sie einfach nicht mehr schaffen zu können.

Der Partner erleichtert einem die Sache psychologisch dadurch, daß er den kleinen Finger unter die Stange hält und sie ein wenig nach oben drückt. Das sind erzwungene Wiederholungen, und sie sind für das Aufpumpen und Wachsen des Muskels oft entscheidend.

Der Partner ist schließlich auch dazu da, um einen immer wieder zu loben. Man lebt von den Komplimenten, die man sich gegenseitig macht, und dem gesteigerten Selbstbewußtsein, das daraus resultiert.

Man braucht im Studio ständig Hilfe. Man braucht jemanden, der beobachtet, wie man sich entwickelt, und Vorschläge macht, was man am Trainingsstil ändern könnte. Der Partner sagt: »Hör mal, deine Taille gefällt mir noch immer nicht. Vielleicht machst du die Sit-ups falsch.« Er kann das überprüfen. Nach dem Training diskutiert man über Trainingsprobleme. Man kann vor einem Trainingspartner ruhig ein bißchen protzen, kann sich in kleinen Wettbewerben mit ihm messen. Es ist motivierend, wenn man dem Partner zeigen kann, welche Fortschritte man gemacht hat, und man strengt sich dann noch mehr an.

Das Vier-Tage-Programm

Bei diesem Programm sind Sie viermal in der Woche im Studio: am Montag und Donnerstag sowie am Dienstag und Freitag. An den drei freien Tagen sollten Sie sich auf Schwimmen, Jogging und Dehnübungen konzentrieren und keinerlei Widerstandstraining machen. Beginnen Sie langsam; lassen Sie dem Körper mindestens einen Monat Zeit, um sich an das neue Programm zu gewöhnen.

Das Montag- und Donnerstag-Programm

Montags und donnerstags trainieren wir Beine, Brust und Bauch.

Ich trainiere Brust und Beine grundsätzlich zusammen. Das Beintraining verlangt starkes Atmen, und deshalb wird dabei gleichzeitig die Lunge trainiert. Bei den Kniebeugen atmen Sie in tiefen Zügen und weiten den Brustkasten, so daß die Brust schon aufgewärmt ist, wenn Sie anschließend das Brusttraining machen; so schlagen Sie also zwei Fliegen mit einer Klappe.

Die Bauch- und Wadenmuskeln sollten Sie jeden Tag trainieren.

Die Beine – Oberschenkel und Waden

Die vorderen Oberschenkelmuskeln sind *Streckmuskeln*. Als große Muskelgruppe für sich werden sie oft als *Quadrizeps* bezeichnet. Der längste dieser Muskeln ist der *Rectus femoris*. Er liegt über dem *Vastus intermedium*, der am Oberschenkelknochen entspringt und an der Kniescheibe ansetzt. Diese beiden Muskeln bilden den V-förmigen Einschnitt in der Mitte der Oberschenkelvorderseite. Die Innenseite des Oberschenkels wird vom *Vastus medialis* gebildet, und der äußere Oberschenkelmuskel wird *Vastus lateralis* genannt; beide Muskeln entspringen am Oberschenkelkopf und setzen an der Kniescheibe an. Diese Muskelgruppe entfaltet sehr viel Kraft und wird am besten durch direktes Beinstrecken und Kniebeugen entwickelt.

Der Oberschenkel wird von zwei Muskeln zum Bauch gezogen. Einer ist ziemlich kurz und ist außen im Bereich des Hüftgelenks zu sehen. Das ist der *Tensor fasciae latae,* der vom Beckenunterrand kommt und in die äußere Oberschenkelfaszie übergeht. Der zweite Muskel, der *Sartorius,* ist der längste Muskel des Körpers und verläuft diagonal über den Oberschenkel. Die Funktion dieser Muskeln, die den Oberschenkel anziehen und strecken, ist der Funktion des Trizeps im Oberarm nicht unähnlich.

Obgleich nicht so eindrucksvoll wie die Streckmuskeln, vervollständigen die *Oberschenkelbeuger* die Bewegungen des Oberschenkels und tragen ganz wesentlich zum Oberschenkelumfang bei. Der am tiefsten gelegene Muskel der Beugergruppe ist der kurze Kopf des *Bizeps femoris,* der sich mit seinem Zwilling, dem langen Kopf, zu einer gemeinsamen Sehne verbindet, die sich am Wadenbeinköpfchen anheftet; das Wadenbein ist der äußere Unterschenkelknochen. Die übrigen Beugemuskeln entspringen alle am Sitzbeinhöcker. Der breitere *Semimembranosus* heftet sich hinten am Schienbein an, der schmalere *Semitendunosus* vorn zur Mitte hin. Mit Beinstrecken wird die Oberschenkelrückseite am besten entwickelt und optimal zur Geltung gebracht.

Im Wadenbereich ist der größere und tiefer gelegene Muskel der *Soleus,* der am Wadenbein und am Schienbein entspringt. Der kleinere *Gastrocnemius* hat zwei Köpfe, die beide im unteren Bereich des Oberschenkelknochens entspringen, der eine außen und der andere innen. Die beiden Köpfe vereinigen sich, überdecken den Soleus und gehen in die Achillessehne über.

1. Kniebeugen – Die Kniebeuge wurde bereits bei den Grundübungen besprochen.

Da Sie die Übung jetzt mit schwereren Gewichten ausführen, würde ich Ihnen empfehlen, keine volle Kniebeuge zu machen, d. h. nicht ganz in die Hocke zu gehen, da dies nach Ansicht von Orthopäden die Knie schädigen kann. Bewegen Sie sich nur zu Dreiviertel des Wegs herab, etwa bis die Oberschenkel in der Horizontalen sind, und kommen Sie dann wieder hoch. Halten Sie den Oberkörper gerade. Wenn Sie sich vorbeugen, trainieren Sie die untere Rückenpartie mehr als die Oberschenkel. Konzentrieren Sie sich vorerst nur auf die Oberschenkelmuskeln und halten Sie den Kopf hoch.

Je nachdem, welche Wirkung man mit den Kniebeugen erzielen möchte, kann man die Übung auf unterschiedliche Weise ausführen. Wenn Sie Schwierigkeiten haben, den äußeren Bereich der Oberschenkel zu entwickeln, sollten Sie die Füße parallel stellen und den Fußabstand möglichst klein halten. Brauchen Sie hingegen mehr Masse an der Innenseite, stellen Sie die Zehen auswärts und die Füße weiter auseinander. Als Vorsichtsmaßnahme können Sie auch eine Bank bereitstellen, damit Sie sich setzen können, falls Sie einmal nicht mehr hochkommen.

Ich würde Ihnen vorschlagen, fünf Sätze zu je acht Wiederholungen zu machen, insgesamt also 40 Wiederholungen. Hinweis: Beginnen Sie immer mit leichteren Gewichten und steigern Sie sie von Satz zu Satz. Machen Sie den ersten Satz mit 45 kg. Beim nächsten legen Sie 55 kg auf, dann 65, 75, 85 und schließlich 90. Steigern Sie sich langsam aber sicher. Der letzte Satz sollte so schwierig sein, daß Sie nur noch fünf oder sechs Wiederholungen schaffen. Das ist der Satz, der Sie auf das nächste Training vorbereitet. Der erste Satz ist ein Aufwärmsatz, der letzte sollte immer ein Kraftsatz sein.

2. Beinstrecken – Außer der Kniebeuge gibt es keine bessere Übung zur Entwicklung der ganzen Beinmuskulatur als das Beinstrecken. Die Übung dient hauptsächlich dem Aufbau der vorderen Oberschenkelmuskeln, kräftigt die Knie und erhöht die Spannkraft der Waden.

Die Maschine für diese Übung besteht aus einer Bank mit einem Hebel an einem Ende, der mit einer gepolsterten Halterung versehen ist. Setzen Sie sich auf das Bankende, die Kniekehlen dicht an der Kante, und halten Sie sich etwas hinter dem Rücken an der Bank fest. Sie können die Füße entweder mit angespannter Ferse unter die Halterung bringen, wie es auf dem Foto gezeigt ist, oder mit gestreckten Fußspitzen. Bei gestreckten Fußspitzen werden besonders der Quadrizeps und

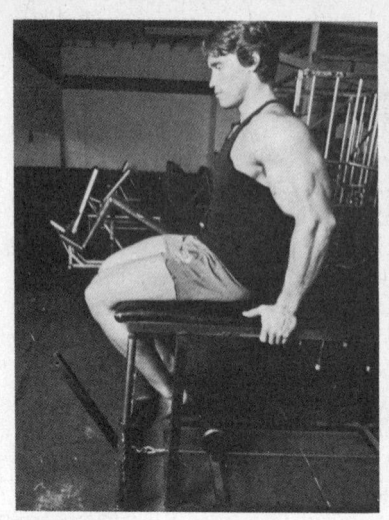

Beinstrecken

die Knie belastet; bei angespannten Fersen bietet die Übung zusätzlich den Vorteil, daß die Beinrückseite gut gedehnt wird.

Drücken Sie die Halterung langsam und gleichmäßig hoch, bis die Beine gestreckt sind. Halten Sie diese Stellung ein paar Sekunden und lassen Sie das Bein dann ebenso langsam und kontrolliert wieder bis in die Ausgangsstellung herab. Sie können mit zehn oder 15 kg anfangen und das Gewicht dann progressiv steigern. Arbeiten Sie auf fünf Sätze mit zwölf Wiederholungen hin.

3. Beincurls – Diese Übung wurde im vorhergehenden Kapitel bereits ausführlich besprochen. Wichtig ist hier wieder, daß Sie den Curl vollständig ausführen. Legen Sie sich bäuchlings auf die Bank, halten Sie sich an der Vorderkante der Bank gut fest und lassen Sie die Halterung der Maschine ganz herunter. Bringen Sie das Gewicht dann hoch, so weit es geht. Ich möchte Sie noch einmal warnend daran erinnern, weder die Gesäßmuskeln noch den Hüftbereich oder die Unterarme ins Spiel zu

bringen, um das Anheben des Gewichts zu erleichtern. Belasten Sie bei dieser Übung nur den Beinbizeps. Das Gewicht ist nicht so wichtig wie die korrekte Ausführung.

Machen Sie fünf Sätze von acht bis zehn Wiederholungen.

4. Wadenheben – an der Wadenmaschine (im Stand) – Wenn wir gehen, benutzen wir ständig unsere Wadenmuskeln. Bei jedem Schritt wird der ganze Körper von einer Wade angehoben. Wenn Sie 90 kg wiegen, entspricht jeder Schritt einer Wiederholung mit 90 kg. Wenn Sie also 90 kg auf die Waden-

Beincurls

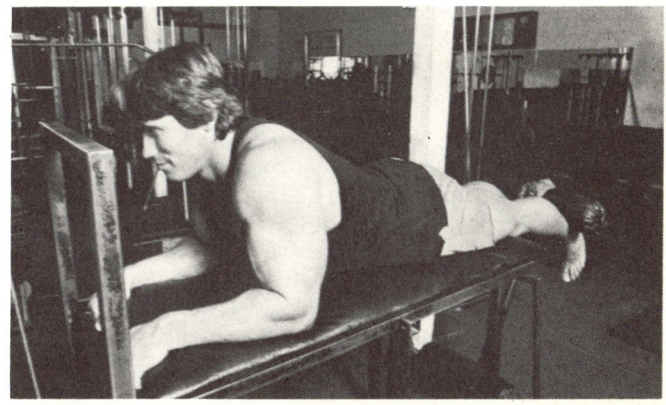

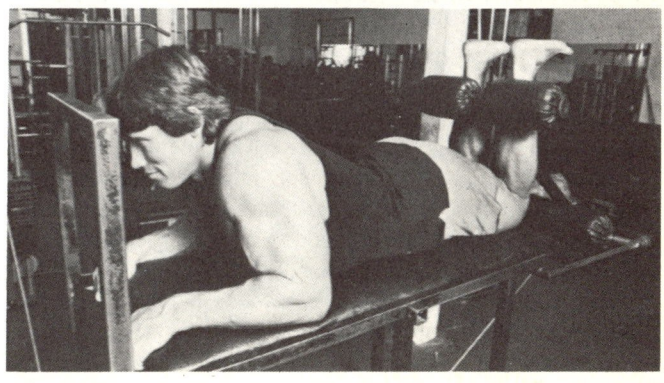

Wadenheben im Stehen

maschine legen, entspricht das etwa dem Gehen. Sei sollten die Maschine mit mehr als Ihrem Körpergewicht beladen. Viele Leute wissen das nicht. Wenn ein Mann mit dünnen Waden und 90 kg Körpergewicht nur 70 kg auf die Wadenmaschine auflegt, dann wird er dünne Waden behalten. Der Widerstand dieses Gewichts wird ihm nicht viel bringen.

Die besten Waden der Welt hatte meiner Meinung nach Reg Park, und er hat sie jahrelang mit sehr großen Gewichten trainiert. Ich erwähnte bereits, daß ich bei meinem Besuch in Südafrika mit Reg trainierte; ich legte meine üblichen 70 kg auf die Wadenmaschine, und Reg erhöhte das Gewicht für seine Sätze bis auf 360 kg. Er machte zehn Sätze von je 10 Wiederholungen. Da wurde mir klar, was man tun muß, um kräftige Waden zu bekommen. Ich steigerte das Gewicht im Laufe unseres gemeinsamen Trainings auf 225 kg und konnte nach nur einem Monat einen Zuwachs von mehr als einem Zentimeter verzeichnen. Seit dieser Zeit habe ich es mir zur Gewohnheit gemacht, die Waden immer mit sehr schweren Gewichten zu trainieren.

Um die Wadenmuskeln optimal zu strecken, sollten Sie auf einem hohen Block stehen und die Fersen weit herablassen, bis sie den Boden berühren; anschließend stellen Sie sich wieder möglichst hoch auf die Zehenspitzen. Nur wenn Sie die Bewegung perfekt und vollständig ausführen, können Sie perfekt ausgebildete Waden bekommen. Eine parallele Fußstellung eignet sich für die Entwicklung der Wade allgemein. Wenn Sie speziell die Außenseite entwickeln möchten, stellen Sie die Fußspitzen einwärts; kommt es Ihnen mehr auf die Entwicklung der Innenseite an, stellen Sie die Fußspitzen auswärts.

Die Wade ist anders als alle anderen Muskeln. Sie widersetzt sich hartnäckig allen Veränderungen und spricht nur langsam auf das Training an. Deshalb sollten Sie genauso hartnäckig sein. Machen Sie nicht nur 8 oder 10 Wiederholungen, sondern mindestens fünf Sätze zu 15 Wiederholungen.

Brust

Die Muskeln im Brustbereich sind *Pectoralis major, Pectoralis minor, Subclavius* und *Serratus anterior (Serratus magnus)*. Die Pectoralis- bzw. Brustmuskeln, die aus dem klavikularen (oberen) Teil und dem sternalen (unteren) Teil bestehen, entspringen vom Klavikel (Schlüsselbein), von der ganzen Länge des Sternums (Brustbeins) und vom Knorpel mehrerer Rippen. Die größte Masse der Brustmuskeln ist am Oberarmknochen (Humerus) angeheftet, und zwar oberhalb der Stelle, an der die Deltoidmuskeln ansetzen, und unter diesen gelegen. Der Serratus erstreckt sich von den Rippen bis zum Schulterblatt, so daß der Rippenkasten wie von Panzerplatten bedeckt ist.

Die Brustmuskeln ziehen den Arm quer vor den Körper und ermöglichen uns Bewegungen wie zum Beispiel das Werfen eines Balls unter Schulterhöhe, das Bankdrücken mit weitem Griff, das Schwimmen im Kraulstil und Dips am Barren. Da die Brustmuskeln am Oberarmknochen angeheftet sind, spielen sie eine wichtige Nebenrolle bei Klimmzügen und anderen

Rückenübungen. Es besteht übrigens eindeutig eine gegenseitige Abhängigkeit zwischen Brust- und Rückenübungen. Die Brustmuskulatur erreicht nicht ganz ihre potentielle Größe, wenn der Latissimus dorsi nicht voll entwickelt ist.

1. Bankdrücken – Wir haben diese Übung bereits in einem früheren Kapitel besprochen. Konzentrieren Sie sich darauf, das Gewicht langsam zur Brust herabzulassen und langsam wieder hochzudrücken. Die Abwärtsbewegung macht sich ein Prinzip zunutze, das als negativer Widerstand bezeichnet wird. Das bedeutet, daß der Muskel nicht nur durch das Hochdrücken entwickelt wird, sondern auch durch die kontrolliert ausgeführte Abwärtsbewegung. Deshalb sollten Sie beim Herablassen des Gewichts ebenso auf die korrekte Körperhaltung

Bankdrücken mit breitem Griff

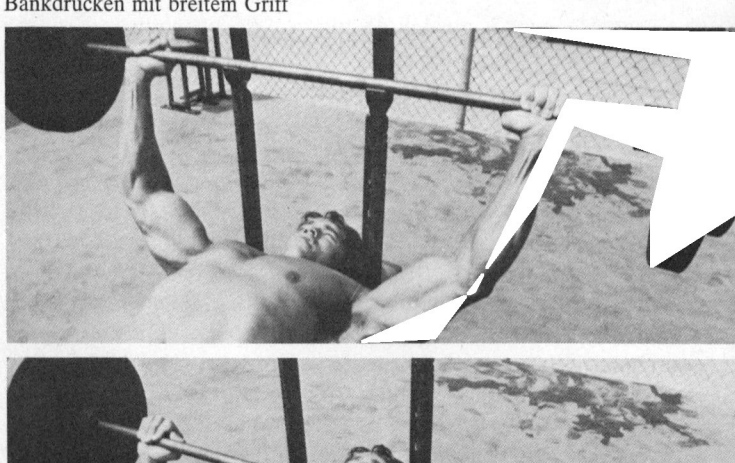

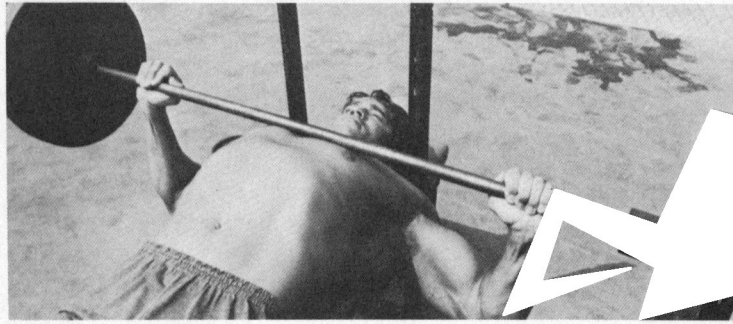

achten wie beim Hochdrücken. Das gilt grundsätzlich für fast jede Übung. Drücken Sie das Gewicht nicht mit Schwung von der Brust hoch und vermeiden Sie auch, es nur halb herabzulassen. Führen Sie die Bewegung vollständig aus.

Ich würde 8 Wiederholungen vorschlagen, beginnend mit einem leichten Gewicht, das bei jedem Satz erhöht wird. Steigern Sie das Gewicht so, daß Sie beim letzten Satz nur noch 5 oder 6 Wiederholungen schaffen. Damit bauen Sie die Grundform der Brustmuskeln auf – nicht nur den mittleren Teil, sondern auch den unteren und oberen Bereich.

Hinweis: Lassen Sie beim Bankdrücken die Füße auf dem Boden, damit der Körper Halt hat.

2. Fliegende Bewegungen mit Kurzhanteln, Arme gebeugt – Fliegende Bewegungen weiten den Brustkasten und entwickeln den äußeren Bereich der Brustmuskeln. Sie gehören zu meinen Lieblingsübungen und haben sich äußerst positiv auf meine Brustmuskeln ausgewirkt: sie sind breit geworden, reichen weit herab und zeigen viel Definition.

Legen Sie sich rücklings auf eine Flachbank. Bringen Sie die Beine auf die Bank und schlagen Sie sie übereinander, wie es auf dem Foto zu sehen ist (auf diese Weise vermeiden Sie eine Belastung der Bauchmuskeln). Nehmen Sie in jede Hand eine Kurzhantel und halten Sie sie in Armeslänge über die Brust. Beugen Sie die Arme leicht (siehe Foto), um die Ellbogen zu entlasten, und führen Sie die Gewichte seitlich in einem Bogen möglichst weit herab (fast bis zum Boden); atmen Sie beim Senken der Gewichte tief ein. Heben Sie die Arme dann langsam – gleichzeitig atmen Sie aus und spannen die Brustmuskeln an – und führen Sie sie hoch, bis die Hanteln etwa 25 cm voneinander entfernt sind. Am oberen Endpunkt spannen Sie die Brustmuskeln an und umschließen die Hanteln ganz fest mit den Händen.

Fliegende Bewegungen gleichen dem Umfassen eines dicken Baumstamms. Die Kurzhanteln beschreiben einen großen Bogen. Viele Männer machen die Übung mit dem Gewicht so nah an den Brustmuskeln, daß eine drückende Bewegung daraus wird. Drücken sollen Sie aber gar nicht. Bei einer

Fliegende Bewegung auf Flachbank

anderen Variante werden die Hanteln oben zusammengeführt, bis sie sich berühren, aber auch das wollen wir bei diesem Programm nicht. Wenn man den Bewegungsablauf bei einem Hantelabstand von 25 cm stoppt, bleiben die Brustmuskeln – besonders die äußeren Bereiche – ständig angespannt, so daß sie gut aufgepumpt werden. Achten Sie darauf, die Hanteln bei jeder Wiederholung langsam und möglichst weit herabzulassen, damit die Muskulatur eine optimale Dehnung erfährt.

Machen Sie fünf Sätze mit je 10 Wiederholungen.

Bauch

Ich finde, eine wirklich gut entwickelte Mittelpartie ist auf den ersten Blick der eindrucksvollste Teil eines Männerkörpers. Wenn Sie mit griechischer Mythologie oder klassischer Bildhauerei vertraut sind, haben Sie zweifellos schon Bilder von Göttern gesehen und dabei festgestellt, daß jeder von ihnen fantastische Bauchmuskeln hat. Gut geformte, scharf definierte Bauchmuskeln lassen den Körper vollendeter wirken als jede andere Muskelgruppe. Wenn man als Wettkämpfer auch nur eine dünne Fettschicht am Bauch hat, kann man jeden Gedanken an eine Trophäe von vornherein vergessen.

Scharf definierte Bauchmuskeln sind ein Muß, wenn man vor kritischen Blicken bestehen will. Die ganze Bauchgegend muß gut durchtrainiert werden, um alles sichtbare Fett unter der Haut loszuwerden. Mit dem folgenden Übungsprogramm bekommt Ihre Mittelpartie sensationelle Einschnitte.

1. Sit-ups – Knie gebeugt – Diese Übung kennt jeder. Lassen Sie die Beine während des ganzen Bewegungsablaufes gebeugt in der gleichen Stellung. Atmen Sie beim Aufrichten aus und beim Zurückgehen auf den Boden ein. Wenn Sie kein Bauchmuskelbrett oder Schrägbrett haben, verankern Sie die Füße

Sit-ups am Bauchbrett

unter einem schweren Gegenstand, zum Beispiel einem Bett oder einer Kommode. In diesem Fall ist das Üben angenehmer, wenn Sie zur Polsterung ein Handtuch oder einen Schwamm über die Füße legen.

Ich würde etwa 200 Wiederholungen am Tag machen – nicht unbedingt alle auf einmal, sondern so, daß man sich nicht übernimmt. Es können also zweimal 100 sein oder sechsmal 35.

2. Beinheben – Knie gebeugt – Machen Sie mindestens 200 Wiederholungen oder so viele, daß die Muskeln richtig brennen.

Beinstrecken

Handgelenkcurls

3. Handgelenkcurls – Wie ich schon sagte, sollten Sie diese Übung jeden Tag machen, um die Unterarmmuskeln zu entwickeln. Da Sie die Unterarme jeden Tag benützen, können Sie sie auch jeden Tag trainieren. Lassen Sie das Gewicht möglichst weit herab und führen Sie es wieder möglichst weit hoch. Das ist die fundamentalste, beste und einfachste Übung

für die Unterarme, und Sie können sie mit großen Gewichten ausführen.

Machen Sie mindestens fünf Sätze von 15 Wiederholungen und setzen Sie den letzten Satz so lange fort, bis es Ihnen vollkommen unmöglich ist, das Handgelenk auch nur den Bruchteil eines Zentimeters zu bewegen.

Das Dienstag- und Freitag-Programm

Dienstags und freitags trainieren Sie Schultern, Rücken, Arme, Bauch und Waden. Der Grund für diese Kombination ist folgender: Drückende und ziehende Bewegungen sollten meiner Meinung nach zusammen ausgeführt werden. Bei den meisten Schulterübungen wird Druck ausgeübt, und alle Rückenübungen sind Zugbewegungen. Die Schultern, der Rücken und die Arme sind alle miteinander verbunden, und so scheint es vernünftig, die Arme gleich mitzutrainieren. Bis man mit der Schulterarbeit fertig ist, bei der der Trizeps viel beansprucht wird, und mit dem Rückentraining, das viel Bizepsbewegungen mit sich bringt, sind die Arme gründlich aufgewärmt, so daß man gleich zu den Armübungen übergehen kann.

Schultern

Im Schulterbereich sollten Deltoid und Trapezius im gleichen Maße entwickelt werden. Geben Sie einem breiten Deltoid noch eine hübsche V-Form, und Sie haben die perfekte Verbindung zu einem kraftvollen, eindrucksvollen Rücken. Der *Deltoideus* ist ein großer, dicker, dreieckiger Muskel, der das Schultergelenk vorne, hinten und an der Seite überdeckt. Er verläuft rings um die Schulterhöhe herum. Die Muskelfasern vereinigen sich zu einer dicken Sehne, die seitlich in der Mitte des Oberarmknochens befestigt ist. Die Funktion des Muskels besteht im wesentlichen darin, den Arm vom Körper wegzubewegen.

Es ist also verständlich, daß Bewegungen nach vorn, nach hinten und nach der Seite notwendig sind, um alle Bereiche des Muskels zu trainieren.

Der *Trapezius* ist ein flacher, dreieckiger Muskel, der Teile des Nackens, der Schultern und des oberen Rückens bedeckt. Er setzt an der Schädelbasis an, erstreckt sich hinaus bis zum Deltoides, läuft das Nackenband hinunter und heftet dann im Bereich des zwölften Brustwirbels an der Wirbelsäule an. Er hat die Funktion, das Schulterblatt zu heben und zu senken sowie beim Heben der Schultern mitzuwirken. Voll entwickelt bildet er bei angespannten Armen eine dramatisch gewellte Muskelmasse zwischen den Deltoidmuskeln.

1. Nackendrücken – Das Nackendrücken mit der Langhantel entwickelt nur die vorderen Deltoidmuskeln. Führen Sie diese Übung im Stand aus. Greifen Sie die Hantel etwas weiter als schulterbreit. Lassen Sie die Stange herab, bis sie den Nacken berührt, und drücken Sie das Gewicht dann wieder ganz hoch, bis die Arme gestreckt sind. Viele Leute lassen das Gewicht nur bis zum Hinterkopf herab, aber das genügt nicht. Sie müssen

Nackendrücken im Sitzen

die Bewegung vollständig ausführen, also noch diese 10 oder 12 cm weiter hinunter zum Nacken, um den vorderen Teil des Deltoid gut zu dehnen.

Hinweis: Bringen Sie das Gewicht bei allen drückenden Bewegungen immer gerade nach oben. Gehen Sie selbstbewußt an die Übung heran und lassen Sie sich von dem Gewicht nicht einschüchtern.

Machen Sie fünf Sätze von etwa 8 Wiederholungen. Beginnen Sie mit relativ kleinem Gewicht und steigern Sie es dann. Um zu gewährleisten, daß die Muskeln gut aufgepumpt werden, sollte der letzte Satz mit bedeutend höherem Gewicht als am Anfang ausgeführt werden und aus 6 Wiederholungen bestehen.

2. Seitheben – Das Seitheben wirkt speziell auf den seitlichen und hinteren Teil des Deltoides. Ich mache diese Übung in leicht vorgebeugter Haltung, um möglichst keine anderen Muskeln ins Spiel zu bringen. Die Wirksamkeit dieser Übung wird durch die Drehung des Handgelenks gesteuert. Wenn Sie das Handgelenk beim Heben so drehen, daß der Daumen nach oben zeigt, wird jedoch nur der vordere Teil des Deltoides belastet.

Ich habe das Seitheben viele Jahre lang falsch ausgeführt – nämlich mit dem Daumen nach oben –, weil es auf Bildern in Zeitschriften immer so dargestellt war. Ich konnte mir nie erklären, warum meine hinteren Deltamuskeln nicht größer wurden. Eines Tages experimentierte ich dann zu Hause und stellte fest, daß ich im hinteren Bereich des Deltoides Muskelkater bekam, wenn ich das Handgelenk mit dem Daumen nach vorn drehte, wie eine Faust, die die Hantel horizontal hält. Je mehr ich den kleinen Finger nach oben drehte, desto stärker wurde der hintere Deltoidmuskel belastet.

Also fing ich an, das Handgelenk beim Heben der Hanteln so zu drehen, als würde ich Wasser aus einer Kanne gießen, und auf diese Weise konnte ich meine hinteren Deltamuskeln enorm verbessern.

Machen Sie jeweils etwa fünf Sätze von 8 oder 10 Wiederholungen.

Seitheben
im
Stehen

Der spektakulärste Teil eines athletischen Körpers ist ein gutentwickelter Rücken. Der Rücken verbindet die großen Muskelgruppen miteinander und sorgt dadurch für Ausgewogenheit und Symmetrie. Die in diesem Abschnitt angeführten Übungen sind für die drei großen Muskelgruppen des Rückens bestimmt:

Trapezius – diesen Muskel haben wir schon im Abschnitt über die Entwicklung der Schultern besprochen.

Latissimus dorsi – das ist ein großer, breiter, dreieckiger Muskel, der in der Lendengegend des Rückens entspringt und sich dann nach außen erstreckt, fast bis zu den Schultern hoch. Er hat die Funktion, die Arme zur Körpermitte zu bewegen und sie nach innen zu drehen. Er zieht auch die Schultern nach unten und nach hinten. Gut entwickelte »Lats« verleihen dem Oberkörper die eindrucksvolle V-Form und steigern die Wirkung praktisch jeder Front- und Rückenpose, entspannt und angespannt.

Erector spinae – die untere Rückenmuskulatur besteht aus mehreren Muskeln, die die Nervenkanäle schützen und die aufrechte Haltung der Wirbelsäule gewährleisten. Diese Muskeln sollten entwickelt werden, um dem Rücken ein vollendetes Aussehen zu verleihen.

Die Entwicklung des Rückens sollte jedoch nicht nur unter dem Aspekt des Aussehens betrachtet werden. Es werden auch noch andere Muskelgruppen in ihrer Größe und Kraft davon beeinflußt. Von schwerem Rückentraining werden zum Beispiel die Arme massiger und stärker, auch wenn man noch nie spezielle Armübungen gemacht hat. Erhofft man sich andrerseits eine 125-cm-Brust, bekommt man sie nur, wenn man auch den Rücken voll entwickelt – der Rücken macht fast die Hälfte des Brustumfangs aus.

Der Rücken ist ein großer, wichtiger Muskelbereich und sollte wirklich hart trainiert werden.

1. <u>Klimmzüge in den Nacken</u> – Der Klimmzug dient ausschließlich der Entwicklung des Latissimus, der dem Oberkörper Breite verleiht. Durch die Belastung werden die Schulterblätter auseinandergezogen und die Lats gestreckt.

Klimmzüge in den Nacken

Hängen Sie sich mit weitem Griff an die Stange; die Griffweite soll wesentlich größer sein als schulterbreit. Ziehen Sie sich hoch, bis die Stange den Nacken berührt, und lassen Sie sich dann langsam wieder herab. Halten Sie die Knie leicht gebeugt, aber mogeln Sie nicht mit Bewegungen im Hüftbereich. Es sollten sich nur die Arme bewegen, weiter nichts.

Sie sollten inzwischen in der Lage sein, zehn Wiederholungen ohne Unterbrechung zu schaffen. Machen Sie sechs Sätze, also insgesamt 60 Wiederholungen.

2. Langhantelrudern vorgebeugt – Das ist eine Grundübung, die den oberen Rücken massiger und breiter macht und die Muskeldichte der unteren Rückenpartie fördert. Stellen Sie sich auf eine Trainingsbank, wie ich es auf dem Foto mache. Beugen Sie sich aus der Hüfte heraus vor, bis der Oberkörper in der Horizontalen ist, und fassen Sie die Langhantel mit mittelweitem Griff. Halten Sie die Knie leicht gebeugt. Ziehen Sie

Langhantelrudern in Vorbeuge

die Stange hoch, bis sie den Bauch berührt, und lassen Sie sich anschließend weit herab, damit die oberen Rückenmuskeln vollständig gestreckt werden. Achten Sie darauf, daß das Gewicht den Boden nicht berührt, und lassen Sie den Rücken angespannt, bis Sie mit den 12 Wiederholungen fertig sind. Es ist auch wichtig, daß man die Rückenmuskeln die ganze Arbeit machen läßt. Spannen Sie den Bizeps beim Hochziehen nicht an; betrachten Sie die Hände und Arme einfach als Haken.

Lassen Sie das Gewicht immer ganz bis zu den Zehen herab. Deshalb stelle ich mich bei dieser Übung am liebsten auf eine Bank; wenn ich auf dem Boden stehe, kann ich die Stange wegen der Scheiben nicht bis zu den Zehen herablassen, und dann wird die Rückenmuskulatur nicht optimal gedehnt. Ziehen Sie die Stange zur Taille hin, wenn Sie das Gewicht hochbringen, denn wenn Sie sie zur Brust hochziehen, können Sie die Ellbogen nicht weit genug nach hinten bewegen. Wippen Sie nicht zu sehr mit dem Oberkörper und richten Sie sich nicht zu weit auf.

Burschen, die nicht rudern, werden kaum einen Wettkampf gewinnen. Ohne diese Übung bekommen sie keinen breiten, interessanten Rücken, und ohne ausgezeichneten Rücken, kann man nicht damit rechnen, einen Wettkampf zu gewinnen. Doch auch wenn man keine Wettkampfambitionen hat, braucht man das Rudern, um die wichtigen Muskeln im Bereich der Wirbelsäule zu entwickeln. Man kann durch Heben wirklich stark werden, und deshalb habe ich die Klimmzüge mit dem Rudern kombiniert – damit der Rücken breiter und muskulöser wird.

Roger Callard, der Mr. Western America, hatte schon sein ganzes Leben lang Klimmzüge gemacht, als ich ihn kennenlernte. Er hatte einen breiten Rücken, aber keinen Siegerrücken. Wenn er bei einem Wettkampf eine Rückenpose machte, passierte gar nichts. Ich schlug ihm vor, doch mit Ruderübungen anzufangen; und das Ergebnis seiner Bemühungen ist, daß er ein Jahr später bei jedem Wettkampf den Besten Rücken gewann. Die meisten Bodybuilder mögen das Rudern in Vorbeuge nicht, weil es eine unbequeme Stellung ist, bei der Herz und Lunge zusammengedrückt werden, so daß man nicht gut atmen kann. Aber das Rudern ist wichtig und sollte nicht vernachlässigt werden.

Machen Sie fünf Sätze von 12 Wiederholungen.

Arme – Bizeps und Trizeps

Der Bizeps ist für manche Menschen das Symbol der Kraft. Mit kräftigen Armen kann jeder etwas anfangen, der Zusammenhang zwischen Muskeln und Kraft ist offensichtlich. Die Arme sind die Körperteile, die am meisten beeindrucken und die jeder sehen will. Wenn jemand sagt: »Zeig' mal deine Muskeln«, dann zeigt man ihm nicht die Waden. Man hebt vielmehr automatisch den Arm und spannt den Bizeps an. Damit die Arme gut aussehen, sollte man ihrer Entwicklung große Aufmerksamkeit schenken.

Am Oberarm finden sich zwei Muskelgruppen – der Bizeps und der Trizeps. Wie die Vorsilbe Bi andeutet, besteht der Bizeps aus zwei Teilen. Der kurze Kopf entspringt einer Sehne, die am Rabenschnabelfortsatz des Schulterblatts befestigt ist, und setzt am oberen Teil der Speiche (Radius) des Unterarms an. Er unterstützt die Beugung des Oberarms, der Schulter und des Unterarms. Der lange Kopf entspringt am Höcker des Oberarmknochens und setzt gemeinsam mit dem kurzen Kopf in einer Sehnenscheide am Unterarm an. Seine Hauptfunktion ist die Beugung des Unterarms. Der Trizeps besteht aus drei Muskeln, die an einer gemeinsamen Sehne ansetzen – daher der Name Trizeps. Der lange Kopf entspringt einer Sehne am Schulterblatt, der seitliche an der hinteren Fläche des Oberarmknochens (Humerus), und der Ursprung des mittleren Kopfs liegt knapp unterhalb der Stelle, an der der seitliche Kopf entspringt. Alle drei münden in eine einzige Sehne, die am Unterarm angeheftet ist. Der Trizeps bewirkt die Streckung des Unterarms, und der lange Kopf hilft auch mit, den Arm von einer seitlichen Stellung näher zum Körper zu bringen.

Bizeps

<u>1. Langhantelcurl im Stehen</u> – Fassen Sie die Stange mit schulterbreitem Griff und lassen Sie sie an den Oberschenkeln anliegen. Bringen Sie die Stange dann nur mit den Unterarmen hoch. Der Oberarm bleibt während der ganzen Übung unbewegt in der gleichen Stellung. Es ist wichtig, daß Sie keine

Langhantelcurl im Stehen

anderen Muskeln ins Spiel bringen, um sich Kraft zu borgen. Spannen Sie den Bizeps am obersten Punkt des Curls stark an. Lassen Sie die Stange dann langsam herab und wiederholen Sie die Bewegung.

Steigern Sie das Gewicht bei jedem Satz und machen Sie fünf Sätze von 8,8,6,6,6 Wiederholungen.

2. Kurzhantelcurl im Sitzen – Der Kurzhantelcurl ist ähnlich wie der Langhantelcurl, nur verwendet man eben zwei Kurzhantel anstelle einer Langhantel. Die Verwendung von Kurzhantel hat einen Grund: Man kann die Handgelenke während der Curlbewegung drehen und damit Bereiche im Bizeps belasten, die sonst vernachlässigt werden. Folglich bietet der Kurzhantelcurl mehr Widerstand als der Langhantelcurl im Stehen.

Ich beginne meinen Kurzhantelcurl mit den Knöcheln nach vorn weisend, wie auf dem Foto gezeigt. Beim Hochbringen der Hanteln drehe ich sie langsam, bis die Handflächen nach oben weisen, und spanne dann den Bizeps an. Diese Drehung des Handgelenks verschafft dem Bizeps einen Vorteil, den er sonst nicht hätte. Führen Sie die Bewegungen langsam und

Kurzhantelcurl im Sitzen gleichzeitig

überlegt aus. Bewegen Sie nur die Unterarme. Lassen Sie die Gewichte jedesmal ganz herab – nicht nur Dreiviertel des Wegs –, und lassen sie die Arme am untersten Punkt locker hängen.

Machen Sie fünf Sätze von acht Wiederholungen und führen Sie bei jedem Satz die Drehung des Handgelenks aus.

3. Modifizierte Kurzhantelcurls auf der Schrägbank – Steve Reeves war einer der größten Bodybuilder der Welt. Er hatte nicht nur klassische Proportionen, sondern auch großartige Arme. Eine von Reeves' Lieblingsübungen für den Bizeps war der Kurzhantelcurl auf der Schrägbank. Ich habe diese Übung am Anfang meiner Karriere ebenfalls gemacht, mußte aber feststellen, daß ich nicht die gleichen Ergebnisse damit erzielte wie Reeves. Also experimentierte ich herum und fand dabei einen simplen Trick, der die ganze Übung für mich veränderte. Ich stellte die Ellbogen etwas nach vorn und verhinderte damit, daß die Gewichte bei der Aufwärtsbewegung lediglich hochschwangen. Anstatt den vorderen Deltoid mithelfen zu lassen, ließ ich die ganze Arbeit jetzt allein vom Bizeps machen. Der Unterschied war enorm. In kürzester Zeit zeigte der Bizeps eine neue Spitze.

Kurzhantelcurl gleichzeitig an Schrägbank

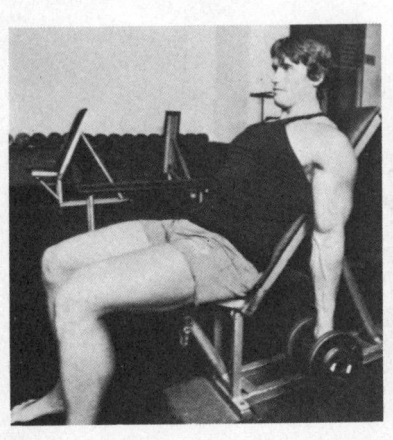

Nehmen Sie ohne Hast die auf dem ersten Foto gezeigte Stellung ein und bringen Sie die Hanteln langsam hoch bis in die Endstellung. Vergessen Sie nicht: Wenn Sie spüren, daß der Deltoid die Arbeit besorgt, machen Sie die Übung falsch. Begrenzen Sie die Belastung auf den Bizeps.

Machen Sie fünf Sätze von zehn Wiederholungen.

Hinweis: Eines ist beim Bizeps zu beachten – Sie müssen ihn zwischen den Wiederholungen vollkommen entspannen. Stellen Sie sich hin, lassen Sie die Arme locker hängen und drehen Sie sie so, daß die Handrücken zu den Oberschenkeln weisen. In dieser Stellung wird die Durchblutung des Bizeps nicht behindert.

Trizeps

1. Trizepsdrücken stehend – Beim Trizepsdrücken im Stehen ist sorgsam darauf zu achten, daß der Bewegungsablauf wirklich vollständig ausgeführt wird. Die Stange sollte von den voll gestreckten Armen ganz bis zum Nacken herabgeführt werden. Halten Sie die Ellbogen parallel und bewegen Sie das Gewicht nur mit den Unterarmen auf und ab. Das entwickelt den

Langhantel-Trizepsdrücken im Stehen

Trizeps vom Ellbogen bis hin zum Latissiums. Viele machen diese Übung mit einer gebogenen Stange, was akzeptabel ist, aber ich mache sie lieber mit der klassischen geraden Stange.

Machen Sie fünf Sätze von 12 Wiederholungen.

2. <u>Bankdrücken mit engem Griff</u> – Das ist eine direkte Übung, die den Trizeps über seine ganze Länge belastet, vom Ellbogen bis zum Latissimus.

Legen Sie sich rücklings auf die Bank und lassen Sie den Kopf über das Ende herabhängen. Lassen Sie das Gewicht bis auf Stirnhöhe herab und drücken Sie es dann wieder hoch. Drücken Sie die Hantel nicht über die Brust. Das Gewicht sollte hinter dem Rücken bleiben, wie auf dem Foto. Bringen Sie die Ellbogen etwas nach hinten und halten Sie sie parallel. Bewegen Sie die Unterarme.

Machen Sie fünf Sätze von 10 – 12 Wiederholungen.

Bauch

Als Bauchmuskeltraining sollten Sie immer abwechselnd einen Satz Beinheben mit gebeugten Knien und einen Satz Rumpfdrehen vorgebeugt mit dem Besenstiel machen. Wir kombinieren diese Übungen, um Zeit zu sparen. Das Beinheben ist für die geraden Bauchmuskeln bestimmt und das Rumpfdrehen für die schrägen Bauchmuskeln seitlich an der Taille. Wenden Sie nicht mehr als sieben Minuten für das ganze Programm auf, und machen Sie sich keine Gedanken über den Wiederstand. Es kommt bei diesen Bauchübungen in erster Linie auf die Zahl der Wiederholungen an. Das Ziel besteht ganz einfach darin, das Fett loszuwerden.

Machen Sie von jeder Übung fünf Sätze von 20 Wiederholungen, immer im Wechsel miteinander, insgesamt also 100 Wiederholungen von jeder Übung.

Unterarme

<u>Handgelenkcurls</u> – Machen Sie fünf Sätze von 15 Wiederholungen.

Langhantel-Trizepsdrücken im Liegen

Mittwoch

Arbeiten Sie mittwochs an Ihren schwachen Punkten. Wenn Sie schon lange genug trainieren, um Ihre Schwächen zu erkennen, schreiben Sie sie auf und analysieren Sie sie. Sie sollten inzwischen wissen, ob Ihr Beinbizeps weniger gut entwickelt ist als Ihr vorderer Oberschenkel oder ob der Latissimus nicht die gleichen Fortschritte macht wie die Brustmuskeln. Jeder Bodybuilder wird bestimmte Bereiche an seinem Körper finden, die weniger gut auf das Training ansprechen als andere. Diese Bereiche müssen mehr trainiert werden und sollten im Mittelpunkt Ihres Mittwochtrainings stehen.

Als ich zu trainieren anfing, blieb mein linker Bizeps immer ein bis zwei Zentimeter schwächer als mein rechter. Offenbar hatte ich irgend etwas falsch gemacht. Also verbrachte ich einen Tag der Woche damit, nur diesen einen Bizeps mit einer Kurzhantel zu trainieren. Und nach ein paar Wochen hatte ich die Schwäche ausgeglichen, so daß der linke Arm den gleichen Umfang hatte wie der rechte.

An den Tagen, die Sie zum Ausgleich von Schwächen vorgesehen haben, sollten Sie diejenigen Muskeln, die Ihnen Schwierigkeiten bereiten, ständig anspannen. Machen Sie Posen, spannen Sie die Muskeln an und versuchen Sie, allein durch geistige Konzentration Blut in den betreffenden Muskel zu schicken. Mit dieser Aufmerksamkeit, die Sie ihm zusätzlich schenken, kommt er dann langsam an den Entwicklungsstand der anderen heran.

Eine Dreiviertelstunde sollte für das Training zurückgebliebener Bereiche genügen. Machen Sie für jede Köperpartie höchstens sechs oder sieben Sätze von zehn Wiederholungen.

Ein mahnendes Wort

Viele Budybuilder werden in dieser Trainingsphase übermütig und möchten schon zum Sechs-Tage-Programm übergehen. Überfordern Sie sich nicht. Wenn Sie übrigens meinen, keine schwachen Punkte zu haben, sollten Sie auf den fünften Trainingstag ganz verzichten. Ruhen Sie sich dann lieber aus und geben Sie dem Körper Gelegenheit, sich zu erholen und zu wachsen. Fangen Sie langsam an, und machen Sie sich nicht kaputt. Man kann auch übertreiben, und dann hat der Geist genug und spielt nicht mehr mit. Denken Sie daran, was ich früher gesagt habe: Der Geist muß hungrig bleiben. Man neigt leicht dazu, sich am Anfang zu übernehmen und dann nachzulassen. Wenn Sie vorhaben, aktiver Bodybuilder zu werden, sollten Sie drei Monate lang bei diesem Programm bleiben. Wenn Sie nicht an Wettkämpfen teilnehmen wollen, behalten Sie es sechs Monate bei.

5 Intensiviertes Training

(Sechs Tage in der Woche)

Das Bodybuilding hat in den letzten Jahren ungeheure Fortschritte gemacht. Die Bodybuilder sind heute stärker und besser als je zuvor. Der typische Sieger bei Wettbewerben hat nicht nur mehr Masse vorzuweisen als die Wettkämpfer der Vergangenheit, sondern auch wesentlich mehr Muskulosität. Moderne Trainingsmethoden, Neuerungen im Bereich der Trainingsgeräte und neue Erkenntnisse auf dem Gebiet der Ernährung (einschließlich der Verwendung hochwertiger Nährstoffpräparate) ermöglichen es den Bodybuildern, die Perfektion in der Körperentwicklung, die zum Siegen notwendig ist, schneller zu erreichen als früher.

Die Entwicklung, die wir im Bodybuilding beobachten, zeigt sich dank einer neuen und positiven Bewertung des Gewichtstrainings auch in anderen Sportarten. Die heutigen Sportler sind stärker und schneller als ihre Vorgänger. Sportler, die Bodybuilding machen, brechen mit schöner Regelmäßigkeit Weltrekorde. Viele der mythischen »Barrieren« – zum Beispiel die 20 m im Kugelstoßen, die 8,5 m im Weitsprung, die 5,5 m im Stabhochsprung – sind mit Wissen, Training und Selbstvertrauen überwunden worden.

Die heutigen Bodybuilder sind bestrebt, ihren Körper optimal zu entwickeln, das heißt, die Muskeln bis zu ihrer maximal erreichbaren Größe aufzubauen und dabei gleichzeitig eine ausgeglichene Körperform zu bewahren und ein gut definiertes Muskelrelief zu schaffen. Kein Bodybuilder ist mit sich zufrieden, solange er nicht sein volles Potential an Muskelgröße und Muskulosität erreicht und dem Körper mit perfekten Einschnitten den letzten Schliff gegeben hat. Das sind die Dinge, um die es in Kapitel 5 geht.

Das Montag- und Donnerstag-Programm

Beine
Waden
Taille/Bauch

Beine

Kein Körperteil wird im Bodybuilding mehr vernachlässigt als die Beine. Wenn jemand Ihre Muskeln sehen möchte, dann erwartet er, daß Sie Ihr Hemd ausziehen und den Oberkörper zeigen. Man trainiert natürlich gerne das, was die Leute sehen wollen. Für die Entwicklung der unteren Körperhälfte ist gewöhnlich weniger Begeisterung vorhanden. Ein umfassendes Beintraining ist auch sehr hart, und das ist ein weiterer Grund dafür, daß viele Bodybuilder davor zurückscheuen. Die Oberschenkel sind groß und kräftig und brauchen deshalb viel Training. Sie sind widerspenstig und brauchen viele Wiederholungen. Wenn man nicht bereit ist, hart zu arbeiten, kann man sich Meisterschaftsbeine gleich aus dem Kopf schlagen.

Bei Bodybuilding-Wettkämpfen können Sie große Titel nur dann gewinnen, wenn Sie den wohlproportionierten Körper haben, den Sie durch zwei gut entwickelte Beine bekommen. Und während Sie arbeiten, um diese Beine zu bekommen, gewinnen Sie ungeheure Ausdauer und Zentimeter an Muskelmasse in fast jedem Körperbereich. Ganz abgesehen davon, daß sich das Beintraining günstig auf den Stoffwechsel auswirkt und auf die Funktion der Organe ganz allgemein.

1. <u>Kniebeugen</u> – Sie werden zahllose Argumente gegen die Kniebeuge zu hören bekommen. Manche Leute sagen, sie lasse den *Gluteus maximus*, den Gesäßmuskel, zu lächerlichen Proportionen anwachsen. Andere behaupten, ihre einzige Wirkung sei die Schwächung der Knie und der unteren Rückenpartie. Diese Argumente entbehren jeder Grundlage. Die Kniebeuge ist die beste oberschenkelbildende Übung, die ich kenne. Gleichzeitig trainiert sie das Herz- und Gefäßsystem.

Wählen Sie ein Gewicht, mit dem Sie zehn Wiederholungen schaffen, und machen Sie fünf Sätze.

2. Beinstrecken – Beim Beinstrecken ist es die Kombination aus Gewicht und korrekter Technik, die eine Kräftigung aller Muskeln im Kniebereich und Einschnitte im unteren Oberschenkel bewirkt. Es ist äußerst wichtig, den Bewegungsablauf vollständig auszuführen, das Gewicht also ganz herabzulassen und dann anzuheben, bis die Beine ganz gestreckt sind.
Machen Sie fünf Sätze von zehn Wiederholungen.

3. Beincurls – Sie haben jetzt schon mindestens ein Jahr lang Beincurls gemacht. Hoffentlich sind Sie nicht nachlässig geworden. Viele Bodybuilder heben das Gesäß an, um den Curl zu erleichtern. Das mindert seine Wirkung auf den Beinbizeps. Bewegen Sie das Gewicht nur mit den Beinen; ziehen Sie die Fersen ganz bis zum Gesäß hin. Wenn Sie bei den letzten Wiederholungen müde werden, lassen Sie sich von Ihrem Trainingspartner helfen, damit Sie die Bewegung vollständig ausführen können.
Machen Sie fünf Sätze von zwölf Wiederholungen.

4. Ausfallschritte – Der Ausfallschritt ist eine Übung, den die meisten Bodybuilder als überholt betrachten und deshalb ignorieren. Bei mir gehörte er allerdings jahrelang als fester Bestandteil zu den Grundübungen. Ich kenne keine andere Übung, die eine vergleichbare Muskelteilung am ganzen Oberschenkel bewirkt.

Üben Sie die Ausfallschritte zuerst ein paarmal mit einer leichten Langhantel. Bringen Sie die Stange auf die Schultern, so daß sie im Nacken aufliegt. Setzen Sie einen Fuß vor wie bei einem Schritt, lassen Sie die Fußsohle flach auf dem Boden aufliegen und beugen Sie das Knie bis zu einem Winkel von fast 45°; das hintere Bein bleibt dabei gestreckt, und die Ferse hebt vom Boden ab. Drücken Sie sich dann mit dem vorderen Fuß wieder in den Stand hoch. Legen Sie in jeden Ausfallschritt viel Kraft. Nach ein paar Wiederholungen werden Sie spüren, wie die vier Köpfe des Quadrizeps zu brennen anfangen.

Korrekte Körperhaltung ist bei den Ausfallschritten sogar noch wichtiger als bei den meisten anderen Übungen. Um zu gewährleisten, daß die Bewegung nach vorn gleichmäßig erfolgt und die Stange im Gleichgewicht bleibt, würde ich Ihnen deshalb vorschlagen, daß Sie die Übung vor einem Spiegel machen.

Machen Sie fünf Sätze von zehn Wiederholungen.

Waden

1. Wadenheben im Stehen an einer Wadenmaschine – Wenn Sie ernsthaft an Ihren Waden gearbeitet haben, werden Sie diese Übung jetzt mit wesentlich mehr Gewicht ausführen als am Anfang. Es sollten sich nun allmählich die Früchte Ihres Fleißes zeigen. Vielleicht ist es jetzt sinnvoll, gezielt verschiedene Bereiche der Wade zu belasten. Wenn Sie die Füße einwärts stellen, können Sie den äußeren Kopf der Wade erreichen, wenn Sie sie auswärts stellen, geht die Belastung in den inneren Bereich.

Machen Sie fünf Sätze von 15 Wiederholungen.

2. Wadenheben im Sitzen an einer Wadenmaschine – Wenn Sie Wadenheben im Sitzen machen, wird mehr Arbeit vom unteren Teil der Wade und vom Soleus geleistet, der sich außen am Schienbein entlang nach unten erstreckt und an der Ferse anheftet. Wenn Sie das Gewicht direkt auf die Knie legen, isolieren Sie die Übung speziell auf die Waden.

Stellen Sie die Zehen auf den Holzblock. Nutzen Sie den ganzen Bewegungsspielraum, um die Waden durchzuarbeiten. Verharren Sie am höchsten Punkt und spannen Sie die Waden stark an; anschließend lassen Sie die Ferse ganz herab, damit die Wade so weit wie möglich gestreckt wird. Halten Sie den Oberkörper vollkommen ruhig und bewirken Sie das Heben nur mit den Waden.

Wie widerspenstig die Waden sind, erwähnte ich bereits. Sie müssen äußerst intensiv trainiert werden, damit sie wachsen. Wenn Sie also keine vollen Wiederholungen mehr schaffen, machen Sie abgekürzte, bis die Wade beim besten Willen nicht mehr zu bewegen ist.

Machen Sie jeweils fünf Sätze von mindestens 15 Wiederholungen.

Wadenheben im Sitzen

Taille

1. Sit-ups – Knie gebeugt – Sie schaffen jetzt problemlos fünf Sätze von je 50 Wiederholungen. Kontrahieren Sie nach jedem Satz die Bauchmuskeln bis zum Verkrampfen und krümmen Sie den Oberkörper zusammen; verharren Sie 20 bis 30 Sekunden in dieser Stellung.

2. Beinheben – Vermeiden Sie bei dieser Übung, daß die Füße den Boden berühren, damit die Bauchmuskeln ständig angespannt bleiben.
Machen Sie fünf Sätze von mindestens 50 Wiederholungen.

3. Rumpfdrehen – Halten Sie eine Hantelstange oder einen Holzstab hinter dem Nacken über die Schultern umd ziehen Sie den Bauch ein; atmen Sie kurz und schnell, und drehen Sie den

Oberkörper in schneller Folge möglichst weit nach rechts und nach links. Das bringt das Fett an den schrägen Bauchmuskeln bestimmt zum Verschwinden.

Machen Sie fünf Sätze von 50 Wiederholungen.

Handgelenkcurl

Sie sollten jetzt am Ende jedes Trainingstages ganz automatisch an die Bank gehen, um Handgelenkcurls zu machen. Bedenken Sie, daß diese Übung nicht nur den Unterarm entwickelt, sondern auch den Griff und das Handgelenk stärkt.

Machen Sie fünf Sätze von zwölf Wiederholungen. Wenn Sie sich die letzen drei Wiederholungen nicht mit letzter Kraft abringen müssen, haben Sie nicht genug Gewicht auf der Stange.

Das Dienstag- und Freitag-Programm

Rücken
Brust
Schultern

Das Programm am Dienstag und Freitag dient der Entwicklung des Rückens, der Brust und der Schultern. Warum wir diese Zusammenstellung wählen, habe ich bereits erklärt. Ich weiß aus Erfahrung, daß diese Muskelgruppen zusammenpassen. Später können Sie sie natürlich aus verschiedenen Gründen aufteilen, aber vorerst sollten Sie dabei bleiben, diese Muskeln zusammen zu trainieren.

Rücken

1. Klimmzüge – Klimmzüge sind anstrengend, und deshalb habe ich sie an die erste Stelle gesetzt; Sie sollten sie am Anfang machen, wenn Sie noch am meisten Kraft haben.

Beginnen Sie mit normalen Klimmzügen, wie Sie sie bisher gemacht haben. Machen Sie dann ein paar Klimmzüge in den Nacken und ein paar zum Kinn. Sorgen Sie bei dieser Übung immer für Abwechslung. Ich mache gern abwechselnd einen Satz nach vorn und einen nach hinten.

Wählen Sie einen weiten Griff, wesentlich weiter als die Schultern. Verwenden Sie eine Klimmzugstange, deren Enden leicht nach unten gebogen sind; sie erhalten damit einen anderen Zug am Latissimus. Das ist eine bessere und direktere Klimmzugvariante als an der geraden Stange.

Machen Sie fünf Sätze von zehn bis zwölf Wiederholungen. Wenn Sie leicht sind, viel Kraft in den Armen haben und zwölf Wiederholungen mühelos schaffen, hängen Sie sich noch ein Zusatzgewicht an die Taille. Binden Sie eine 5-kg- oder 10-kg-Scheibe mit einer Schnur am Trainingsgürtel fest.

Machen Sie nach jedem Satz ein paar Streckübungen an der Stange. Sagen wir, Sie haben zehn Wiederholungen gemacht und schaffen keine weitere: Versuchen Sie dann noch zwei oder drei halbe Bewegungen, um die Schulterblätter noch ein paarmal auseinanderzuziehen.

Langhantelrudern in Vorbeuge

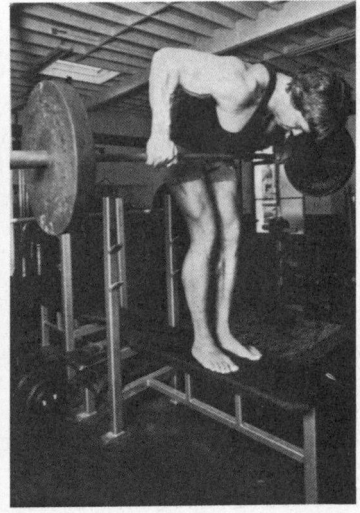

2. Langhantelrudern – Das Rudern mit der Langhantel entwickelt Masse im Rücken. Stellen Sie sich auf eine Bank, fassen Sie die Stange weiter als schulterbreit und lassen Sie sie bis zu den Zehen herab; bleiben Sie in der vorgebeugten Stellung und ziehen Sie die Stange dann ganz bis zur Taille hoch. Die Knie brauchen nicht durchgedrückt zu sein, sondern können etwas locker bleiben, damit Sie sicherer stehen und beweglicher sind. Führen Sie die Bewegungen immer voll aus. Den weiten Griff wählen wir, damit wir die Ellbogen möglichst weit zurückziehen können. Je weiter man die Ellbogen nach hinten bringt, desto besser entwickelt sich meiner Erfahrung nach die oft vernachlässigte mittlere Rückenmuskulatur.

Machen Sie fünf Sätze von zehn Wiederholungen und verwenden Sie soviel Gewicht, wie Sie bewältigen können.

3. Rudern mit der einseitig belasteten Hantel – Das ist eine neue Übung, die die Außenseite der Lats enorm verdickt. Bei dieser Ruderhantel ist ein Ende der Stange am Boden befestigt,

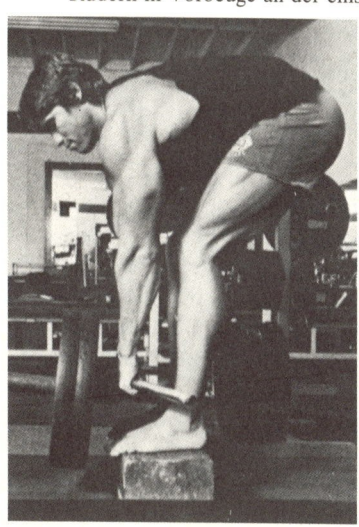

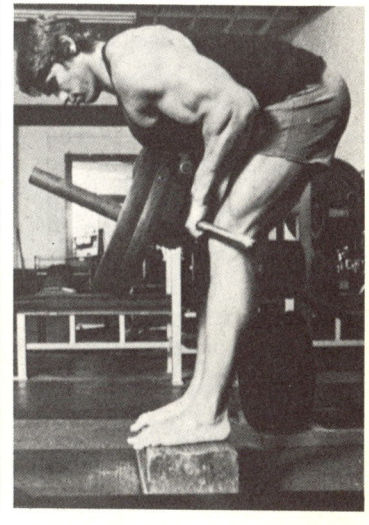

Rudern in Vorbeuge an der einseitig belasteten Hantel

und am anderen Ende befindet sich ein kurzer Griff, mit dem man das Gewicht mit engem Griff zur Brust hochziehen kann. Sie sollten auf einem Block stehen, damit das Gewicht nicht auf dem Boden auftrifft, weil sonst keine optimale Streckung möglich ist. Durch den engen Griff und den Aufbau der Maschine berühren die Scheiben die Brust eher als beim Rudern mit weitem Griff; das verhindert, daß sich die Ellbogen weit zurückbewegen, und fördert damit die Entwicklung der äußeren Rückenmuskeln.

Machen Sie fünf Sätze von zehn Wiederholungen.

Ich habe speziell diese drei Übungen zusammengestellt, weil Klimmzüge den Rücken breiter machen, das Langhantelrudern vorgebeugt den mittleren und unteren Rückenbereich trainiert und das Rudern mit der Ruderhantel den äußeren Rand des Rückens und den unteren Teil der Lats entwickelt.

Dehnen und Anspannen

Wenn Sie mit der Rückenarbeit fertig sind, müssen Sie die Muskeln gut strecken und dehnen, damit sie nicht steif werden. Halten Sie sich an einer fest verankerten Stange fest und ziehen Sie daran; beugen Sie dabei den Rücken, bis Sie spüren, wie die Muskeln lang und flach werden. Verändern Sie die Fußstellung und den Griff an der Stange, damit die Dehnung in jeden Bereich des Rückens hineinreicht. Entspannen Sie sich vollkommen.

Sie sollten die Muskeln auch von Anfang an immer wieder anspannen und versuchen, sie unter Kontrolle zu bekommen. Machen Sie zur Beherrschung der Rückenmuskulatur eine Doppelbizepspose und überprüfen Sie sie im Spiegel. Versuchen Sie anschließend, alle Rückenmuskeln einzeln anzuspannen. Üben Sie das, bis Sie die Muskeln vollkommen unter Kontrolle haben. Im wettkampfmäßigen Bodybuilding kann man sich nicht allein dadurch an die Spitze setzen, daß man bloß Muskeln hat, sondern man muß sie auch beherrschen und zeigen können. Bedenken Sie also, daß man bei einem Bodybuilding-Wettkampf die meisten Punkte mit dem Posing erringt.

Brust

1. Bankdrücken – Das ist eine wachstumsfördernde Übung, die ich schon gemacht habe, als ich zu trainieren anfing. Bei einem Entwicklungsstand wie dem Ihren zum jetzigen Zeitpunkt pumpt diese Übung nicht nur Blut in den gesamten Brustmuskelbereich, sondern fördert auch die Muskeltiefe.

Fassen Sie die Stange mit mittelweitem Griff, etwa im Abstand von 60 cm. Lassen Sie die Stange herab, bis sie die Brust etwa 1 cm oberhalb der Brustwarzen berührt, und drücken Sie sie dann wieder hoch – nicht mit Schwung hochstoßen, sondern drücken, allein mit der Kraft der Brustmuskeln.

Bankdrücken mit breitem Griff

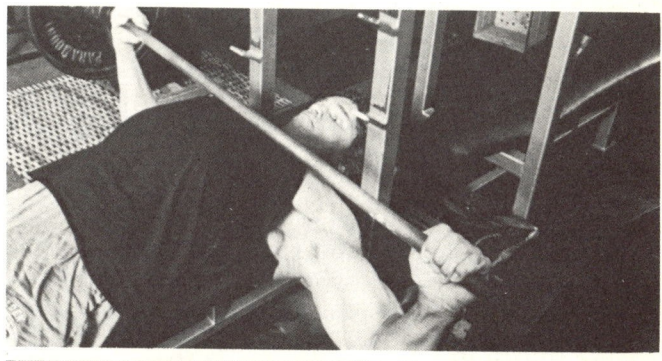

Atmen Sie beim Herablassen der Hantel tief ein und beim Hochdrücken aus. Erhöhen Sie das Gewicht bei jedem Satz. Ich beginne zum Beispiel mit einem Aufwärmsatz von 15 Wiederholungen. Beim zweiten Satz lege ich mehr Gewicht auf und mache 10 Wiederholungen; beim dritten Satz wieder mehr Gewicht und 8 Wiederholungen; beim vierten Satz steigere ich das Gewicht für 6 Wiederholungen, und beim fünften Satz lege ich dann so viel auf, daß ich 4 bis 6 Wiederholungen schaffe.

Wählen Sie das Gewicht so, daß Sie die letzten Wiederholungen nur noch mit Mühe schaffen. Erhöhen Sie das Gewicht bei jedem Satz um etwa 10, 15 oder 20 kg. Der Grund für die Steigerung des Gewichts ist der, die Muskeln auf ein größeres Anfangsgewicht beim nächsten Training vorzubereiten. Sie wollen Masse entwickeln und gleichzeitig Kraft und Schnelligkeit trainieren.

Ich würde Ihnen empfehlen, das Bankdrücken auf einer Bank mit Hantelablage zu machen, damit Sie die Langhantel ablegen können, wenn es nötig ist. Ober bitten Sie Ihren Trainingspartner, sich hinter Sie zu stellen, damit er Ihnen bei den letzten paar Wiederholungen helfen kann.

2. Schrägbankdrücken – Das Schrägbankdrücken mit der Langhantel entwickelt die oberen Brustmuskeln, speziell den äußeren Bereich, wo der Muskel in den Deltoides übergeht. Obgleich auch das normale Bankdrücken etwas in den oberen Brustmuskel hineinreicht, wird dieser beim Schrägbankdrücken gezielt belastet. Die Übung verleiht dem Oberkörper dieses »gepanzerte« Aussehen und füllt Löcher um das Klavikel (Schlüsselbein) herum auf.

Machen Sie diese Übung auf einer um 45° geneigten Schrägbank mit Hantelablage, um die Arme in der gestreckten Stellung zu entlasten. Verfolgen Sie die Stange mit den Augen. Die Stange sollte 5 – 8 cm vom Kinn entfernt enden – nicht auf der Brust. Halten Sie die Stange etwas weiter als schulterbreit, etwa mit der gleichen Griffweite wie beim Bankdrücken. Lassen Sie sie gleichmäßig herab, drücken Sie sie wieder hoch und spannen Sie oben die Brustmuskeln an. Atmen Sie beim Senken des Gewichts tief ein, beim Hochdrücken aus.

Schrägbankdrücken mit breitem Griff

Machen Sie fünf Sätze von 8 Wiederholungen. Beginnen Sie wieder mit einem leichteren Gewicht und erhöhen Sie es bei jedem Satz.

3. <u>Fliegende Bewegungen mit gebeugten Armen</u> – Achten Sie bei dieser Übung sorgsam darauf, daß sich die Stellung der Kurzhanteln nicht verändert. Viele Bodybuilder drehen die Hanteln. Das ist falsch. Halten Sie sie während des gesamten Bewegungsablaufs parallel. Bringen Sie sie nicht mit einer drückenden Bewegung hoch und drehen Sie die Handgelenke nicht. Das wäre reine Zeitverschwendung, weil dann nicht die Brustmuskeln, sondern die Schultern belastet würden.

Ich betrachte mich als Meister in Fliegenden Bewegungen. Ich sehe selten jemanden, der die Übung korrekt ausführt. Aber die Männer, denen ich die korrekte Technik beigebracht habe, haben alle unwahrscheinlich große Brustmuskeln bekommen. Einer von ihnen ist Franco. Ihm habe ich die Fliegenden Bewegungen 1966 in München beigebracht. Seitdem macht er sie stilrein mit 43 – 45 Kilo und hat unglaubliche Brustmuskeln bekommen.

Machen Sie fünf Sätze von 10 – 12 Wiederholungen.

Sie brauchen nach dieser Übung keine Dehnübungen zu machen. Das Gewicht der Hanteln zieht beim Herablassen so stark an den Brustmuskeln, daß die Übung an sich schon eine perfekte Kombination aus Anspannen und Strecken ist.

Fliegende Bewegung mit leicht angewinkelten Armen

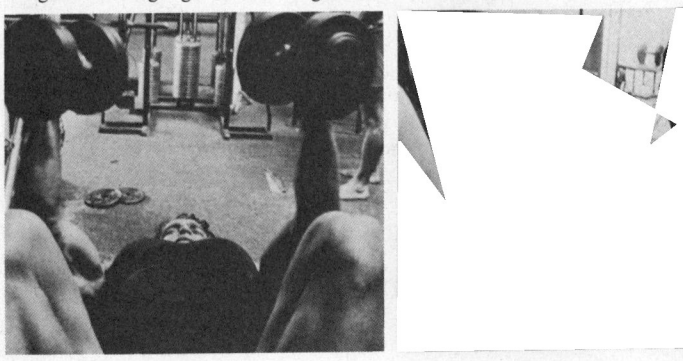

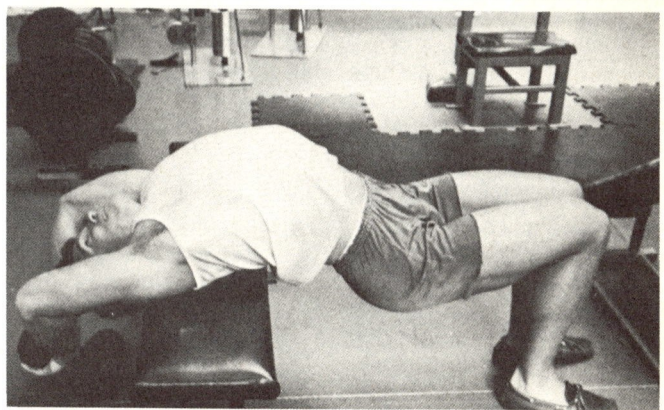

Kurzhantelüberzüge quer über die Bank

4. Kurzhantelüberzug – Das ist die beste Bewegung zur Weitung und Vergrößerung des Brustkastens. Sie dehnt auch Brustmuskel und den Latissimus, unterstützt die Entwicklung der Sägemuskeln und kräftigt die Bauchmuskeln. Die Übung eignet sich großartig zur Vergrößerung des Brustumfangs, und zwar in beträchtlichem Maße. Meiner Erfahrung nach sind Überzüge wirkungsvoller, wenn man sich dabei quer über eine Bank legt anstatt der Länge nach. Auch erhalte ich mit

Kurzhanteln eine wesentlich bessere Streckung als mit einer Langhantel.

Legen Sie sich quer über eine Trainingsbank, wie Sie es auf dem Foto sehen. Fassen Sie die Hanteln so, daß die flache Hand jeweils innen an der Scheibe anliegt, und halten Sie sie in Armlänge über die Brust. Nur der obere Rückenbereich sollte auf der Bank aufliegen. Lassen Sie die Hüften während der ganzen Übung unten. Atmen Sie ein, wenn Sie die Hanteln nach unten bewegen, und aus, wenn Sie sie wieder in die Ausgangsstellung bringen. Atmen Sie möglichst tief ein – füllen Sie die Lungen mit Luft, bis nichts mehr hineingeht – und lassen Sie den Brustkasten beim Ausatmen geweitet. Mit anderen Worten: Die Brust bleibt während des ganzen Bewegungsablaufs herausgestreckt.

Wählen Sie ein Gewicht, mit dem Sie fünf Sätze von 15 Wiederholungen ausführen können.

Schultern

Ich habe die Muskeln für das Dienstag- und Freitag-Programm in ungewöhnlicher Weise gruppiert, mit dem Rückentraining zuerst. Aber diese Reihenfolge ist logisch. Der Rücken ist ein großer Bereich von Muskeln, die alle entwickelt werden müssen, und deshalb sollte man sich ihm am Anfang widmen, wenn man noch am meisten Energie hat. Als nächstes kam die Brust an die Reihe, eine kleinere Muskelgruppe. Und an dritter Stelle befassen wir uns nun mit den Deltoidmuskeln, die noch kleiner sind als die Brustmuskeln. Ich habe die Deltamuskeln nicht an die letzte Stelle gesetzt, weil sie etwa unwichtig wären. Es sind schöne und komplexe Muskeln, aber sie sind wesentlich einfacher aufzupumpen und zu entwickeln als die Rücken- und Brustmuskeln.

1. <u>Nackendrücken</u> – Das ist eine alte Übung, die immer gute Dienste leistet, sie ist zufällig auch eine meiner Lieblingsübungen für das Deltoidtraining. Die Hantel hinter dem Nacken, fasse ich die Stange mit mittelweitem Griff und drücke das Gewicht dann hoch. Am besten führt man die Übung auf einer

Nackendrücken im Sitzen

Bank mit Rückenlehne aus und macht dann vollständige Bewegungen, läßt also das Gewicht ganz herab und drückt es wieder ganz hoch. Halten Sie die Hantel gerade. Machen Sie das Nackendrücken möglichst vor einem Spiegel, damit Sie sich korrigieren können. Drücken Sie die Stange gleichmäßig hoch.

Machen Sie fünf Sätze von 10–12 Wiederholungen.

2. Seitheben – Das Seitheben trainiert den seitlichen Deltoid. Ich habe diese Übung früher schon beschrieben, aber damals haben Sie an den hinteren Deltamuskeln gearbeitet. Jetzt müssen Sie sich auf den seitlichen Teil konzentrieren. Sie brauchen die Hantel nur leicht zu drehen – gerade genug, daß sie horizontal bleibt. Machen Sie diese Übung in leicht vorgebeugter Haltung, damit jede Chance einer Abfälschung ausgeschaltet wird. Nehmen Sie eine Kurzhantel in jede Hand, heben Sie die Gewichte bis auf Schulterhöhe und lassen Sie sie dann langsam wieder herab. Die Bewegung der Gewichte muß immer von völligem Stillstand beginnen, damit die Hanteln mit wenig oder ganz ohne Schwung gehoben werden.

Machen Sie fünf Sätze von 8 Wiederholungen.

Seitheben im Stehen

Seitheben in Vorbeuge

3. <u>Seitheben vorgebeugt</u> – Das Seitheben in Vorbeuge dient ausschließlich der Entwicklung der hinteren Deltoidmuskeln. In einem Fortgeschrittenen-Programm müssen Sie darauf hinarbeiten, jeden Muskel in allen Bereichen zu entwickeln. Der hintere Teil des Deltoides wird gewöhnlich vernachlässigt.

Neigen Sie den Oberkörper in die Horizontale, halten Sie die Hanteln vor den Beinen nebeneinander und heben Sie sie seitlich hoch. Die Handflächen sollten dem Körper zugewandt sein. Heben Sie die Kurzhanteln langsam und gleichmäßig möglichst hoch, so daß Sie die Wirkung der Übung in den hinteren Deltoidmuskeln wirklich spüren.

Wählen Sie, wie beim Nackendrücken und beim Seitheben im Stehen, ein Gewicht, das Sie in perfekter Haltung handhaben können, und machen Sie fünf Sätze von 8 Wiederholungen.

Handgelenkcurls

Konzentrieren Sie sich auf die Unterarme. Beobachten Sie sie. Versuchen Sie sich zu erinnern, wie sie am Anfang ausgesehen haben. Die Fortschritte, die Sie sehen, sollten Sie anspornen, beim letzten Satz noch ein paar Wiederholungen mehr zu machen, um wirklich Blut in den Unterarm zu pumpen.

Machen Sie fünf Sätze von 10–12 Wiederholungen.

Das Training am Dienstag und Freitag ist sehr anstrengend. Sie müssen an drei großen Muskelgruppen arbeiten, und deshalb würde ich nicht empfehlen, auch noch die Taille oder die Waden zu trainieren. Gönnen Sie der Taille und den Waden an diesen beiden Wochentagen Ruhe.

Das Mittwoch- und Samstag-Programm

Arme
Trizeps
Bizeps

Mittwochs und samstags trainieren Sie Trizeps, Bizeps, Waden, Taille und Unterarme.

Trizepsdrücken am Rollenzug

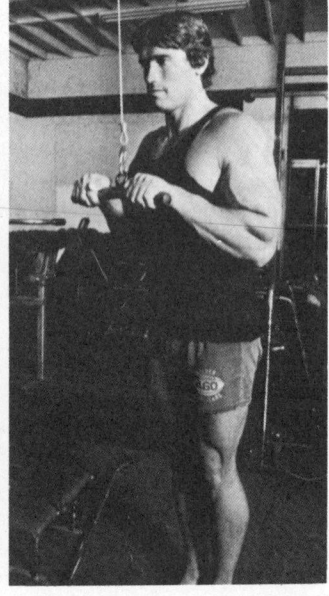

Ich belaste beim Oberarmtraining den Trizeps immer zuerst, weil dieser Muskel drei Köpfe hat und somit natürlich die meiste Trainingsarbeit verlangt.

Trizeps

1. Trizepsdrücken am Rollenzug – Die erste Trizepsübung ist das Trizepsdrücken an der Rollenzugmaschine, an der Sie gewöhnlich Ihr Latissimus-Training machen. Diese Übung beansprucht den ganzen Trizeps und hat zahlreiche Varianten. Durch simples Verändern des Handabstands oder der Neigung des Körpers kann man eine vollkommen andere Übung daraus machen.

Verwenden Sie eine Zugstange, die an beiden Enden etwas nach unten gebogen ist. Fassen Sie die Stange mit einem Handabstand von etwa 13 cm. Beginnen Sie mit der Stange direkt unterhalb der Brustmuskeln und drücken Sie sie dann nach unten, bis sie die Oberschenkel berührt. Bei dieser Übung sollten sich nur die Unterarme bewegen, sonst nichts. Die Brustmuskeln, der Oberkörper, die Beine und die Oberarme bleiben vollkommen unbewegt. Drücken Sie die Stange mit den Unterarmen ganz weit hinunter, bis Sie spüren, wie der Trizeps kontrahiert. Spannen Sie den Trizeps bei jeder Wiederholung an und strecken Sie ihn dann gut, wenn das Gewicht die Stange hochzieht. Das Trizepsdrücken am Rollenzug ist eine Übung, die den Trizeps isoliert; bei richtiger Ausführung entwickelt sie den oberen Teil des Trizeps im Bereich des hinteren Deltoidmuskels.

Machen Sie zum Aufwärmen erst einen Satz von 20 Wiederholungen mit sehr leichtem Gewicht. Erhöhen Sie das Gewicht dann für drei Sätze von 10 Wiederholungen und anschließend erneut für zwei Sätze von 8 Wiederholungen.

2. Kurzhantel-Trizepsdrücken einarmig – Diese Übung entwickelt den ganzen Trizeps vom Ellbogen bis zu den Schultern. Wählen Sie eine leichte Kurzhantel, mit der Sie drei Sätze von 10 Wiederholungen schaffen. Bringen Sie das Gewicht dann senkrecht über den Kopf, so daß sich der Oberarm seitlich

Einarmiges Trizepsdrücken im Sitzen

neben dem Kopf befindet; lassen Sie das Gewicht langsam hinter dem Nacken herab und drücken Sie es wieder hoch. Nur der Unterarm sollte sich bewegen. Der Oberarm bleibt unbewegt seitlich am Kopf. Viele machen aus dieser Übung eine drückende Bewegung. Das ist falsch. Beobachten Sie sich im Spiegel. Jedesmal, wenn sich der Arm vom Kopf wegbewegt, machen Sie einen Fehler.

Machen Sie fünf Sätze von 12 Wiederholungen.

3. Trizepsübung mit Kurzhanteln, liegend – Die dritte Übung für diesen Muskel gleicht dem Bankdrücken mit engem Griff. Sie liegen dabei auf dem Rücken, halten zwei Kurzhanteln über dem Gesicht hochgestreckt und lassen sie dann langsam herab, als wollten Sie Ihr Gesicht hinter den Hanteln verstecken. Bewegen Sie nur die Unterarme, sonst gar nichts. Seien Sie vorsichtig: lassen Sie die Hanteln nicht zu schnell herab, damit sie nicht auf dem Gesicht aufschlagen. Drücken Sie die Hanteln

dann langsam wieder hoch. Wir verwenden bei dieser Übung Kurzhanteln, weil damit verschiedene Handstellungen möglich sind, die den Trizeps unterschiedlich belasten. Probieren Sie verschiedene Handstellungen aus. Sie werden den Unterschied bestimmt merken.

Machen Sie fünf Sätze von 8–10 Wiederholungen.

Kurzhantel-Trizepsdrücken im Liegen gleichzeitig

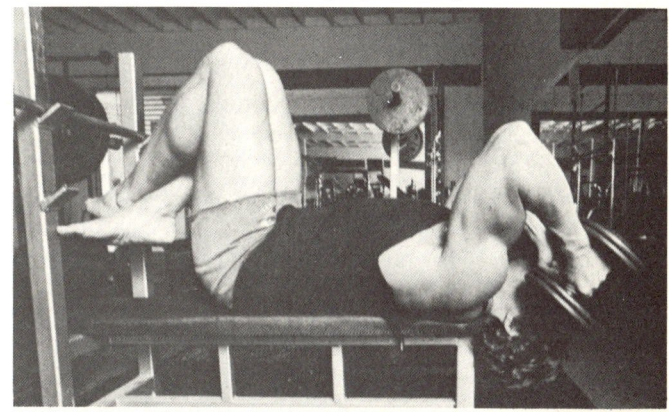

Bizeps

1. Kurzhantelcurl auf der Schrägbank – Das war schon immer eine meiner Lieblingsübungen. Dieser Curl streckt den Bizeps und läßt ihn wachsen. Als ich noch in Österreich war, hatte ich beim normalen Kurzhantelcurl im Sitzen immer das Gefühl, daß der Bizeps nicht so gedehnt wurde, wie es hätte sein sollen. So probierte ich verschiedene Stellungen aus, indem ich mich mit dem Rücken gegen die Wand lehnte. Dabei stellte ich fest, daß ich in der zurückgelehnten Haltung den Arm weiter zurücknehmen konnte und der Bizeps infolgedessen besser gestreckt wurde. S–T–R–E–C–K–U–N–G, das ist es, was der Bizeps braucht. Je länger der Bizeps zwischen Schulter und Ellbogen ist, desto besser kann er kontrahieren.

Der Kurzhantelcurl auf der Schrägbank sollte auf einem um 45° geneigten Schrägbrett ausgeführt werden. Beginnen Sie mit den Handrücken seitlich und drehen Sie sie beim Durchgang durch den mittleren Punkt der Bewegung langsam nach außen. Wenn Sie am oberen Endpunkt angelangt sind, sollten die Handrücken wieder nach unten weisen. Der Oberarm sollte die

Kurzhantelcurl an Schrägbank gleichzeitig

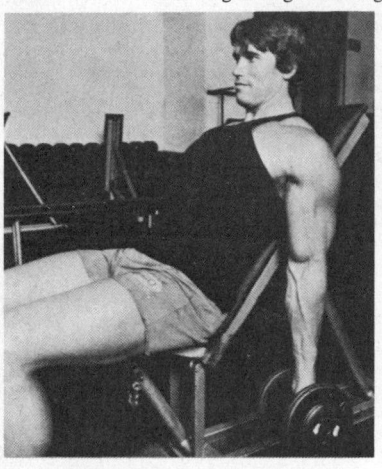

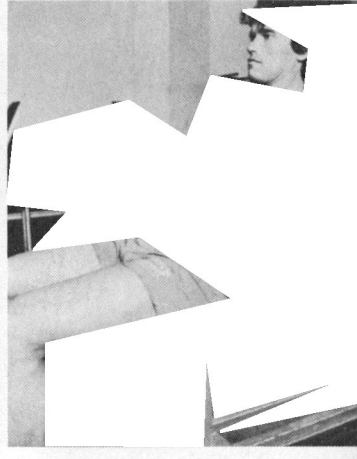

ganze Übung hindurch in der gleichen Stellung bleiben. Bewegen Sie nur den Unterarm. Wenn Sie den Oberarm bewegen, trainieren Sie den Deltoid. Ich möchte noch einmal betonen, wie wichtig auch bei dieser Übung die richtige Technik ist. Ich habe meinen Bizeps so gut isoliert, daß kein anderer Muskel von meinem Bizepstraining profitiert. Es gibt Burschen, die zu mir sagen: »Arnold, du machst den Bizepscurl nur mit 25 Kilo – ich mache ihn mit 32.« Und das stimmt, sie verwenden tatsächlich 32 kg, aber sie haben keine Arme. Ihnen geht es nur darum, das Gewicht hochzubringen, sich selbst zu bestätigen, und nicht darum, die Bewegung korrekt auszuführen.

Vergessen Sie nicht, das Handgelenk zu drehen, den Bizeps gut zu strecken und ihn am oberen Endpunkt anzuspannen.

Machen Sie fünf Sätze von 10–12 Wiederholungen.

2. <u>Langhantelcurl an der Scott-Bank</u> – Dieser Curl verlängert den unteren Teil des Bizeps. Fassen Sie die Langhantel schulterweit und legen Sie die Oberarme gegen die Scott-Bank. Lassen Sie den Unterarm langsam herab und bringen Sie ihn dann wieder hoch. Die Hantel sollte sich langsam bewegen. Lassen Sie sie ganz herab, bis Sie die Streckung spüren. Bei

Langhantel-Scott-Curl

abgekürzten Bewegungen bringen Sie sich um den vollen Nutzen der Übung. Lassen Sie das Gewicht beim Hochbringen nicht in den Bizeps fallen, sondern spannen Sie den Bizeps an. Wenn Sie keine vollen Wiederholungen mehr schaffen, machen Sie in der oberen Position halbe oder viertel Wiederholungen, um den oberen Teil des Bizeps zu belasten. Das sind die sogenannten ›Burns‹ (weil sie so schön brennen).

Machen Sie fünf Sätze von 8 Wiederholungen – und zusätzlich noch ein paar ›Burns‹.

3. Konzentrationscurl mit der Kurzhantel – Ich mache den Konzentrationscurl zuletzt, weil das eine Übung ist, die dem Bizeps seine entscheidende Höhe verleiht. Bei richtiger Ausführung sollte es Ihnen gelingen, nach ein paar Monaten einen Muskelzuwachs von mindestens einem Zentimeter zu erreichen. Ich nehme für diese Übung ein Gewicht von 30 kg und bemühe mich, sie in vollkommen korrekter Form auszuführen. Nehmen Sie die auf dem Foto gezeigte Haltung ein; der

Konzentrationscurl einarmig in Vorbeuge

Oberkörper ist vorgebeugt, ein Arm hält die Kurzhantel, der andere Arm ist auf das Knie gestützt, um dem Oberkörper Halt zu geben. Die Kurzhantel sollte ohne jede Bewegung des Oberarms bis auf die Höhe des vorderen Deltoidmuskels angehoben werden. Ziehen Sie das Gewicht langsam bis auf Schulterhöhe hoch. Es ist sehr wichtig, daß man die Hantel nicht gegen die Brustmuskeln schlägt. Das ist keine Ruderübung. Der Ellbogen und der Oberarm sollten sich zu keinem Zeitpunkt bewegen. Die Bewegung wird allein mit dem Unterarm ausgeführt. Heben Sie die Hantel einfach an, bis sie sich vor dem vorderen Deltoid befindet. Fast jeder, dem ich den Konzentrationscurl erkläre, macht ihn falsch. Die meisten wollen zuviel Gewicht bewältigen, so daß sie dann schließlich Ruderbewegungen mit einem Arm machen oder mit der Hantel gegen die Brust schlagen und die Bewegung nicht vollständig ausführen. Merken Sie sich bitte: Verwenden Sie ein Gewicht, das Sie bewältigen können, und bringen Sie es langsam bis zum vorderen Deltoid hoch. Wenn Sie das richtig machen, erzielen Sie eine gute Höhe im Bizeps, eine kräftige Wölbung.

Machen Sie fünf Sätze von 10 Wiederholungen.

Machen Sie ein paar Dehnübungen und sorgen Sie dafür, daß der Bizeps gut durchblutet wird. Bringen Sie die Arme außen an die Oberschenkel und strecken Sie den Bizeps.

Es ist nach dem Bizeps- und Trizepstraining auch wichtig, beide Muskeln kraftvoll anzuspannen.

Waden

Wadenheben stehend – Wadenheben sitzend

Machen Sie das gleiche Wadentraining, wie Sie es im Montag- und Donnerstag- Programm durchgeführt haben. Machen Sie von jeder Übung fünf Sätze von 15 Wiederholungen und bei den letzten Sätzen zusätzlich noch ein paar abgekürzte Wiederholungen.

Taille/Bauch

Sit-ups – Beinheben – Rumpfdrehen

Trainieren Sie die Taille mit Sit-ups, Beinheben und Rumpfdrehen, und zwar auf die gleiche Weise, wie Sie es bisher am Montag und Donnerstag gemacht haben. Im nächsten Kapitel werden Sie die Übungen dann anders machen.

Machen Sie von jeder Übung fünf Sätze von 50 Wiederholungen.

Unterarme

Handgelenkcurl – Machen Sie fünf Sätze von 12 Wiederholungen. Lassen Sie die Stange bei der letzten Wiederholung an den Fingern hängen, solange es geht, damit die Muskeln gestreckt und gut durchblutet werden.

Trainingsintensität: Geschwindigkeit und Pausen (Alternativ: Tempo) – Unterhalten wir uns doch ein bißchen über den Faktor Zeit. Diese Übungen sollten relativ schnell ausgeführt werden. Im Moment arbeiten Sie zwar noch immer mit einfachen Sätzen und nicht mit Supersätzen, sollten aber zwischen den Sätzen nicht länger als 30–45 Sekunden pausieren. Sie wollen die Muskeln aufpumpen und zum Wachsen bringen. Wenn Sie das Muskelgewebe nicht überlasten, bildet sich auch kein neues, und die Muskeln werden nicht größer. Aufpumpen kann man sie nur, wenn man das Training zügig absolviert. Damit meine ich nicht, daß man die Übungen an sich schnell machen sollte, aber man sollte ohne übertriebene Verzögerung von einem Satz zum nächsten wechseln. Wenn Sie nach jedem Satz zwei Minuten herumsitzen und warten, bis sich der Körper erholt hat, werden Sie dieses straffe, volle Gefühl eines aufgepumpten Muskels nie erfahren. Es ist besser, weniger Gewicht zu verwenden und sich schnell zu bewegen, als mehr Gewicht zu bewältigen und sich zu verausgaben.

Das intensivierte Trainingsprogramm sollte insgesamt nicht länger als eineinhalb Stunden in Anspruch nehmen. Wenn irgendeine der Trainingseinheiten, die ich hier zusammengestellt habe, länger dauert, machen Sie etwas falsch.

6 Das Supersatz-Programm
(Sechs Trainingstage)

Mein Bodybuilding-Training in Österreich umfaßte lediglich einfache Sätze. Etwas anderes kannte ich nicht. Nach dem ersten Satz pausierte ich eine Minute, machte dann einen weiteren Satz, pausierte wieder und machte noch einen Satz. Dann wechselte ich zu einer anderen Übung und fuhr fort, den gleichen Muskel zu entwickeln. Das war alles. Daß man auch anders trainieren kann, erfuhr ich erst, als ich nach Deutschland kam. Mir fiel auf, daß die erfolgreichen deutschen Bodybuilder anders trainierten als ich. Sie wechselten sehr schnell von einer Maschine zur nächsten, und ich fragte mich, warum sie sich wohl so beeilten. Zuerst dachte ich, sie konzentrieren sich vielleicht nicht richtig auf die Übungen. Als ich sie schließlich fragte, erklärten sie mir, daß sie auf diese Weise Zeit sparen wollten. Sie meinten, es sei nicht einzusehen, daß man sechs Stunden am Tag trainiert, wenn man die gleiche Arbeit auch in drei oder vier Stunden erledigen könne. Ich fing also an, mit ihnen nach dem gleichen Programm zu trainieren, bei dem bestimmte Übungen kombiniert und Ruhepausen ausgeschaltet wurden. Und es war unglaublich, wie die Muskeln sich dabei aufpumpten. Das Gefühl, die Bizeps und die Trizeps oder die Pecs und die Lats gleichzeitig aufgepumpt zu haben, war einfach fantastisch. Das gleichzeitige Aufpumpen war die Folge der Supersatz-Technik, bei der verschiedene Muskeln zur gleichen Zeit intensiv belastet werden. Albert war mir dabei besonders anfangs mit seinem Wissen eine große Stütze.

Wenn Bodybuilder posen, kann man sehen, daß viele von ihnen großartige Brustmuskeln, großartige Waden und großartige Oberschenkel haben, daß es dem Körper jedoch an Fluß fehlt – das Gesamtbild ist nicht harmonisch. Das kommt daher, daß sie die Muskeln immer nur einzeln trainiert haben. Bei Supersätzen entwickeln sich die Muskeln, die man mit verschiedenen Übungen gemeinsam aufpumpt, harmonischer. Der Körper wird zu einer Einheit, bei der die Muskeln fließend ineinander übergehen und ein befriedigendes Gesamtbild ergeben. Das gleichzeitige Aufpumpen verschiedener Muskeln erhöht den Sauerstoffbedarf im Blut, und wenn der Körper sich den neuen Anforderungen anpaßt, steigen das Leistungsniveau und die Funktionstüchtigkeit von Herz und Gefäßsystem.

Sie sollen jetzt mindestens ein Jahr lang trainiert haben. Sie sollten ausreichend entwickelt sein, um ein rigoroses Training durchzustehen. Wir nennen es Supersatz-Programm. Für Supersätze braucht man genügend Energie, um sofort von einem Satz zum nächsten übergehen zu können. Wenn Sie Ihr Grundlagentraining gewissenhaft ausgeführt haben, dann werden Herz und Lunge die Supersätze verkraften. Was Sie tun werden, ist dies: Sie entwickeln den Körper bis zu seiner maximalen Größe und arbeiten auf optimale Definition hin. Sie werden dabei größtenteils Übungen machen, die Sie schon die ganze Zeit gemacht haben, aber Sie werden sie jetzt zu Supersätzen zusammenfassen.

Wenn Sie gut in Form sind, ist gegen eine solche Kombination von Übungen nichts einzuwenden. Sie brauchen für mehr Übungen weniger Zeit und können auch mit entgegengesetzten Bewegungen beginnen – Drücken und Ziehen. Sie werden schneller trainieren und perfekter werden. Sie werden natürlich zusammenwirkende Muskeln trainieren oder solche auf gegenüberliegenden Seiten des Körpers – zum Beispiel die vorderen und die hinteren Oberschenkelmuskeln. Supersätze werden Ihnen das Gefühl vermitteln, daß Sie Fortschritte machen. Sie werden zwei Muskelgruppen gleichzeitig aufpumpen. Sie werden Ihre körperliche Verfassung wirklich zu schätzen wissen. Sie werden den Körper weiterentwickeln wollen. In dieser Entwicklungsphase geht es nicht mehr allein darum, in Form zu bleiben, sondern darum, die Gestalt des Körpers zu verändern.

Das Montag- und Donnerstag-Programm

Oberschenkel – Waden – Taille

1. Kniebeugen und Beincurls – Bei der Kombination von Kniebeugen und Beincurls pumpen Sie ständig das ganze Bein auf. Beginnen Sie mit der schwersten Übung, der Kniebeuge, und machen Sie erst einen Satz zum Aufwärmen; anschließend gehen Sie sofort zur Beincurlmaschine und machen zehn leichte Wiederholungen. Pausieren Sie eine Minute bzw. so lange, bis Ihr Puls sich etwas verlangsamt hat. Warten Sie aber nicht zu lange, denn Sie sollen sich nicht ausruhen.

Wiederholen Sie diesen Zyklus aus Kniebeugen und Beincurls für fünf Sätze pro Übung, 10 Wiederholungen pro Satz.

2. Beinstrecken und Ausfallschritte – Dieser Supersatz beansprucht jeden Muskel in Ihren Beinen. Sowohl das Beinstrecken wie auch die Ausfallschritte sind hervorragende Übungen für den unteren Teil des Oberschenkels und den Kniebereich. Ausfallschritte trainieren den Beinbizeps sowohl in der gestreckten wie auch in der gebeugten Stellung und wärmen die Waden auf. Wie ich schon sagte, hängt die Wirksamkeit dieser Übungen weitgehend von der korrekten Ausführung ab. Achten Sie auf vollständige Bewegungsabläufe.

Beginnen Sie mit dem Beinstrecken; es bereitet die Knie auf die Belastung vor, der sie bei den Ausfallschritten ausgesetzt werden. Gehen Sie dann direkt zu den Ausfallschritten über. Ausruhen sollten Sie sich nur zwischen den Supersätzen. Stellen Sie sich vor einen Spiegel, wenn Sie pausieren, und spannen Sie die Oberschenkelmuskeln an. Im unteren Teil des Oberschenkels sollten Sie ein tiefes Brennen spüren.

Machen Sie zehn Supersätze, von jeder Übung jeweils 15 Wiederholungen.

3. Wadenheben stehend und Sit-ups – Supersätze sollen Zeit sparen, und deshalb habe ich das Wadenheben mit Sit-ups kombiniert. Das Wadenheben isoliert die Wadenmuskeln und belastet den Rest des Körpers nur sehr wenig. Sie können von der Wadenmaschine direkt zur Bank gehen und ihre 30–50 Sit-ups machen, während die Waden ausruhen. Dann kehren Sie ohne Pause zur Wadenmaschine zurück.

Machen Sie fünf Supersätze von 15 Wiederholungen je Übung, und zwar ohne Ruhepausen.

4. Beinheben und Wadenheben sitzend – Dieser Supersatz ähnelt dem vorhergehenden. Diesmal machen Sie Ihr Wadenheben im Sitzen und verbinden es mit einer anderen Bauchübung, dem Beinheben mit gebeugten Knien. Bringen Sie das gewünschte Gewicht auf die Wadenmaschine und machen Sie einen Satz Wadenheben. Gehen Sie dann direkt zu einer Bank und machen Sie das Beinheben. Kehren Sie ohne Pause an die Wadenmaschine zurück.

Machen Sie fünf Supersätze mit 15 Wiederholungen je Übung.

5. Rumpfdrehen – Machen Sie das Rumpfdrehen in einem fortlaufenden Satz von 50 bis 100 Wiederholungen. Beugen Sie sich vor und konzentrieren Sie sich darauf, die Taille in einem vollständigen Halbkreis zu drehen. Gehen Sie dann ohne Pause zu den Handgelenkcurls über.

6. Handgelenkcurls – Nehmen Sie ein Gewicht, mit dem Sie etwa 15 vollständige Wiederholungen schaffen. Zwingen Sie sich dann noch zu ein paar abgekürzten Wiederholungen, auch wenn Sie die Stange kaum mehr bewegen können.

Machen Sie fünf Sätze von 15 Wiederholungen und hängen Sie am Ende jedes Satzes noch ein paar »Burns« an.

Dienstag und Freitag

Rücken und Brust
Schultern

1. Bankdrücken und Klimmzüge – Die Oberkörperkraft liegt hauptsächlich in der Brust- und Rückenmuskulatur, und kein Supersatz arbeitet diese beiden Körperbereiche so gründlich durch wie die Kombination aus Bankdrücken und Klimmzügen. Wenn Sie diesen Supersatz ein paar Wochen lang ausgeführt haben, werden Sie feststellen, daß Sie beim Bankdrücken wesentlich mehr Kraft haben.

Beginnen Sie mit dem Bankdrücken und gehen Sie dann sofort zur Stange, um ein paar Klimmzüge zu machen. Bleiben

Sie nach Beendigung der Klimmzüge noch etwas an der Stange hängen, um die Muskeln zu strecken. Dabei werden sowohl die Lats wie auch die Brustmuskeln gedehnt. Ruhen Sie sich einen Moment aus und gehen Sie dann wieder an die Bank.

Machen sie von jeder Übung fünf Sätze von 15 Wiederholungen.

2. Langhantel-Schrägbankdrücken und Langhantelrudern mit weitem Griff – Eine Variante des vorhergehenden Supersatzes, wieder eine Kombination aus Drücken und Ziehen, die den ganzen Oberkörper aufpumpt. Das Schrägbankdrücken ist die wichtigste Übung zur Entwicklung des oberen Brustmuskels, und das Rudern sorgt für Masse in der Rückenmuskulatur. Es ist bei diesem Supersatz von größter Bedeutung, ohne Pause von einer Übung zur anderen zu wechseln. Pausieren Sie erst, wenn Sie mit dem Supersatz fertig sind.

Machen Sie fünf Sätze von 12–15 Wiederholungen je Übung.

3. Fliegende Bewegungen mit Kurzhanteln und Rudern mit der einseitig belasteten Hantel – Diese Kombination wirkt auf verschiedene Brust- und Rückenbereiche. Die Fliegenden Bewegungen sorgen für eine Dehnung der Brustmuskeln, die notwendig ist, um der ständigen Anspannung, die sie beim Bankdrücken erfahren, entgegenzuwirken. Das Rudern mit der einseitig belasteten Hantel trainiert den inneren Teil des Rückens, d. h. die Muskeln im Bereich der Wirbelsäule. Ich führe einen Großteil meiner oberen Rückendetails auf das Rudern mit dieser Ruderhantel zurück. Ich kann mir kein befriedigenderes Gefühl vorstellen, als die Brustmuskeln und den Rücken gleichzeitig aufgepumpt zu haben. Dieser ohne Pause ausgeführte Supersatz vermittelt Ihnen dieses Gefühl.

Machen Sie von jeder Übung fünf Sätze von 10–12 Wiederholungen.

4. Überzüge – Ein Überzug ist an sich schon eine Kombination aus unterschiedlichen Bewegungen. Keine andere Übung wirkt so direkt auf den Brustkorb, die Zwischenrippenmuskeln und

die Sägemuskeln wie diese. Überzüge verbessern die Lungenkapazität und weiten den Brustkasten. Wenn Sie die Übung mit relativ gestreckten Armen ausführen, spüren Sie nicht nur die Streckung der Brustmuskeln, sondern auch das Aufpumpen des Latissimus.

Machen Sie fünf Sätze von 15 Wiederholungen und sehr kurzen Pausen zwischen den Sätzen.

5. Nackendrücken und Seitheben – Sie wundern sich vielleicht über die Kombination von zwei Deltoidübungen, aber das hat einen guten Grund. Das Nackendrücken entwickelt den vorderen und das Seitheben den seitlichen Deltoidmuskel. Sie trainieren zwar nur einen Muskel, der aber aus drei Teilen besteht; und diese Übungen isolieren zwei dieser Teile.

Machen Sie von jeder Übung fünf Sätze von 12–15 Wiederholungen.

6. Seitheben vorgebeugt und Handgelenkcurls – Ich kombiniere diese beiden Übungen aus folgendem Grund: Das Seitheben vorgebeugt ist eine Übung, die viel Konzentration erfordert, wenn man sie fortgesetzt korrekt ausführen will, während der Handgelenkcurl eine relativ einfache Übung ist, mit der man die Zeit zwischen den anderen Sätzen ausfüllen kann. Das Seitheben vorgebeugt verlangt oft leichtere Gewichte als das Seitheben aufrecht, und das führt bei vielen Bodybuildern dazu, daß sie in ihren Bewegungen nachlässig werden. Konzentrieren Sie sich auf die korrekte Ausführung. Achten Sie darauf, daß die Daumen nach unten weisen, und heben Sie die Hanteln so, daß sie leicht nach vorn gerichtet sind. Gehen Sie ohne Pause zum Handgelenkcurl über.

Machen Sie von jeder Übung fünf Sätze von 15 Wiederholungen.

7. Wadenheben und Sit-ups – Beenden Sie den Tag mit intensivem Waden- und Bauchtraining. Machen Sie an der Wadenmaschine im Stehen insgesamt fünf Sätze von 15 Wiederholungen. Gehen Sie nach jedem Satz Wadenheben sofort zum Schrägbrett und machen Sie 50 Sit-ups mit gebeugten Knien.

Das Mittwoch- und Samstag-Programm

Arme

Am Mittwoch und Samstag ist das Programm ganz auf die Arme ausgerichtet. Ich habe den Arm in drei Teile eingeteilt – den Bizeps, den Trizeps und den Unterarm.

1. Trizepsdrücken am Rollenzug und Schrägbank-Kurzhantel-curls – Das Trizepsdrücken an der Rollenzugmaschine trainiert den oberen Teil des Trizeps. Der Kurzhantelcurl auf der Schrägbank sorgt für Masse im Bizeps.

Beginnen Sie mit der Trizepsübung an der Latmaschine und nehmen Sie dazu ein leichtes Gewicht. Wenn Sie mit dem Satz fertig sind, nehmen Sie sofort zwei Kurzhanteln auf, setzen sich auf die Schrägbank und machen Kurzhantelcurls für den Bizeps. Nach Beendigung des Supersatzes können Sie sich kurz ausruhen. Beachten Sie bitte: Beim Armtraining müssen Sie immer vollständige Bewegungen ausführen und für optimale Streckung sorgen.

Machen Sie von jeder Übung fünf Sätze von 10–12 Wiederholungen.

2. Kurzhantel-Trizepsdrücken einarmig und Langhantelcurl an der Scott-Bank – Das Kurzhantel-Trizepsdrücken einarmig trainiert den ganzen Trizeps vom Ellbogen aufwärts. Der Langhantelcurl der Scott-Bank streckt den Bizeps.

Arbeiten Sie zuerst am Trizeps, denn er ist der größte und wichtigste Muskel des Arms. Achten Sie darauf, daß der Oberarm am Kopf bleibt. Beim Langhantelcurl an der Scott-Bank sollte die Neigung des Pults 75° betragen. Sie erhalten dadurch mehr Druck im unteren Bizeps, wenn das Gewicht herabgelassen ist. Ruhen Sie sich zwischen den Sätzen nicht aus. Wenn Sie mit dem Supersatz fertig sind, können Sie 45 Sekunden pausieren. Trizeps und Bizeps sollten dann beide schon gut aufgepumpt sein.

Machen Sie von jeder Übung fünf Sätze von 15 Wiederholungen.

3. Bankdrücken mit engem Griff, liegend, und Konzentrationscurl – Das Bankdrücken mit engem Griff im Liegen wärmt den ganzen Trizeps auf, trainiert aber mehr den unteren Teil des Muskels im Bereich des Ellbogens sowie den äußeren Trizeps. Der Konzentrationscurl verleiht dem Bizeps Höhe und gibt ihm den letzten Schliff.

Machen Sie von jeder Übung fünf Sätze von 15 Wiederholungen.

4. Langhantelcurl mit Obergriff und Handgelenkcurl – Der Langhantelcurl mit Obergriff und der Handgelenkcurl sind Unterarmübungen. Der Langhantelcurl mit Obergriff sorgt außen und oben am Unterarm für Einschnitte und Definition, und der Handgelenkcurl entwickelt die Muskulatur am Unterarm innen.

Der Langhantelcurl mit Obergriff ist eine neue Übung. Sie ähnelt dem normalen Langhantelcurl, nur faßt man nun die

Langhantelcurl im Obergriff

Stange mit Obergriff: siehe Foto. Beginnen Sie den Supersatz mit dieser Übung. Gehen Sie dann an die Bank und machen Sie die Handgelenkcurls. Machen Sie zwischen den Supersätzen nur eine kurze Pause; stehen Sie dabei aufrecht und lassen Sie die Arme mit geöffneten Händen locker herabhängen.

Machen Sie von jeder Übung fünf Sätze von 15 Wiederholungen.

Waden und Taille

Mittwochs und samstags sollten Sie Ihr Waden- und Bauchtraining intensivieren. Ich würde Wadenheben stehend und Sit-ups mit gebeugten Knien zu einem Supersatz zusammenfassen und diesen in Wechsel mit einem Supersatz aus Wadenheben sitzend und Beinheben mit gebeugten Knien machen. Denken Sie daran, daß Sie viel Gewicht brauchen, um die Waden wirklich gut zu entwickeln. Drücken Sie sich nicht. fordern Sie sich heraus.

Machen Sie von jeder der vier Übungen fünf Sätze von 15 Wiederholungen.

Ein paar Ratschläge

Verringern Sie nie das Gewicht bei einer Übung. Am Anfang sind Sie vielleicht etwas geschwächt, wenn Sie nach dem Bankdrücken gleich Klimmzüge machen sollen, und schaffen dann vielleicht nur 6 oder 7 Wiederholungen. Das ist aber kein Grund, das Gewicht beim Bankdrücken zu verringern. Arbeiten Sie mit schweren Gewichten weiter und versuchen Sie, nach und nach mehr Klimmzüge zu schaffen. Strengen Sie sich an, um die Zahl der Wiederholungen zu steigern. Supersätze sind ein hartes Training, aber nach einem Monat oder so werden Sie sich daran gewöhnt haben.

Es ist wichtig, daß Sie nach dem ersten Satz sofort zur zweiten Übung übergehen. Am Ende jedes Supersatzes können Sie sich dann 45 Sekunden bis eine Minute ausruhen, aber nicht länger, weil Sie sonst nicht mehr alle Vorteile nutzen, die das Supersatz-Programm zu bieten hat.

Der Verzicht auf Ruhepausen zwischen den Sätzen spart Zeit, und das wirkt sich positiv auf Ihren Geist aus. Begrenzen Sie die Dauer des Trainings für jedes Programm auf 1 Stunde und 15 Minuten. Das sind 75 Minuten für insgesamt 50 Sätze. Wenn Sie das geschafft haben, wissen Sie, daß Sie stärker werden. Sollten Sie das Programm in der vorgegebenen Zeit nicht bewältigen, bestrafen Sie sich damit, daß Sie aufhören und das Studio verlassen. So habe ich es am Anfang gemacht. Ich wußte, daß ich 50 Sätze in eineinviertel Stunden schaffen konnte. Ich der Woche darauf war die Zeit dann eines Tages vorbei, und ich hatte noch 10 Sätze zu machen. Also ging ich. Am Tag darauf war ich so sauer, daß ich meine Handgelenkcurls und mein Bauchtraining verpaßt hatte, daß ich das Gefühl hatte, meinen ganzen Körper bestraft zu haben. Seitdem habe ich das Programm in der vorgegebenen Zeit immer ganz geschafft.

Die Bedeutung einer positiven Einstellung

Sie müssen immer mit einer positiven Einstellung an Ihr Training herangehen und mit der festen Überzeugung, daß Sie Erfolg damit haben. Das gilt besonders für das Supersatz-Programm. Machen Sie sich im Geist ein Bild von dem Körper, den Sie haben möchten, und trainieren Sie dann hart und unermüdlich, bis Sie ihn haben. Führen Sie sich dieses Bild klar und deutlich vor Augen. Stellen Sie sich vor, wie Sie mit diesem Körper aussehen, definiert und kräftig, vorbildlich entwickelt. Sagen Sie sich, daß dieser Körper möglich ist, und arbeiten Sie darauf hin, daß Sie ihn bekommen.

Die Supersätze bedeuten eine zusätzliche innere Anspannung. Sie müssen sich jetzt plötzlich auf zwei Muskeln konzentrieren – sich zwei Muskeln vorstellen –, müssen sich zum Beispiel vorstellen, wie Sie den Rücken und die Brust gleichzeitig aufpumpen wollen. Sie müssen sich jetzt andere Ziele setzen als bisher. Sie denken jetzt anders über Ihren Körper, schätzen ihn anders ein und konzentrieren sich auf ganz andere Weise auf Ihre Muskeln. Sie müssen Ihre Aufmerksamkeit jetzt teilen; früher oder später werden Sie sich daran gewöhnen, werden erkennen, daß es logisch ist, zwei Muskeln zu einer Einheit zusammenzufassen. Nach und nach werden Sie dann noch einen Schritt weiter gehen und den ganzen Körper als Einheit betrachten, die Sie vollkommen unter Kontrolle haben.

Nachwort

Ich habe in diesem Buch ein Programm zusammengestellt, von dem ich aus eigener Erfahrung weiß, daß es alles bietet, was zur bestmöglichen Entwicklung des Körpers notwendig ist. Doch der Prozeß, den das Bodybuilding in Gang setzt, hört meiner Meinung nach mit dem Körper nicht auf. Die Erfahrung, das ungeheure Muskelwachstum zu beobachten und andere Veränderungen an sich festzustellen, kann einem ganz neue Sphären erschließen. Plato schrieb, man solle nach einem Gleichgewicht zwischen Geist und Körper streben, damit beide in einem harmonischen Verhältnis zueinander stehen. Plato war der Meinung, daß der Geist leide, wenn der Körper nicht leistungsfähig sei. Ich habe den größten Teil meines Lebens als Bodybuilder gearbeitet und glaube, daß es mir gelungen ist, dieses Gleichgewicht in mir herzustellen. Ich weiß, daß die Entwicklung des Körpers es mit sich bringt, daß auch der Geist neuen Zielen entgegenstrebt. Kraft und Selbstvertrauen sowie das selbsterworbene Wissen um den Lohn harter Arbeit und Beharrlichkeit kann Ihnen zu einem neuen und besseren Leben verhelfen.

In bester Gesundheit grüßt Sie

Arnold

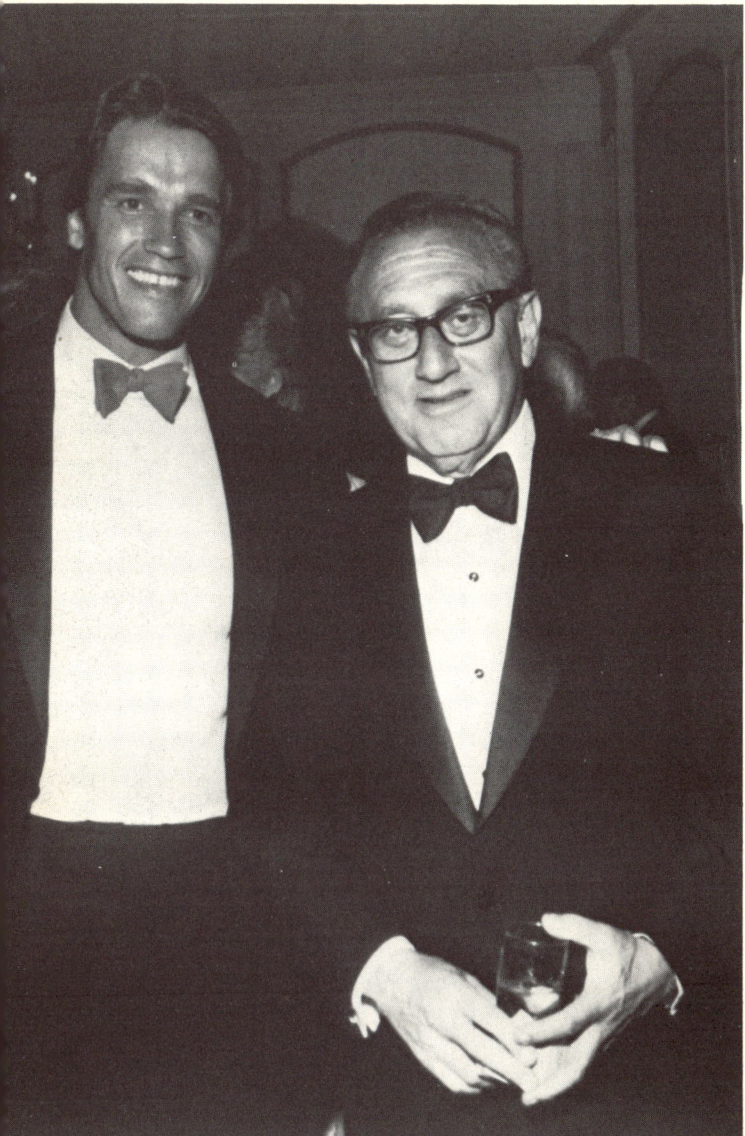

HEYNE SPORTBÜCHER

Fitneß und sportlicher Erfolg kommen nicht von ungefähr: Heyne Sportbücher helfen Ihnen.

Lisa Lyon's BODYBUILDING
Körpertraining für Frauen von der Weltmeisterin im Damen-Bodybuilding
von LISA LYON und DOUGLAS KENT HALL
08/4913 – DM 7,80

Charles Gaines / George Butler – Bodybuilding der Meisterklasse
Technik und Training der berühmten Champions
„PUMPING IRON"
08/4942 – DM 9,80

Arnold Schwarzenegger – Bodybuilding für Männer
Das perfekte Programm für Körper- und Muskeltraining zu Hause vom erfolgreichsten Bodybuilder der Welt
08/4845 – DM 9,80

Arnold Schwarzenegger und Douglas Kent Hall – KARRIERE EINES BODYBUILDERS
08/4986 – DM 9,80

Arnold Schwarzenegger – Bodybuilding für Frauen
Das perfekte Programm für körperliche Fitness und Schönheit vom erfolgreichsten Bodybuilder der Welt
08/4869 – DM 7,80

Ulrich Pramann – Lust am Laufen
Jogging-Trab-Laufen – Trimm-Laufen – Dauerlaufen – Langstreckenlaufen
08/9011 – DM 7,80

Ken Adwick – Golf
Für Anfänger und Fortgeschrittene
08/4903 – DM 7,80

Richard Marillier / Cyrille Guimard – Das große Buch vom FAHRRADSPORT
VON PROFIS – FÜR AMATEURE
Alles über Technik – Zubehör – Instandhaltung
08/4944 – DM 9,80

HEYNE SPORTBÜCHER

Fitneß und sportlicher Erfolg kommen nicht von ungefähr: Heyne Sportbücher helfen Ihnen.

Peter Janssen / Klaus Tänzler — Drachenfliegen für Meister
08/9008 – DM 12,80

Klaus Heller — Fallschirmspringen für Anfänger und Fortgeschrittene
08/4894 – DM 9,80

Helmut E. Müller / Klaus Dienerowitz — Konditions-Training für Surfer
08/4948 – DM 7,80

Das Windsurfing-Buch — Von den Anfängen bis zur Meisterklasse
08/4957 – DM 12,80

Andreas Gehrlein — Die neue Windsurfing Schule — Theorie für den Anfänger bis zum Grundschein
08/9007 – DM 8,80

Jeremy Evans — Funboard Surfen — Starkwind-, Freestyle-, Hochgeschwindigkeits-, Brandungssurfen
08/9014 – DM 12,80

José H. Kubisch / Axel Müller — Wasserskifahren mit Mono- und Doppelski
08/9009 – DM 10,80

Ulf Biedermann / Andreas Gosztonyi — Regatta Segeln — Für alle Klassen
08/4956 – DM 9,80

-Scene-

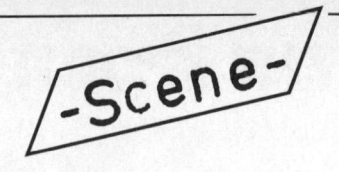

Ein Spiegelbild der Szene, in der wir leben.
Avantgardistisch, progressiv, alternativ.
Das Forum für alle Stimmungen und Strömungen
des neuen Jugend-Stils.

Graffiti
18/1 - DM 6,80

Josef Singldinger
Lieder gegen den Krieg
18/2 - DM 7,80

Udo Lindenberg
Rock'n Roll und Rebellion
Ein panisches Panorama
18/3 - DM 7,80

Robert Sabbag
Schneeblind
Report über den Kokainhandel
18/4 - DM 7,80

Henky Hentschel
Auf dem Zahnfleisch durch Eden
Wohin einer kommt, wenn er geht
18/5 - DM 5,80

Underground USA
Texte der alternativen Scene in Amerika
18/6 - DM 12,80

Edel sei der Mensch, Zwieback und gut
Szene-Sprüche
18/7 - DM 6,80

Timothy White
Bob Marley, Reggae, Rastafari
Ein kurzes, schnelles Leben
18/8 - DM 9,80

Von Anmache bis Zoff
Ein Wörterbuch der Szene-Sprache
18/9 - DM 6,80

Gita Mehta
Karma Cola
Gurus, Freaks, Business. Die Vermarktung der indischen Mystik
18/10 - DM 6,80

Gary Herman
Rock'n Roll Babylon
18/11 - DM 12,80

Helmut L. Vyskocil
Rough Boys
Drei Jahre Ewigkeit im Drogen-Knast von Bangkok
18/12 - DM 9,80

Graffiti 2
Neues an deutschen Wänden
18/13 - DM 6,80

Preisänderungen vorbehalten.

Jack Kerouac
Big Sur
Roman
18/14 - DM 7,80

Schüler-Sprüche
„Ich denke, also spinn ich"
18/15 - DM 6,80

Inge Kramer/
Günter Zint
Greenpeace-Abenteuer
Gewaltfreie Aktionen Mut und Phantasie
18/16 - DM 7,80

Amazone steht auf Macho
Kleinanzeigen in der alternativen Presse
18/17 - DM 6,80

Piera degli Esposti/
Dacia Maraini
Geschichte der Piera
Eine Frau findet zu sich selbst
18/20 - DM 6,80

Jan Kerouac
Baby Driver
Roman
18/24 - DM 7,80

Wilhelm Heyne Verlag München

BLAUE KRIMIS

HEYNE BÜCHER

Krimis die echtes Lesevergnügen bieten. Große Autoren, viel Spannung und Action, mörderische Geschichten

Das John D. MacDonald Krimi Lesebuch
02/2092 - DM 7,80

Rex Stout – DIE ROTE SCHATULLE / NUR ÜBER MEINE LEICHE / SOGAR IN DEN BESTEN FAMILIEN
3 DER BESTEN NERO WOLFE-ROMANE IN EINEM BAND!
02/2034 - DM 6,80

Asimov, Greenberg & Waugh – SHOW BUSINESS IST MORD mit: Henry Slesar, Robert Bloch, Ellery Queen, Julian Symons, u.v.a.
02/2118 - DM 6,80

Mickey Spillane – DIE RACHE IST MEIN / COMEBACK EINES MÖRDERS / DAS WESPENNEST
3 KRIMINALROMANE IN EINEM BAND
02/2129 - DM 7,80

Charles Williams – DER KÖDER / KEIN ALIBI / DER DOLLARBAUM
3 KRIMINALROMANE IN EINEM BAND!
02/2113 - DM 7,80

Das James M. Cain Krimi Lesebuch
02/2122 - DM 7,80

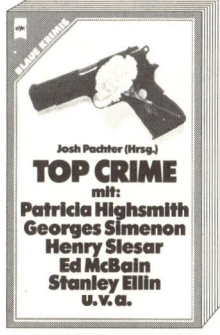

Josh Pachter (Hrsg.) TOP CRIME mit: Patricia Highsmith, Georges Simenon, Henry Slesar, Ed McBain, Stanley Ellin u.v.a.
02/2099 - DM 7,80

Michael Molsner – DAS ZWEITE GESTÄNDNIS DES LEO KOCZYK / TOTE BRAUCHEN KEINE WOHNUNG / UND DANN HAB ICH GESCHOSSEN
3 KRIMINALROMANE IN EINEM BAND!
02/2121 - DM 7,80

Heyne Taschenbücher.
Das große Programm von Spannung bis Wissen.

- Allgemeine Reihe mit großen Romanen und Erzählungen berühmter Autoren
- Heyne Sachbuch
- Heyne Report
- Scene
- Heyne Ex Libris
- Heyne Filmbibliothek
- Heyne Biographien
- Heyne Lyrik
- Heyne Ratgeber
- Heyne-Kochbücher
- Kompaktwissen
- Heyne Computer Bücher
- Der große Liebesroman
- Heyne Western
- Blaue Krimis/ Crime Classics
- Romantic Thriller
- Exquisit Bücher
- Heyne Science Fiction
- Heyne Fantasy
- Bibliothek der SF-Literatur
- Die Unheimlichen Bücher

Jeden Monat erscheinen mehr als 40 neue Titel.

Ausführlich informiert Sie das Gesamtverzeichnis der Heyne-Taschenbücher.
Bitte mit diesem Coupon oder mit Postkarte anfordern.

Senden Sie mir bitte kostenlos das neue Gesamtverzeichnis

Name

Straße

PLZ/Ort

**An den Wilhelm Heyne Verlag
Postfach 20 12 04 · 8000 München 2**